KB233577

법의 그물망[1]

以法爲人 : 사람을 위한 법

법의 그물망 [1]

以法爲人 : 사람을 위한 법

오창수 지음

한국학술정보㈜

머리말

내가 20년간의 변호사 현업에서 잠시 떠나 대학으로 일터를 옮긴 지 벌써 5년이라는 세월이 지났다. 학교라는 곳도 변호사 시절만큼이나 시간이 빨리 흘러가는 곳이다. 변호사를 할 때는 재판기일을 주기로 시간이 정신없이 흘러갔으나, 학교는 학기 내지 방학을 주기로 시간이 흘러간다. 대학은 졸업과 입학이 맞물려 돌아가면서 연연세세 새로운 사람들이 들어오고 캠퍼스는 젊음과 활력으로 넘치는 곳이다. 학교 밖에서 볼 때는 대학의 방학이 긴 것처럼 보였으나, 학교에 들어와 보니 방학은 방학대로 할 일도 많고 바삐 흘러가는 것은 대학 밖이나 안이나 변함이 없다.

나의 대학생활은 로스쿨 준비와 로스쿨 개원 그리고 제1기 로스쿨 생들의 졸업으로 이어졌을 정도로 거의 로스쿨과 함께한 시간이었다. 로스쿨은 우리나라 법학교육의 일대 전기를 마련한 법조인 양성시스템이다. 종래에는 법학과 출신이든 비법학과 출신이든 사법시험에 합격하고 사법연수원의 2년간 연수과정을 거쳐 판사, 검사, 변호사가 배출되는 시스템이었으나, 로스쿨은 다양한 학부 전공자들이 법학적성시험(LEET)을 거쳐 로스쿨 3년 과정에서 각 전문 분야의 역량을 발휘할 수 있는 변호사를 양성하는 시스템이다.

로스쿨이 설치된 전국의 25개 대학들은 로스쿨 체제를 처음으로 경험하다 보니 그동안 우왕좌왕 우여곡절도 많았고, 시행착오도 많았다. 우리나라에서 새로운 법조인 양성시스템으로서의 로스쿨 체제가 제대로 정착할 수 있을지는 좀 더 두고 보아야 할 것이다.

나는 학교로 자리를 옮기면서 학생들과의 소통의 장으로 나름대로의 카페(http://cafe.naver.com/homoviator)를 개설하여 유용하게 이용하고 있다. 이 카페에는 강의자료뿐만 아니라 산행 등 관심 분야 관련 정보들과 그때그때의 생각을 정리하여 올려두고 있는데, 그동안 써둔 로스쿨과 법률 관련 단상들이 상당한 양이 되었다. 이 글 중에는 내용을 요약하여 일간지의 '시론'으로 쓰인 글들도 꽤 있다.

나의 대학생활 5년을 중간 결산하는 의미로 그간의 생활을 회고하면서 그동안 써 두었던 잡문 형식의 글들을 모아 두 권의 에세이집으로 출간하기로 하였다. 학술서적이나 강의교재를 출간하는 것과는 달리 글재주가 없는 사람이 이런 책을 내는 것에 대한 두려움이 앞서는 것이 사실이나, 비판을 감수하고 로스쿨생들과 사회 일반인들에게 내가 경험한 법 세계의 일단을 알려주는 것이 전혀 무의미한 일이 아닐 수도 있겠다는 생각에 과감하게 책을 내보기로 하였다.

제1권에는 주로 로스쿨 안팎에서 겪은 이야기, 법학공부 방법에 관한 이야기, 법조와 변호사 내지 법률가에 관한 이야기 등으로 엮었고, 제2권에는 법의 그물망 속 인간들의 이야기, 법리와 현실, 법창(法窓)으로 보는 세상 등을 중심으로 엮어 보았다.

학술전문서적이 아님에도 불구하고 이 책을 발간해준 한국학술정보 (주)에 감사한다. 로스쿨생들을 위한 강의교재인 『로스쿨 민사집행법 -이론과 실무-』, 『로스쿨 민사소송법 - 사례와 판례-』, 『민사실무 의 주요 쟁점』을 출간할 때와 마찬가지로 한국학술정보(주) 출판사업 부 권성용 대리님과 디자인편집부 담당자님들께서 많은 수고를 하여 주셨다.

내가 지금까지 살아오면서 신세를 진 분들이 너무나 많다. 변호사 생활을 할 때는 동아합동법률사무소의 원로 선배 변호사님들로부터 많이 배웠고, 신세도 많이 졌다. 내가 로스쿨에서 안착할 수 있는 기 회를 준 제주대학교의 신세도 많이 지고 있다. 이 책에 실명으로 언 급된 여러분들의 도움도 많이 받았다. 모든 분들에게 이 자리를 빌 려 감사의 말씀을 드린다.

앞으로 그동안 내가 받은 만큼 이 사회에 무엇을 어떻게 돌려드릴 까 하는 마음으로 실 생각이나. 사랑하는 나의 가족들에게도 말로 다할 수 없는 고마움을 표한다.

2012년 7월 31일
제주바다가 보이는 아라캠퍼스 연구실에서
오창수

목차

제1편 로스쿨 안팎 / 13

제1편

| 로스쿨 안팎 |

1. 로스쿨 1기 신입생 여러분!

안녕하십니까?

저는 앞으로 제주대학교 법학전문대학원에서 민사소송법과 민사집행법을 담당하게 될 오창수 교수입니다. 먼저 여러분들의 제주대학교 법학전문대학원 입학을 진심으로 환영합니다. 좋은 말씀을 해주실 교수님들도 많은데 감히 제가 엄숙한 입학식 자리에서 여러분들에게 예비법조인으로 나아갈 길에 관하여 당부의 말씀을 드리게 된 것을 무한한 영광으로 생각합니다. 능력이 미치지는 못하지만 여러분보다 먼저 법조의 길을 걸어간 사람으로서 앞으로 여러분이 걸어가야 할 길에 관해 몇 마디 하고자 합니다.

진부한 질문이지만 여러분은 어떠한 동기로 법학전문대학원에 입학하셨습니까? 전에 보면 사법시험 수석합격자나 사법연수원 수석수료생이 가난하고 억울한 사람 편에서 법관으로서 포부를 펼쳐 보이겠다고 하는 것을 보거나 들은 적이 있습니다. 과연 가난하고 억울한 사람의 편이 되어야 사법이 바로 서고 정의가 실현되는 것일까요? 법학공부를 할 만큼 한 사람의 입에서 나오는 이 말이 과연 아무런 문제가 없는 것일까요?

저는 여기서 법조의 길을 가려는 여러분의 자세를 이야기하고자 합니다. 저는 종교도 없고 믿는 것도 없고 오로지 저의 주먹만(?) 믿고 살고 있지만, 성경의 구절을 인용해보겠습니다. 물론 하나님도 언제나 객(客)이나 고아와 과부를 환난에서 살피고 억울한 자를 일으켜 세우는 일에 지상명령을 두셨습니다. 그러나 하나님은 유독 재판할 때만은 가난한 사람 편도, 부유한 사람 편도 들어서는 안 되고, 세도가 있거나 없거나, 귀하거나 천하거나를 하나같이 여기라고 하셨습니다.

> "가난한 자의 송사라고 편벽되어 두호(斗護)하지 말지니라."(구약 출애굽기 23:4)
>
> "너희는 재판할 때 불의를 행치 말며 가난한 자의 편을 들지 말며 세력 있는 자라고 두호하지 말고 공의로 사람을 재판하지 말라."(구약 레위기 19:15)
>
> "재판은 하나님께 속한 것인즉 너희는 재판에 외모를 보지 말고 귀천(貴賤)을 일반으로 듣고 사람의 낯을 두려워 말 것이며"(구약 신명기 1:17)

사법은 누구 편을 드는 것이 아닙니다. 구약성경 잠언에 이런 말도 있습니다.

> "송사에 원고의 말이 바른 것 같으나 그 피고가 와서 밝히느니라."(잠언 18:17)

그래서 사법은 양쪽의 이야기를 들어야 합니다. 적정과 공평이야말로 재판제도의 핵심입니다. 변호사 실무를 하다가 간혹 의뢰인의 말만 듣고 소장을 제출했다가 피고의 답변서를 받아보고는 원고의 말이 잘못된 것이라는 걸 알고 당혹하게 되는 때를 경험할 수 있습니다. 여러분들은 앞으로 법조실무에 종사하면서 필연적으로 소송기록이든 수사기록이든 기록에 파묻혀 살 수밖에 없습니다. 기록더미 속에서 사건의 실체를 제대로 파악하기 위해서는 한쪽 말만 들어서는 안 됩니다.

인간사회의 하수종말처리장 같은 법정에는 가진 자와 배운 자, 잘난 자의 탐욕과 횡포만 있는 것이 아닙니다. 못 가진 자, 못 배운 자,

못난 자의 억지와 막무가내도 난무합니다. 세상에는 샤일록처럼 못 가진 자를 착취하고 이용하는 데 급급한 냉혈한만 있는 것이 아니고, 법을 교묘하게 악용하여 자신들의 주장을 관철시키기 위해 회사를 도산시키는 억지 근로자도 분명히 있습니다. 자기에게 유리하면 법을 들먹이고 불리하면 법을 내팽개치는 풍조도 있습니다.

피고인의 인권만 강조하며 피고인 측에 관대한 법관은 결국 피해자와 그 가족에게는 가혹한 법관이 될 것이고, 피해자의 입장만 두둔하는 법관은 피고인과 그 가족에게는 냉혹한 법관이 될 것입니다.

만약에 사랑하는 당신의 딸이 길을 가다가 강호순이나 김길태 같은 사이코패스(Psychopath)들에게 당하고 죽었는데 당신은 판사가 그런 피고인에게 관용을 베푸는 것을 용납할 수 있겠습니까? 그런데 만일에 또 착하기만 하던 당신의 하나뿐인 귀한 아들이 못된 친구들의 꾐에 빠져 살인이라는 무지막지한 일을 저질렀는데, 판사가 그 정황도 참회도 들어보지 않고 당신의 아들에게 극형을 내린다면 당신은 그 판사를 원망하지 않을 수 있겠습니까?

사법은 언제나 누구 편을 드는 것이 결코 아닙니다. 누구의 편을 들어서는 사법적 정의가 실현될 수 없습니다. 사람의 얼굴에 귀가 두 개가 있는 의미를 알아 새겨야 합니다. 최근에 불거진 서울중앙지방법원 형사 단독판사들의 행태도 이런 관점에서 보면 분명히 문제가 있습니다. 여러분은 로스쿨에서 남의 말을 잘 듣고 형평감각을 가질 수 있도록 훈련을 쌓아야 합니다.

경제학자 알프레드 마샬은 케임브리지 대학에서 경제학도들에게는 '냉철한 머리와 따뜻한 가슴(Cool head but warm heart)'이 필요하다고 했는데 모든 사회과학 특히 법학을 공부하는 사람들에게도 이 말은 그대로 적용됩니다. 사회현실을 분석하는 데는 냉철한 이성이 필요하지만 한편으로는 그 현실 문제를 해결하는 데는 뜨거운 감성도 필요합니다.

여러분들 중에는 법학을 전공하신 분들 이외에 경영학, 행정학, 정치학, 경제학, 공학, 의학, 약학, 문학 등 이미 다양한 학문의 세계와 현장 경험을 보유하신 분들이 많습니다. 법학전문대학원 3년간은 오로지 법학에만 일로매진하여야 합니다. 이 3년 동안에 법학의 기초와 실무를 함께 다 체득하여야 하는 어려운 과제가 여러분들 앞에 놓여 있습니다. 이 3년이 그리 긴 시간이 결코 아닙니다. 생활을 단순화하고 절제의 미덕을 발휘해야만 소기의 성과를 거둘 수 있습니다. 법학전문대학원 도서관의 불이 밤새 켜져 있어야 합니다.

사회 일각에서는 사법시험에 합격하고 2년간의 사법연수원과정을 수료해도 법이 무엇인지 제대로 모르는데, 로스쿨 3년으로 뭘 하겠다는 것이냐는 비판과 질타도 있습니다. 이런 오해와 우려를 불식시키기 위해서는 여러분들의 각고의 노력이 필요합니다. 그리고 법학은 꾸준히 연마해갈 수밖에 없습니다. 법조실무에 진출해서도 언제나 배움의 자세를 견지해야 합니다. 변화하는 세계와 진화하는 사회에 적절히 대응하기 위해서는 꾸준한 탐구가 필요합니다.

빠듯하게 짜인 듯한 몇 개의 강좌만으로 법학의 모든 것을 결코 커버할 수 없습니다. 법학전문대학원의 주체는 바로 여러분들이고, 학교와 교수는 여러분들의 보조자입니다. 특히 1학년 과정에서 법학의 기초를 완벽하게 다져놓아야만 2학년부터 진행될 심화과정과 실무과정을 따라갈 수 있습니다.

앞으로 여름방학과 겨울방학은 쉬는 기간이 아니라 학기과정 이상으로 심혈을 기울여 공부해야 할 시기임을 명심하시기 바랍니다. 인생 3락을 쾌식(快食), 쾌면(快眠), 쾌변(快便)이라고 합니다만 먹고

자고 싸는 시간 이외에는 거의 전 시간을 법서와 씨름하여야 합니다. 공부에는 왕도가 없다고 합니다. 책을 많이 보고 읽고 쓰는 것 이외에 뚜렷한 방도가 없습니다. Input(투자)만큼 Output(성과)이 산출됩니다.

여러분들의 성패는 바로 법학전문대학원의 성패와 연결됩니다. 여러분들의 꿈과 희망이 헛되지 않도록 우리 교수진들도 열과 성을 다할 것입니다.

앞으로 여러분들과 개별 면담을 마치고 배정될 지도교수님들이 여러분들의 '멘토'로서 전공과목 이외에 변호사시험 준비와 인생설계를 하는 데 반려가 될 것입니다. 여러분과 교수들은 어쩌면 함께 길을 가야 하는 공동운명체입니다.

여러분들이 터를 잡게 될 이곳 제주는 세계자연유산인 한라산과 정겨운 오름들, 정다운 올레길, 자연이 살아 숨 쉬는 곶자왈과 천연숲, 오염되지 않은 쪽빛 청정바다 등 외국 어느 나라에도 뒤지지 않는 멋진 풍광이 펼쳐지는 천혜의 자연환경을 갖고 있습니다. 공부하는 과정에서 호연지기를 기르기 위해서도, 공부로 인한 스트레스를 잠시 날려버리기 위해서도 요령껏 제주의 멋진 풍광도 함께 즐길 수 있기를 기대합니다. 여러분의 건승을 기원합니다.

이제 여러분과 저는 같은 배를 탔습니다. 앞으로 강의시간에 뵙겠습니다.

감사합니다.

[2009. 3. 2. 제주대학교 법학전문대학원 제1기 입학식에서]

2. 1년차 1학기를 마치는 제1기 원생 여러분!

이제 여러분은 1학기 기말고사를 끝으로 로스쿨 1년차 1학기를 마치게 됩니다. 고생과 수고를 마다하지 않는 여러분께 격려를 보냅니다. 우리나라에 처음으로 도입된 로스쿨 체제하에서 학생들도, 교수들도 시행착오와 혼란의 와중에서 노력을 다해 왔습니다.

법학부를 졸업하고 사법시험을 여러 차례 응시한 경력이 있는 원생들은 강의가 시시했을 것이고, 비법학사 출신들은 강의내용을 제대로 따라가는 것도 힘에 겨웠을 것입니다. 로스쿨 첫 1학기를 경험하고 마치면서 느끼는 감회들이 많을 것입니다.

앞으로 여름방학이 바로 시작되지만 학생들에게 있어서 방학은 상당히 중요한 시간입니다. 로스쿨 생활의 승패는 방학기간을 어떻게 보내느냐에 따라 결정된다고 해도 과언이 아닙니다. 나름대로 방학계획을 세워두고 있겠지만 특히 기본법에 대한 체계를 확실히 세울 수 있도록 각고면려하여 주시기 바랍니다. 앞으로 절차법 과목들과 종합과목 강의들이 이어지게 되면 기본법에 대한 지식이 상당히 중요하다는 것을 인식하게 될 것입니다.

로스쿨 3년간은 공부 量과의 싸움이고 多讀과의 싸움입니다. 그리고 시간싸움입니다. 우선 기본서를 전체적으로 통독하는 데 시간을 투자하시기 바랍니다. 학기 과정에서는 중요 문제 중심으로 미시적으로 파고드는 시간이었다면 방학기간은 전체적으로 독파하고 거시적으로 조감할 수 있도록 무장해야 하는 시간입니다.

어제 저녁 종강파티에서도 이야기했지만 '괄목상대(刮目相對)'라는 말이 있습니다. 눈을 비비고 상대방을 본다는 말입니다. 방학이 끝나면 1학기 당시의 자신의 모습에서 훨씬 발전되고 자신감이 충만한 모습으로 나타나 눈을 비비지 않으면 바라볼 수 없을 정도로 변신이 되어 있기를 바랍니다. 들뜬 기분에서 차분히 자신을 가라앉히고 다시 시간과의 싸움을 해야 할 때입니다.

어제 제가 우연찮게 H. W. Longfellow의 '인생찬가'를 읊어 보았습니다. 사실 이 시를 외운 것은 대학시절이므로 30여 년이 지났는데 누가 번역한 것인지는 기억나지 않으나 잘 모르는 내가 보기에는 아직까지 세계명시사전과 롱펠로우전집을 모두 읽어보아도 원어 시를 번역한 것 중에 내가 읊는 이 번역시만큼 잘 된 것은 없었습니다. 그리고 시라는 것은 한두 번 읽어 그 뜻이 명료해지는 것은 아니고, 읽으면 읽을수록 그 의미가 새롭게 와 닿는 것이 시의 생명입니다.

자, 내가 암송한 시를 들은 사람은 한 번 그 시를 눈으로 읽어보시기 바랍니다.

人生讚歌

H. W. 롱펠로우

나에게 슬픈 어조로 말하지 말라.
인생은 허망한 꿈이요
잠든 영혼은 죽음으로 돌아가며
만물은 한낱 영상(影像)에 불과하다고.

인생은 진실하고 인생은 엄숙하다!

무덤은 종결이 아니며
먼지로 태어나 먼지로 돌아간다는 것
이는 영혼을 말함이 아니다.

슬픔도 기쁨도
우리의 숙명된 목표가 아니요 여정도 아니다.
행동하라! 오늘보다 높은 내일을 향해
오직 행동하라!

예술은 길고 인생은 짧아
우리의 심장은 강하고 용감할지라도
언제나 장례의 검은 북같이
무덤을 위해 장송곡을 울리고 있다.

세계의 넓은 전장에서
또한 인생의 야영에서
목 매인 송아지처럼
쫓기지 말고 투쟁하는 영웅이 되라!

아무리 즐거워도 미래는 믿지 말고
죽은 과거로 하여금 죽은 자로 파묻게 하라!
행동하라. 정열을 품고 신을 우러러보며
산 현실 속에서 행동하라!

위대한 사람의 생애를 돌아보며
생을 숭고하게 하고
생을 떠나는 날 시간의 모래 위에
영원한 발자취를 남기고 가라.

그리하여 생의 숭엄한 바다를 항해하는 형제들
난파되어 의지할 곳 없이

절망 속에서 신음할지라도
그대 발자취를 보고 용기를 다시 가져라.

어서 일어나서 과감하게
어떤 운명에도 과감하게 맞서서
영원히 성취하고 끝없이 탐구하며
정성껏 일하고 기다리라.

- -

관심이 있는 분은 이 시의 원문을 함께 읽어보시고 원문도 감정을
넣어 몇 차례 읽어보시면 그 뜻이 분명해질 것입니다.

- -

A Psalm of Life

—Henry Wadsworth Longfellow

Tell me not, in mournful numbers,
Life is but an empty dream!—
For the soul is dead that slumbers,
And things are not what they seem.

Life is real! Life is earnest!
And the grave is not its goal;
Dust thou art, to dust returnest,
Was not spoken of the soul.

Noy enjoyment, and not sorrow,
Is our destined end or way;
But to act, that each tomorrow

Find us Further than to−day
Art is long, and Time is fleeting
And our hearts, though stout and brave,
Still, like muffled drums, are beating
Funeral marches to the grave.
In the world's broad field of battle,
In the bivouac of Life,
Be not like dumb, driven cattle!
Be a hero in the strife!

Trust no Future, howe'er pleasant!
Let the dead Past bury its dead!
Act, −act in the living of Present!
Heart within, and God o'erhead!

Lives of great men all remind us
We can make our lives sublime,
And, departing, leave behind us
Footprints on the sands of time;

Footprints, that perhaps another,
Sailing o'er life's solemn main,
A forlorn and shipwrecked brother,
Seeing, shall take heart again.

Let us, then, be up and doing,
With a heart for any fate;
Still achieving, still pursuing,
Learn to labor and to wait.

[주] 시어는 운율에 따라 스펠링을 약간씩 변용하는 경우가 있고, 다음 정도
   만 상식으로 알아두면 될 것임.

* Dust thou art, to dust returnest: 구약성서 창세기 3장 19절 참조.
* In the bivouac of Life: 'bivouac(비박)'은 등산용어로 '不時露營'의 뜻
   으로 사용되기도 함. 비박은 非泊이 아니라는 사실.
* Art is long, and Time is fleeting: 히포크라테스의 "Ars longa, vita
   brevis" = Art is long, life is short.을 상기할 것 (시간은 화살처럼 흘러
   가고) = (인생은 덧없이 짧은 것)
* Let the dead Past bury its dead: 신약성서 마태복음 8장 22절 참조.
* main: ocean
* still: always

[2009. 6. 20]

3. 가르치지 않고 가르치기

2009년 8월 24일 및 25일 양일간에 걸쳐 교수학습센터에서 주최한 교수법 워크숍에 참가하였다. 20여 년을 변호사 현업에서 종사하다 학교로 오니 학생들을 가르치는 것이 말처럼 쉽지 않다는 것을 절감하고 있다. 변호사를 하면서도 간간이 대학이나 연수원 등지에 강의를 나가기는 하였으나, 전업으로 가르치는 것은 처음이라 어떻게 하면 학생들을 잘 가르칠 수 있을 것인지 고심하게 되었다. 그러나 가르치는 것은 의욕만 갖고 되는 것이 아님을 잘 알게 되었다. To know is one thing, to teach is another. 지식이 많다고 반드시 잘 가르치는 것은 아니다.

이날 워크숍은 '수업을 위한 목소리 디자인'(강사: 목소리학교 김정규 학장), '수업 첫날이 학기를 좌우한다'(강사: 고은현 말장시), '강의를 풍요롭게 하는 방법'(강사: 김성학 에듀웨이 대표)의 주제로 진행되었다. 나는 밥도 얻어먹고 재미있는 주제를 시간 가는 줄 모르고 듣고 보았다. 목소리 디자인 강사는 나중에 법학전문대학원 학생들의 구술변론 기법 강의 시 초빙해도 좋겠다는 생각이 들었다.

강의를 함에 있어서는 '5초의 법칙'이라는 것이 있다. 첫인상의 핵심을 평가받는 데 불과 5초밖에 걸리지 않는다는 것이다. 또 '콘크리트의 법칙'이라는 것도 있다. 이렇게 평가받은 첫인상의 이미지는 콘크리트처럼 고착되어 시간이 지나도 크게 변하지 않는다는 것이다. 강의 첫 시간이 그만큼 중요하다.

글로 이해할 수 있는 것을 말로서 설명할 필요가 없다는 사실 또, 많이 떠든다고 잘 가르치는 것은 아니라는 사실(조직 내 침묵현상)도 새삼 알 수 있었다. 자기 혼자 떠들고 학생들이 따라와 주지 않는다고 불평하지 말라는 이야기도 들었다. 수업은 혼자 진행하는 것이 아니고, 학습자를 이해해야 한다는 것, 수업으로 모든 것을 다 말해줄 필요가 없고, 교수는 경험을 제공해주는 안내자일 뿐이라는 사실, 훌륭한 교수는 가르치지 않고 가르친다는 사실이다.

학습자들이 강의내용 중 기억에 남는 비율은 읽기 10%, 듣기 26%, 보기 30%, 보기와 듣기 50%, 보기와 말하기 70%, 말하기와 행동하기 90%라는 연구결과도 있다.

> *"들은 것은 잊어버리고, 본 것은 기억만 되나 직접 해본 것은 이해된다."*
>
> −공자

학생들에게 강의실에서 책을 읽어주는 것만큼 효용성이 없는 강의는 없다는 이야기이다. 독일어로 강의를 'Vorlesung'이라고 하는데 직역하면 '앞에서(for) 읽는다(reading)'는 뜻이다. 옛날 대학의 명교수라고 하는 사람들이 학생들 앞에서 자기 책을 그대로 읽는 명강의가 많았는데 요새 이런 식 명강의는 버텨내기 어렵다.

교수가 별짓을 하지 않으면 학생은 딴짓을 한다. 학습자를 변화시키려고 하지 말고 교수가 먼저 변화해야 한다. 거울은 결코 먼저 웃지 않는다. 교수가 먼저 변화된 모습을 보여주어야 한다.

강사는 다음과 같은 교수의 자기 점검표에 따라 강의를 점검해보도록 강조했는데, 학생들 가르치는 것도 보통 어려운 것이 아니다.

1. 강의하기 전에 미리 학습자에 대해 조사한다.

2. 강의를 위해 교안을 작성한다.

3. 강의 시 사용하기 편리하게 교안을 작성한다.

4. 미리 강의연습을 한다.

5. 강의연습을 할 때 녹음을 하거나 비디오 촬영을 한다.

6. 학습자의 질문을 예상하고 그에 대한 답변을 준비한다.

7. 학습자의 주의를 집중시키면서 강의를 시작할 수 있다.

8. 강의 시 몸이 굳어 있거나 강단에 기대지 않는다.

9. 강의를 하면서 자연스런 제스처를 쓴다.

10. 학습자와 시선을 맞추려고 노력한다.

11. 강의 시 목소리는 떨리거나 더듬지 않고 안정적이다.

12. 학습자들 앞에서 편안하게 말할 수 있다.

13. 상황과 내용에 따라 음성을 다양하게 구사할 수 있다.

14. 강의를 하는 동안 학습자의 행동을 잘 조절할 수 있다.

15. 학습자와의 상호작용을 쉽게 이끌어낼 수 있다.

16. 학습내용을 체계적으로 전달할 수 있다.

17. 학습내용의 전달과 정리를 위해 시각자료를 이용한다.

18. 시각자료는 단순하고 읽기 쉽고 효과적이다.

19. 강의 속도와 흐름을 조절할 수 있다.

20. 정해진 강의시간을 지킨다.

학교 와서 느낀 일인데 사실 가르치면서 배우고, 배우면서 가르친다. 가르치는 일과 배우는 일은 같은 것이라는 것을 알게 되었다. 가르치기 위해서 배워야 하고, 배우기 위해 가르쳐보아야 한다. 그런데 가르치는 일이 말처럼 쉽지 않다. 그만큼 배움도 어렵다는 뜻이다.

고 이영섭 전 대법원장과 함께 우리나라 초기 민사소송법학의 기초를 닦은 방순원 전 대법원판사(종전에 대법관이라고 쓰던 명칭이 5·16과 함께 대법원판사로 격하되었다가 1987년 헌법에 의해 대법관이라는 명칭으로 환원되었다)가 서울대 교수에서 대법원판사로 임관되었다. 이분의 사위가 김광년 변호사님이다.

방순원 교수가 대법원판사가 된 후 어느 지인이 대법원으로 방순원 대법원판사를 찾아갔다가 "학교 선생하고 판사하고 어느 일이 힘이 드시냐"고 물어보았다. 이분의 말씀인즉 "선생은 자기가 아는 것만 가르치면 되니까 편한데 법원에 오니 온통 모르는 것만 해결해내라고 난리들이니 선생이 훨씬 편한 직업이라"고 말씀하셨다는 것을 李在性 전 대법관님으로부터 들은 적이 있다.

그러고 보니 역시 선생들은 자기가 아는 것만 가르친다. 모르는 것을 가르칠 수는 없는 일이다. 학교에 와서 보니 교수가 자신이 잘 알지도 못하면서 학생을 가르치는 경우도 많다는 것을 알게 되었다. 잘 알지도 못하면서 글을 쓰고 잘 알지도 못하면서 이러쿵저러쿵 말만 많이 하는 사람들이 많다는 것을 알게 되었다. 모르는 것을 모른다고 하는 것을 듣지 못했다. 물론 나 자신도 이 혐의에서 벗어날 수 없다.

처음에는 모르는 것을 배워가면서 학생들을 가르쳐 보나, 나중에는 아는 것만 가르치고, 원로교수가 되면 대부분 생각나는 것만 가르친다. 전임강사 때는 자기도 모르는 것을 가르치고, 조교수 때는 자기가 아는 것만 가르치고, 부교수 때는 학생이 아는 것만 가르치고, 정교수 때는 모두가 아는 것만 가르친다는 우스갯소리도 있다.

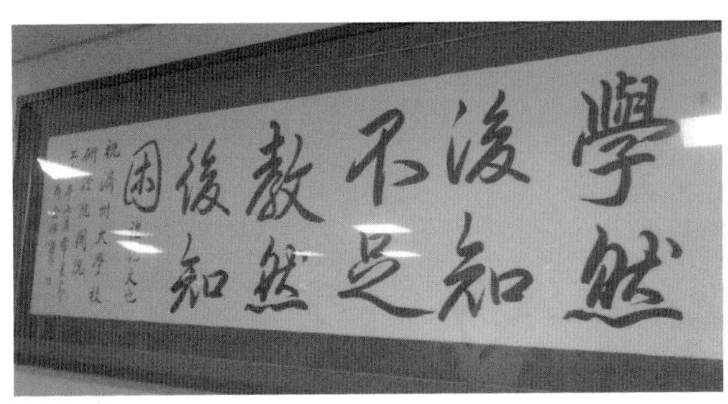

위 사진은 제주대학교 서귀포 연수원 로비에 걸려 있는 액자이다.
禮記 중 學記 편에 나오는 말이다.

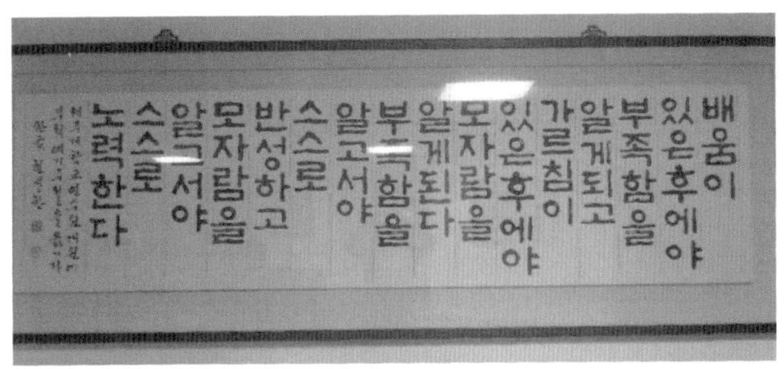

배움이 있은 후에야 부족함을 알게 되고 가르침이 있은 후에야 모
자람을 알게 된다. 배우면 배울수록 자신의 부족함을 알게 된다. 가
르쳐 본 후에야 비로소 부족함과 어려움을 알게 된다. 사람 가르치
는 일만큼 어려운 일은 없다.

[2009. 8. 26]

4. 잔류생들에게!

    이번 10월 18일부터 10박 11일 동안 제주대 법학전문대학원 1년생 다수가 미국 하와이대학과 일본의 요코하마대학 등 해외 로스쿨 연수를 떠난다. 해외연수를 함께 떠나지 못하고 여러 가지 사정으로 잔류하게 된 원생들에게 잠시 법학공부 이야기를 해보기로 한다.

    잔류생 여러분들은 로스쿨 재학 중에 다시는 이와 같은 황금시간을 갖기는 어려울 것이다. 어쩌면 이 시간이 참으로 중요한 시간이 될 수 있다. 나름대로 공부계획을 세우고 있겠지만 이 시간을 다음과 같이 활용하는 것도 한 방법이 될 수 있을 것이라는 생각에 몇 마디 해보고자 한다. 다만 아래에서 하는 이야기는 하나의 참고사항일 뿐임을 전제로 한다.

    무엇보다 법학을 처음으로 공부하는 학생이나 법학사 출신도 이번 시간을 민법 전체를 통독할 것을 권한다. 민법은 그야말로 만법의 기본법이다. 다른 것은 다 덮어놓고 오로지 민법 교과서와 민법전만 가지고 집중적으로 처음부터 끝까지 읽어보았으면 하는 생각이다. 이를 통해 초심사들은 민법의 전체적인 조감도를 그려볼 수 있을 것이고, 기존에 공부를 많이 한 학생들은 민법을 새롭게 재조명해볼 수 있을 것이다.

    1시간에 20페이지를 읽는 속도로 집중하면 하루 10시간은 최소한 확보할 수 있을 것이고, 결국 하루 200페이지씩 읽어 가면 10일이면 2,000페이지를 읽을 수 있다는 이야기이다. 2주 14일 중 10일간은 집중하여 공부하고 나머지는 재충전을 위해 억새물결 넘실대는 산이나 들로 다녀보는 것도 좋을 것이다.

이런 식으로 집중하여 공부하면 총칙, 물권, 채권, 친족상속법까지 민법 전체를 집중적으로 읽어볼 수 있을 것이고 민법의 전체적인 윤곽을 희미하게라도 그려볼 수 있을 것이다. 공부는 집중해야 효과를 발휘한다. 방학 이외에 학기 중에 하는 공부는 강의와 학사일정 등으로 계속 단절의 연속이기 때문에 집중효를 발휘하기 어렵다.

하루 24시간 중 중 수면시간과 식사시간, 휴식시간을 제외하고 몇 시간을 공부에 투자할 수 있는지 헤아려보라. 어차피 로스쿨 3년은 똑같은 조건에서 시간싸움이고, 많이 읽는 多讀싸움이 될 수밖에 없다. 3년이라는 어찌 보면 짧은 시간에 법학의 전 과정에 대한 지식과 졸업 후 바로 현업에 종사할 수 있는 실무지식을 습득하지 않으면 안 되는데 지금까지의 로스쿨과정을 보면 이게 가능한 것인지 회의감이 들 때가 많다.

어쨌든 중요한 것은 빨리 민법 전체에 대한 윤곽을 그릴 수 있도록 해야 한다는 점이다. 이렇게 공부한 민법을 기초로 상법과 절차법을 아우를 수 있어야 종합적인 민사법 공부를 할 수 있다. 실무상 발생하는 문제는 총칙 문제, 물권법 문제, 이런 식으로는 잘 생기지 않는다. 총칙, 물권, 채권뿐만 아니라 가족법까지 섞이고, 상법, 소송법, 행정법, 형사법까지 짬뽕되어 발생하는 경우가 많다. 어느 한편의 단편적인 지식만으로는 결코 실제 사회에서 발생하는 문제에 대한 답을 얻을 수 없다. 공법이나 형사법에 비해 민사법은 그 범위가 실로 방대하므로 평소에 착실하게 다져두지 않고서는 성질상 단기간에 벼락치기 공부로 때울 수가 없다.

그리고 책은 한두 번 읽는다고 그 뜻이 다 이해되거나 섭렵(涉獵)될 수는 없는 일이다. 책 한두 번 읽어서 공부가 완결될 수 있다면 세상에 그만큼 쉬운 일은 없을 것이다. 무엇보다 법학에서 완성이란 있을 수 없다. 법학 자체가 사회와 인간에 관한 깊은 성찰을 요하는 것인데 어찌 몇 년 공부로 이를 커버할 수 있겠는가? 로스쿨을 졸업하고 변호사로 진출하는 경우에도 계속 공부하는 과정의 연속이다. 연찬과 자기연마를 게을리 해서는 바로 도태되는 사회가 법조사회이다.

통독을 하더라도 어떤 법이든 3~4회독은 해야 그나마 자신의 지식으로 삼을 수 있다. 그리고 몇 년 공부해도 잘 모르는 부분은 어느 곳에나 있다. 교수들도 잘 알지 못하면서 가르치는 경우가 있고, 판사들도 잘 모르면서 재판하는 경우도 있다. 공부는 하면 할수록, 파면 팔수록 深淵이고 茫茫大海라는 사실은 법학의 대가들도 자인하고 있다. 책을 읽다가 뜻이 잘 와 닿지 않는다고 너무 그것에 집착하지 말라. 모르면 모른 대로 넘겨버리는 것도 지혜라면 지혜이다.

스터디그룹이니 뭐니 하면서 여러 가지 공부방법이 있을 수 있으나, 내가 보기에는 혼자 공부를 하여 어느 정도 개념을 잡은 후에 스터디도 가능한 것이다. 아울러 학교강의는 전체 법학공부의 극히 일부라는 사실을 명심해야 한다. 혼자 공부해야 할 것이 몇 배나 많다는 사실은 실무에 종사하면서 점차 알게 될 것이다.

책을 몇 회독한 후에는 반드시 서브노트든 어떤 방식이든 자기 나름대로 정리해봐야 한다. 써보고 적어보지 않고는 정리가 되지 않는다. 다윈이 '適者生存'이 아니고 '직자(Writing)생존'이다! 적어야 생존할 수 있다. 머리로만 굴려보아야 아무런 의미가 없다. 판사들이 결심하고 판결을 쓸 때에 비로소 심리미진사실을 발견하고 변론재개를 하는 것도 써보기 때문이다. 아무리 책을 많이 읽고 연구를 많이 한 교수도 논문이라는 형태로 써보지 않고는 정리가 되지 않는다. 적을 때에 기본적인 법률용어는 한자로 쓰는 훈련을 해야 한다.

아무리 한글전용시대라고는 하지만 적어도 법률실무의 영역에서 준비서면과 판결문을 쓸 때 한글로 쓰는 것을 제외하고는 도처에 한자가 깔려 있다. 토지조사부, 구 등기부, 제적등본, 족보 등 한자를 읽지 못하고서는 법률실무를 처리할 수가 없다. 무엇보다 한중일 동양문화권에서 살면서 한자를 모르면 사실상 文盲이라고 해도 과언이 아니다.

정리와 관련하여 학원가에서 보는 잘 '정리된 것과 같은' 노트는 단지 참고자료로만 활용할 필요가 있지 너무 여기에 의존해서는 안 된다. 그리고 기본적인 법률용어나 개념들은 외워야 한다. 아무리 법학이 이해를 요하는 과목이라고는 하지만 암기가 병행되지 않으면 空念佛이다. 이 나라 민법학의 대가이며 원로인 곽윤직 교수님도 강의를 하면서 학생들에게 암기를 강조했고, 양창수 대법관님도 지난번 연찬회에서 암기를 강조하지 않았는가?

어차피 많이 아는 것만으로는 부족하고 자기가 알고 있는 것을 암기를 통해 잘 표현할 수 없으면 시험이라는 관문에서 주저앉을 수밖에 없다는 사실을 명심하기 바란다. 사법시험 2차 시험을 여러 번 보고서도 단 몇 점 차이로 계속 낙방하는 사람에게는 어딘가 문제가 있다. 표현력이나 아니면 잘 알아먹지 못하게 쓰는 글씨도 일조를 할 것이다.

긴긴 방학도 후딱 지나가는 것처럼 2주는 눈 깜빡할 사이에 금세 지나간다. 이번 시간에 민법공부로 올인해 보기를 요샛말로 강추한다. 민법 조문이 부칙을 빼고 1,118개이다. 이 조문 하나하나를 전부 읽어보는 것만으로도 이번 잔류시간은 의미가 있을 것이다. 지금 흘러가고 있는 것은 단지 시간이 아니다. 우리들의 인생이라는 고귀한 시간이 흘러가고 있다. 그 고귀한 시간을 알차게 보내기 바란다.

[2009. 10. 17]

5. 병아리와 후라이 사이

- 啐啄同時를 생각하면서 -

지난 6월 2일 지방선거 당시 용두암 인근을 지나면서 보니 어떤 건물에 모 후보자의 플래카드가 걸려 있었는데 선거홍보 플래카드치고는 색다른 것이어서 눈에 띄었다. 그 플래카드에는 다음과 같은 글이 적혀 있었다.

"계란을 밖에서 깨면 후라이가 되고, 계란을 안에서 깨고 나오면 병아리가 된다."

안과 밖, 병아리와 후라이가 묘한 뉘앙스를 풍기면서도 그 후보자가 말하고자 하는 의미가 자신은 후라이가 아닌 병아리가 되어 나오겠다는 것인지 어떤 것인지는 확 다가올 듯 말 듯하면서 '啐啄(줄탁)'이라는 말이 떠올랐다.

啐啄同時(줄탁동시) 또는 啐啄同機(줄탁동기)라는 말은 중국 송대 선종(禪宗)의 화두를 모은 공안집(公案集)인 「벽암록」에 나오는 말이다. '줄탁'에서 '줄(啐)'이란 병아리가 알에서 나오기 위해 안에서 껍질을 깨는 것이고, '탁(啄)'은 어미가 바깥에서 그 소리를 듣고 껍질을 쪼아 도와주는 것이다.

줄과 탁이 합하여 헷세의 데미안에서 이야기하는 것처럼 "병아리는 알을 깨고 나온다." 손바닥도 마주쳐야 소리가 나지 한 손바닥으로는 소리가 나지 않는다는 孤掌難鳴(고장난명)과도 일맥상통하는 말이다.

시인 김지하는 '啐啄'이라는 시도 썼지만 사실 '啐啄'이란 말은 쉽지 않은 한자어이다. 啐은 '맛보다, 마시다, 부르다, 꾸짖다, 침을 뱉다, 쭉쭉 빨다'는 뜻의 '줄'이고, 啄은 '부리로 쪼다'는 뜻의 '탁'이다.

알 속에서 자란 병아리는 부리로 껍질 안쪽을 쪼아 알을 깨고 세상으로 나오려고 하는데, '啐'은 바로 병아리가 알 껍질을 깨기 위하여 쪼는 것을 가리킨다. 어미닭은 품고 있는 알 속의 병아리가 부리로 쪼는 소리를 듣고 밖에서 알을 쪼아 새끼가 알을 깨는 행위를 도와주는데, '啄'은 어미닭이 바깥에서 알을 쪼는 것을 가리킨다. 이러한 啐, 啄의 행위가 '동시(同時)에 일어나야' 병아리가 탄생될 수 있다는 뜻이다.

그러나 새끼와 어미가 동시에 알을 쪼지만 그렇다고 어미가 새끼를 나오게 하는 것은 아니다. 결국 알을 깨고 나오는 것은 바로 새끼 자신이다. 여기서 알 껍질을 쪼아 깨려는 병아리는 깨달음을 향하여 앞으로 나아가는 수행자요, 어미닭은 수행자에게 깨우침의 방법을 일러주는 스승이라고 할 수 있다. 어미닭은 다만 알을 깨고 나오는 데 작은 도움만 줄 뿐, 결국 알을 깨고 나오는 것은 병아리 자신이다.

어쨌든 줄탁(啐啄)은 상호 신뢰를 전제로 한다. 가족구성원끼리도 줄탁이 필요하고, 勞使 간에도 줄탁이 필요하다. 선생과 학생 사이에도 줄탁이 필요하다. 사랑하는 사람끼리 줄탁이 필요함은 두말할 나위가 없다. 나라의 지도자와 국민 간에도 줄탁이 필요하다. 상호 신뢰가 없으면 제멋대로 줄탁이 될 수밖에 없다. 그만큼 소통이 중요하다는 뜻일 것이다.

이제 여름방학을 맞아 나름대로의 계획으로 공부하고 있을 여러분
께 몇 마디 당부하고자 한다. 특히 해외연수를 다녀온 1기 원생들은
차분한 마음으로 돌아가 방학기간 동안에 기본법에 대한 확실한 공
부를 해두기를 바라마지 않는다. 1학년 1년 동안에 기본법에 관한
지식을 확실하게 쌓아두지 못하면 앞으로 이어지는 심화과목이나 종
합과목 공부를 하는 데 애로를 겪을 수밖에 없고 여러분의 선택을
후회하는 상황이 올지도 모른다.

여러분은 대학 5학년의 학부 학생이 아니고 한 단계 업그레이드된
대학원 원생이라는 사실을 잊지 말기 바란다. 혹시 학부생이라면 마
지못해 공부를 할 수도 있지만 여러분 스스로 원해서 여러분의 판단
하에 로스쿨에 진학한 것이므로 스스로의 책임하에 공부하지 않으면
안 된다. 어미가 알을 쪼아준다고는 하지만 결국 병아리가 알을 깨
고 나오는 것처럼 선생의 역할보다 여러분의 역할이 더 크고 중요하
다는 사실을 잊지 말기 바란다.

제주대 로스쿨에서의 3년이 여러분 인생에 있어서 중요한 이정표
가 될 수 있기를 기원한다.

여러분은 후라이가 되겠는가? 병아리가 되겠는가?

[2010. 7. 2]

6. 실패할 수 있는 용기

– 유안진 "실패할 수 있는 용기"

1기 3학년생들의 내년 초 변호사시험 대비를 위하여 2학기 개강을 1주일 앞당겨 지난 월요일부터 2학기 강의가 시작되었다. 그런데 수강신청을 둘러싸고 벌어지는 로스쿨생들의 치열한 눈치작전을 보면서 상대평가로 인한 불이익을 받지 않기 위한 그들의 처절한 속내를 이해하지 못하는 것은 아니지만 이게 교육적으로 바람직한 것인지는 의문이 든다.

수요자인 학생들에게 수강신청 변경기간을 마련한 것은 학생들에게 자신의 공부를 위해 최선의 선택을 할 수 있는 기회를 부여하고

자 함에 있는 것이지 학점관리만을 위해 눈치를 보며 이 과목 저 과목에 '넣었다 뺐다'를 반복하게 만들기 위한 것이 아니다. 다수 학생들은 힘든 공부를 싫어하고 적당하게 좋은 학점 받기만을 원하지만, 이런 식으로 받은 학점이 무슨 소용이 있을 것인가? 단언컨대 이런 식 학점을 받아봐야 쓸 데가 별로 없다.

학생들은 자신의 진로와 관련한 과목선택이 아니라 어떻게 하면 C나 D를 맞지 않을까에만 주된 관심이 있고, 어떻게 하여 A학점을 받을 것인가에 관한 진지한 고민은 안중에도 없다. P/F 과목에는 당연히 P를 전제로 하고 학생들이 몰린다. 참으로 안타까운 일이다. 도대체 '실패도 겁내지 않는 실패할 수도 있는 용기'가 없다. 성적이야 노력한 만큼 나오게 되어 있는 것인데 노력 자체를 꺼리는 것을 학생의 본분이라고 할 수 있을까? 그리고 노력했는데 점수가 나오지 않았다고 실망할 일도 아니다. 학생들의 노력을 선생이 알아보지 못할 수도 있는 것이다. 좋은 학점 받은 학생이 사회에서도 반드시 좋은 학점 받으리라는 보장이 없다.

내가 2학기에 맡은 과목이 2학년 민사소송법사례연구와 3학년 민사변호사실무인데 아직 확정된 것은 아니라고 하지만 2학년 과목은 7명, 3학년 과목은 11명이 수강 신청한 것으로 알고 있다. 40명이라는 소규모 정원의 학교라 어쩔 수 없는 면이 있기는 하지만 민사소송법 심화학습으로 개설한 민사소송법 사례연구가 이 모양이니 다른 과목들은 두말할 나위가 없다. 보험법, 어음수표법 등 변호사로서 반드시 익혀야 할 과목들의 수강생들이 몇 명 되지 않는다는 것은 보통 문제가 아니다.

사실 따지고 보면 로스쿨 3년으로 변호사를 만들어낸다는 것이 쉬운 일이 아니다. 현재의 로스쿨이라고 하는 것이 옛날 법학부도 아니고 그렇다고 실무교육을 주안으로 하는 사법연수원 체제도 아니고, 죽도 밥도 아닌 어정쩡한 시스템이다 보니 시행착오를 반복하고 있다. 내년 변호사시험에서 1,500명을 합격시킨다고 하지만 과락으로 이 숫자를 다 채울 수 있을지도 모른다. 몇 차례 모의시험을 경험한 바에 의하면 과락이 심각한 문제로 대두될 것이 틀림없다.

더욱더 심각한 것은 2학년, 1학년으로 내려갈수록 학생들의 수준이 더 떨어진다는 사실이다. 지방대의 경우가 더 심각하다. 일부 학생들을 보면 법조 직업에 대한 뚜렷한 주관도 없이 대학졸업 후 현실 도피처로 로스쿨을 선택한 듯한 학생도 있고, 로스쿨만 졸업하면 자판기 식으로 변호사가 되는 줄 알고 겉멋만 든 학생들도 없지는 않다.

인터넷상에는 로스쿨 '강제동원령'이라는 말이 떠돌고 있다고 한다. 이 말은 '강제동원령'에 해당하는 학교들이 변호사시험 합격률이 낮을 것은 불을 보듯 뻔할 것이라는 전제를 담고 있다. 앞으로 학교마다 변호사시험 합격률을 높이기 위한 대량유급이 불가피할 것이다. 어쩌면 로스쿨에 빅뱅 아니 대재앙이 오는 것은 아닌지 모르겠다.

[2011. 8. 17]

7. Coopetition: 협력하면서 경쟁하라!

요새 로스쿨의 삭막한 풍토가 말이 아니다. 법전원협의회에서 설정한 학사관리강화방안에 의하면 성적평가는 상대평가를 원칙으로 하고 A학점은 25% 이하 등으로 일정비율이 할당되다 보니 수강신청 변경기간에는 학생들이 C와 D를 맞지 않기 위하여 이 과목에서 저 과목으로 '왔다 갔다, 넣었다 뺐다'를 반복하는 눈치작전 현상이 극심하게 펼쳐지고 있다.

변호사시험성적이 공개되지 않게 되면 로스쿨 졸업생들의 학교성적만이 공직임용이나 로펌 취직 시 평가의 잣대가 될 것임을 우려한 학생들의 고충을 이해하지 못할 바는 아닌데 여기서 생각할 문제가 있다. 이런 식으로 받은 학점이 변호사로서 업무를 수행하는 데 무슨 도움이 될지는 차치하고라도 실로 찐득하게 공부하고 자신의 삶을 개척하려는 진지한 자세가 보이지 않는 것 같아 안타깝다.

로스쿨에서 체계적 공부를 해두지 않으면 변호사 실무에 돌입하면 체계적으로 공부할 시간이 없다. 현업에 종사하게 되면 판례월보나 법률신문노 제대로 읽기 어렵다. 신림동 고시원을 벗어나기 위하여 로스쿨을 만들었는데 많은 로스쿨 학생들이 신림동으로 몰려가는 것은 뭔가 잘못돼도 크게 잘못된 일이다. 지금 많은 학생들이 보는 책이 신림동 강사들이 짜집기하여 만든 교재들이다. 기본에 충실하지 못하고 단편적 지식만을 습득하여 변호사가 된다 한들 제대로 된 변호사가 될 수 있을지 의문이다.

베스트셀러『평평한 세계』의 저자 토머스 프리드먼(Friedman)은 골프 경기를 예로 들어 "지지 않으려는 경기를 하지 마라. 상대의 실수를 기다리지 마라. 상대가 유능하다는 가정 아래 이기려고 노력하라"고 충고한다. 이를 위해서는 경쟁과 더불어 협력도 필수적이다. 미국 예일대 경영대학원의 배리 네일버프(Nalebuff) 교수는 협력(cooperation)과 경쟁(competition)을 아우른 '협쟁(協爭: coopetition)'이라는 개념을 고안했다(2011. 9. 15. 김인규 교수의 조선일보 칼럼).

로스쿨 학생들이 서로 협력하며 경쟁하는 구도가 되어야 로스쿨도 살고 우리 법조의 미래도 밝다. 협력을 회피하고 경쟁을 기피하는 풍토하에서는 자신은 물론 법조사회의 발전을 이룰 수가 없다. 협력이라는 것도 저급한 동료의식 내지는 동업자의식이 아니라 법치주의를 지켜가는 동반자로서의 협력을 말한다.

학교성적이 우수한 학생이 사회생활도 우수하리라는 보장이 없다. 삶의 자세가 진지하지 못하면 법조사회에서 신뢰를 쌓을 수 없고 결국은 인생 자체가 재미없어진다.

[2011. 9. 15]

8. 로스쿨과 법조의 미래

　우리나라 법조인 양성시스템에 일대 변혁을 가져온 법학전문대학원제도가 도입된 지 3년이 되었고, 이제 그 1기생들이 첫 변호사시험을 앞두고 있다. 내년에는 로스쿨 졸업생 1,500명과 사법연수원 수료생 1,000명이 변호사 시장에 쏟아져 나오게 생겼고, 법원이나 검찰, 로펌의 수용인원 500여 명을 제외하면 대부분이 일자리도 찾을 수 없는 최악의 상황이 예견되고 있다. 기존의 변호사들도 사건이 없다고 아우성이다.

　여기서 로스쿨 현장의 경험을 토대로 우리 로스쿨과 법조의 미래를 생각해보기로 한다.

　내년 1월 시행되는 변호사시험의 응시자는 1,698명이고, 합격 예정인원은 1,500명이다. 산술적으로는 응시자는 웬만하면 다 붙는 시험이라는 이야기가 된다. 그러나 그동안의 모의시험 결과 등을 보면 과락이 변수로 작용할 것임에 틀림없다. 1,500명을 뽑으려고 해도 뽑을 수 없는 상황이 올 것이다. 학생들도 1,200~1,300명쯤 뽑을 것으로 예상하고 있나. 이 시험에서 탈락한 학생들은 더 악화된 상황으로 내몰릴 수밖에 없다.

　1기생들은 쉽게 변호사가 될 수 있는 절호의 찬스라고 여기고 있다. 그러나 그런 식으로 쉽게 변호사가 된다 한들 제대로 된 변호사가 될 수는 없는 노릇이다. 탄탄한 실력으로 무장하지 못한 변호사는 실패할 수밖에 없다. 어쩌면 후에 변호사가 된 것을 후회하는 변호사가 될지도 모른다. 배고픈 변호사는 굶주린 사자보다 더 무섭다는 말이 있다. 먹고살기 위하여 무모한 사건을 만들고 사회로부터 지탄받는 변호사가 될 수도 있다.

로스쿨 입학생들의 질은 갈수록 저하되고 있다. 로스쿨의 인기도 시들해지고 있다. 로스쿨 입학생들의 상당수가 법조직역에 대한 뚜렷한 주관도 없이 이것저것 뜻대로 되지 않자 현실도피처로 로스쿨을 선택한 학생도 없지 않다. 로스쿨이 과연 이들의 피난처가 되어야 할 것인가?

지금 각 로스쿨들은 유급문제로 홍역을 앓고 있다. 사실 상당수 학생들이 답답할 정도로 함량미달이라는 이야기가 들린다. 로스쿨 3년 만에 제대로 된 변호사를 만들어낸다는 것이 말처럼 쉬운 일이 아니다. 지금의 로스쿨이 예전의 법학부와 어떤 차이가 있는지도 애매하다. 로스쿨이나 법조의 미래가 그리 간단치 않은 상황으로 달려가고 있는 것은 아닌지 염려스럽다.

[2011. 12. 7]

9. 국민참여재판 방청기
- 과연 인간에게 자유의지가 있는가? -

제주지방법원으로부터 2010년 7월 5일 진행되는 국민참여재판 방청 안내를 받고 특강이 없는 로스쿨 2기생 3명과 함께 제주지방법원을 찾았다. 오전 11시부터 공판기일이 진행될 예정이었는데 배심원 선정절차가 지연되어 11시 10분경부터 공판절차가 진행되었다. 사건은 2010고합35 살인미수 피고사건.

제주지방법원에서는 2008년에 처음으로 국민참여재판이 열렸고, 지난 5월에 이어 세 번째로 열리는 국민참여재판이다. 나로서는 일터를 현업에서 학교로 옮긴 후 처음으로 국민참여재판을 방청할 기회를 가졌다. 변호인은 국선변호인으로 선정된 권범 변호사와 국선전담변호사 성정훈 변호사가 맡았고, 검찰에서는 공판검사와 수사검사가 함께 참여하였다.

100여 명의 배심원 후보자 중 출석자 30여 명 가운데 배심원 9명(예비배심원 2명 포함)이 선정되었다. 배심원에 선정되지 못한 후보자들은 일당으로 신사임당이 들어 있는 봉투와 기념품을 받고 돌아갔고, 일부는 도대체 재판이 어떻게 진행되는지 보고 가겠다고 하면서 법정으로 다시 들어가는 사람도 있다.

개정된 공판절차에서 형사합의부 강동욱 부장판사는 배심원들에게 국민참여재판에 대한 배심원들의 주의사항을 당부하는 것으로 모두(冒頭)절차를 진행하였다.

공소사실은 피고인이 피해자의 가슴부위를 회칼로 찔러 살해하려고 하였으나 미수에 그친 사건이고, 피고인은 술에 만취하여 전혀 범행을 기억할 수 없고, 피해자를 살해한다는 고의도 없었으며, 가사 살인미수나 상해가 인정된다고 하더라도 심신상실 또는 심신미약 상태에서의 범행이므로 책임능력이 없다고 다투는 사건이다.

오전 시간에는 모두 절차와 검사와 변호인의 입증계획을 진술하는 것으로 진행되었고, 12시부터 오후 1시 30분까지는 점심시간이다.

점심시간은 마침 제주지검에서 실무수습을 하고 있는 1기생 7명과 함께 인근 식당에서 점심을 먹고 법원올레에서 휴식시간을 가졌다.

속개된 오후 공판기일에서는 증인신문과 증거조사가 집중적으로 이루어졌다. 검찰 측 증인인 피해자와 피고인 측 증인이 출석하여 검사와 변호인이 교대로 신문과 반대신문을 번갈아하면서 검찰 측은 공소사실을 입증하는 데 주력하고 변호인 측은 공소사실을 탄핵하는 데 심혈을 기울였다. 보통의 형사재판과는 달리 검사나 변호인은 준비를 많이 한 듯이 보였다.

서로 배심원을 설득하기 위하여 형법 강의 수준의 설명을 병행하였고, 증인들은 신문 주체에 따라 답변하는 내용이 반전을 거듭하면서 피고인이나 피해자나 당최 이해할 수 없는 인간들이라는 생각이 들기도 하였다. 검사는 살인죄의 고의라는 것이 살인할 목적이나 의도가 아니라는 점을 부각시키려고 노력하였고, 변호인은 피고인이 피해자를 살해할 동기도 없으며, 범행 후 도망가지도 않고 순순히 경찰에 잡혀갔다는 점과 술에 만취하여 아무것도 기억할 수 없다는 점을 부각하려고 애를 썼다.

증인신문이 끝나고 15분간의 휴정을 끝내고 검사와 변호인의 의견 진술과 피고인의 최후진술이 이어졌다. 검사는 피고인에게 징역 4년을 구형하였다.

저녁 6시경 배심원들의 평의를 위하여 휴정하고, 평의가 1시간 이상 진행되면서 만장일치가 되지 않아 평의가 늦어지는 것은 아닌가 했으나, 재판장은 저녁 8시 판결선고를 하면서 배심원 전원의 살인미수에 대한 유죄의견을 밝혔고, 피고인의 정상을 참작하더라도 피고인의 동종전과를 감안하여 피고인에게 징역 2년 6월을 선고하였다.

재판부는 피고인 주장의 심신상실과 심신미약은 전혀 받아들이지 않았다. 아마도 재판장은 술에 취해 필름이 끊기는 경험을 해보지 못한 것 같다. 나의 판결 예상은 미수 감경과 심신미약 감경으로 징역 2년이었으나 재판부는 따블감경을 하지 않고 그냥 미수 감경 한 번으로 징역 2년 6월을 선고하였다. 살인죄의 법정형은 사형, 무기 또는 5년 이상의 유기징역이므로 유기형을 선택하고 1/2 감경을 하면 징역 2년 반이 된다.

전에는 판사가 피고인에게 '술을 먹여' 심신미약 감경을 해주는 사례도 있었다. 법정형은 높고 피고인에게 형의 감경사유가 없을 때 판사가 심신미약 감경을 해주기 위하여 피고인에게 "피고인은 범행 당시 술에 취해 있었지요?"라고 물으면 피고인은 술을 마셨다고 대답하면 형이 무거워질 것으로 알고 그런 일 없다고 펄쩍 뛴다. 판사는 그런 피고인에게 술을 먹이고자 하나 피고인은 판사의 속내를 알지 못하는 것이다.

최근에는 판사가 주취로 인한 심신상실이나 심신미약 주장을 서의 받아들이지 않는 추세에 있다. 사실 대부분의 범죄는 멀쩡한 정신상태에서 행해지는 것이 아니라 Penumbra Situation(반무의식적 상태)에서 행해진다. 그리고 이러한 반무의식적 상태를 예견하고 범행을 감행하는 actio libera in causa(원인에 있어서 자유로운 행위)인 경우가 많다.

그러면 여기서 살인의 고의와도 관련이 있는 이야기이지만 인간에게 과연 범죄를 저지르지 않을 자유의지가 있는지 따져보기로 하자.

옛날 독일어공부를 하면서 일본 사람 關口存男(세끼구찌)이 지은 『獨逸語大講座』를 본 적이 있는데 이 책에 Hans Vaihinger의 'Als－ob의 철학' 이야기가 나온다. 독일어 Als－ob는 영어의 as if~와 같이 가정법을 쓸 때 쓰는 문구이다.

우리는 '점(点)'이 무엇이라는 것을 알고 있다. 점이야말로 수학에 있어 없어서는 아니 될 존재이다. 그러나 실제로 점은 어디에도 존재하지 않는다. 점을 생각할 수는 있지만 점을 그릴 수는 없다. 아무리 예리한 연필로 수학적인 점을 찍어보더라도 그것은 평면이거나 아니면 현미경으로 보면 흑연의 입체 덩어리일 것이다. 수학상의 점이라고 하는 것은 공간 내에서 넓이가 없는 위치일진대 그런 점은 이미 점이 아니다.

그렇다고 하여 이러한 사실이 우리를 당혹케 하지 않는다. 우리는 마치 점이 실제로 존재하는 것처럼 그렇게 행동한다. 그렇게 생각하지 않으면 우리의 과학도 기술도 더 이상 존재하지 않을 것이다. 위치만이 있고, 넓이는 가져서는 안 되는 수학적인 점은 세계 어디에도 존재하지 않고 우리들의 머리에만 존재할 뿐이다. 그것은 우리의 사유의 소산이고 하나의 fiction(가정)일 뿐이다. 점이라고 하는 것은 우리들의 머릿속에서 만든 것으로서 실재하지 않는 것이라는 사실을 잘 알고 있으나, 그렇다고 점이 없는 세상은 상상할 수 없는 노릇이다.

여기서 어떤 사람이 다른 사람을 살해했다는 이유로 사형선고를 받는다고 가정해보자. 판사는 무슨 이유로 그 피고인에게 사형선고를 하는가? 우리가 그 피고인의 행위(살인)를 비난하기 때문이다. 그는 살인행위를 하여서는 아니 되었다, 다른 행위를 했어야 했다고 생각하기 때문이다. 그러나 그는 다른 행위를 하였어야 했다는 명제는 필연적 전제로서 그가 다른 행위를 하려고만 하면 다른 행위를 할 수가 있었을 것이라는 또 하나의 명제가 고려되지 않으면 안 된다.

그러나 그는 실제로 다른 행위를 할 수 있었을까? 여러분 각자가 아니 판사도 그 피고인의 입장에 놓였다면 과연 다른 행동을 할 수 있었을까? 여러분이 그 피고인과 같은 성격을 가지고 태어나고 그 피고인과 같은 환경에서 자라고 교육받고 그 피고인의 범행 당시와 같은 상황에 있었다면 과연 여러분은 다른 행동을 할 수 있었을 것인가? 누구나 그 피고인과 같이 행동하지 않으면 아니 되었을 것이고, 다른 행동을 할 수는 없었을 것이다.

한편에서 피고인은 다른 행동을 했어야 했다는 요구와 다른 한편에서는 그러나 그는 다른 행동을 할 수가 없었을 것이라는 엄연한 사실은 모순되는 것이 아닌가? 인간의 자유의지를 요구하면서 인간의 자유의지를 부정하는 딜레마를 어떻게 해결할 것인가?

인간을 벌하는 것은 인간의 자유의지를 전제로 한다. 그러나 인간에게 자유의지가 없다고 모든 범죄인을 무죄석방한다면 우리 사회는 어떻게 유지될 것인가? 모든 범죄인을 벌하지 않으면 안 된다는 것은 우리들의 실제적인 요구이다. 범죄자를 처벌하기 위해서 우리는 마치(als ob) 인간에게 자유의지라는 것이 존재하는 것처럼 행동하지 않으면 안 된다.

인간에게 자유의지가 존재하는가 존재하지 않는가 하는 문제는 수학상의 점이 존재하는가 존재하지 않는가 하는 문제와 마찬가지로 우리가 관여할 문제가 아니다. 우리는 피고인이 다른 행위를 할 수가 있었던 것처럼 생각하여 그 범행을 비난하고 그 범행에 대하여 책임을 묻는 것이다. 이와 같은 사실로부터 우리의 형법도 사실 als ob(~인 것처럼)에 입각하고 있음을 알 수 있다.

　사실 우리는 일상생활에서 이러한 허구와 가정을 가지고 있지 않다면 우리의 인생을 생각할 수도 없을 것이다.

　우리들의 인생을 생각해보자. 어느 누구도 찰나 같은 인생을 부나방처럼 살다 가고 있지 않은가? 그럼에도 불구하고 우리는 우리의 인생이 영원한 것처럼 여기며 살고 있다. 우리의 삶 자체야말로 따지고 보면 빈손으로 왔다가 빈손으로 가는 아무런 의미가 없는 것이지만 그렇지만 우리는 우리의 인생이 크나큰 의미를 가지고 있는 것처럼 여기고 살고 있다. 그게 올바른 삶의 자세일 것이다. 하늘 아래에서 숨을 쉬며 살아가고 있는 우리들은 과연 어떠한 자세로 삶을 살아갈 것인가?

[2010. 7. 5]

10. 로스쿨 1기 졸업생들에게

2012년 2월 20일 로스쿨 1기생들이 로스쿨 3년 과정을 마치고 졸업한다. 2009년 3월 개원한 법학전문대학원 신입생으로 입학하던 때가 엊그제 같은데 금세 3년이라는 세월이 쏜살같이 흘러갔다. 로스쿨이 설치된 전국의 25개 대학들은 로스쿨 체제를 처음으로 경험하다 보니 그동안 우왕좌왕 우여곡절도 많았고, 시행착오도 많았다. 1기생들은 지난 1월 초 법무부가 주관하는 제1회 변호사시험을 치렀고, 4월 합격자 발표를 앞두고 나름대로 진로를 모색하고 있다. 로스쿨제도의 안착은 이들 1기생들의 활약에 달려 있다.

로스쿨은 우리나라 법학교육의 일대 전기를 마련한 법조인 양성시스템이다. 종래에는 법학과 출신이든 비법학과 출신이든 사법시험에 합격하고 사법연수원의 2년간의 연수과정을 거쳐 판사, 검사, 변호사가 배출되는 시스템이었으나, 로스쿨은 다양한 학부 전공자들이 법학적성시험(LEET)을 거쳐 로스쿨 3년 과정에서 각 전문 분야의 역량을 발휘할 수 있는 변호사를 양성하는 시스템이다. 이들 로스쿨 출신 변호사 중에서 실력이나 소양이 검증된 변호사들이 앞으로 법관이나 검사로 임관하게 된다.

로스쿨 1기생들의 졸업을 앞두고 그동안 1기생들과 보낸 3년 세월이 주마등처럼 스쳐간다. 나 같은 변호사들이 학교로 들어올 수 있었던 것은 전적으로 로스쿨 제도의 도입 때문이다. 제주대 로스쿨은 노무현 정부 당시 지방분권에 기한 1도 1로스쿨 체제에 힘입어 설치되었다. 우리 학교는 로스쿨 신축건물이 완공되기 전에는 현재의 제2도서관 자리, 여건이 좋지 않은 상황에서 로스쿨이 출범하였다. 현재의 독립건물이 완공되기 전에는 강의실이 아라뮤즈홀, 법정대학, 법전원 2호관 등지로 흩어져 있어 이리저리 왔다 갔다 하면서 떠돌이 식 강의가 불가피했다.

나는 1기생들에게 1학년 때 '법정보조사론'과 '법문서작성론', '민사소송법'을, 2학년 때 중국사법제도론을 차용한 '민사소송법 사례연구'와 '민사보전집행법', '법조윤리'를, 3학년 때 '민사모의재판'과 '민사변호사실무'를 가르쳤다. 지금 생각해보니 민사소송법을 제외하고는 처음으로 가르쳐본 과목들이고, 제대로 알고 가르친 것 같지는 않다.

나의 카페 'This too shall pass(이 또한 지나가리라)' 메뉴에는 2009년 3월부터 현재까지 로스쿨생들과 함께 지내고 보냈던 시간들을 보여주는 사진들이 많이 들어 있다. 3년간의 애증의 시간 역시 이 또한 세월과 함께 지나가리라!

1기생들은 20대에서 40대 초반까지 있었고, 약사, 공인회계사, 공대, 농대 출신 등 출신 또한 다양했다.

1기생들과 오름절차법연구회를 빙자하여 제주의 아름다운 오름들을 많이 올라보았고, 한라산도 몇 차례 올라보았다. 2009년 6월 21일 당시 제주대 로스쿨에서 연구년을 보내시던 서울대 호문혁 교수님과 1기생들 12명이 영실에서 윗세오름을 거쳐 어리목으로 하산한 일이 있었고, 2009년 7월 11일에는 1기생들 10여 명이 호문혁 교수님과 함께 성판악에서 백록담으로 가는 도중 미개방이던 사라오름을 구경하고 백록담에서부터 관음사로 내려오는 길에 진탕 비를 맞으며 내려왔던 추억도 있다. 학교로 복귀한 후 뒤풀이 시간에 술을 잘 못하는 박정수 군이 폭탄주를 여러 잔 마시던 일도 생각나고 그날 함께 산행을 했던 김이나 양은 2학년에 올라가면서 고향인 부산대로 학교를 옮겼다.

1기 지도학생 박정수 군과 정지웅 군과 함께 2010년 4월 24일 성판악 코스로 백록담을 보고 왔고, 2010년 5월 17일 오희준 추모산행에 맞추어 영실-윗세오름- 백록샘에서 돈내코 코스로 하산한 일도 있다. 민사소송법 사례연구 세미나를 서귀포휴양림에서 갖고 그곳에서 1박했던 일도 생각난다. 애월 광령의 한 펜션에서 세미나도 했었고, 정지웅, 박정수, 신상욱, 김성진, 김주엽 군 등이 서귀포 토평의 우리 집 우엉밭에서 이주노동자로 귤 따기 노력봉사를 한 일도 있었다. 호 교수님이 서울로 돌아가시면서 1기생들과 함께 산방산을 바라보며 화순올레길을 걷던 일도 생각난다.

1기생 동기들끼리 커플도 몇 있었는데 그 커플이 끝까지 이어지지는 못한 것 같고, 로스쿨 입학 전부터 사실혼 유사의 관계를 맺고 있던 박지흔, 최연석 커플만이 졸업과 동시에 결혼식에 이르렀다.

졸업을 앞두고는 모의시험과 유급 졸업사정을 두고 한바탕 난리도 겪었다. 로스쿨에서 보기 힘든 시위도 있었다. 이제는 다 아득한 일이 되었다.

앞으로 먼 훗날 나와 졸업생들이 법정에서 상대방 변호사로 조우할 날이 올지도 모른다. 인연의 톱니바퀴는 물고 물리며 돌아가게 되어 있다.

이제 1기생들이 학교를 떠나 사회 각 분야에서 나름대로 소명감을 갖고 맡은바 일을 찾아야 하는 시기가 되었다. 법원의 로클럭이나 검찰에 지원한 졸업생들이 원하는 대로 선발될 수 있기를 기원하면서, 변호사로서 출발하는 졸업생들도 꾸준히 자기의 직분에 충실하다 보면 또 다른 기회도 열릴 수 있음을 알고 진력해주기를 바라마지 않는다. 지금은 변호사 자격을 얻었다고 바로 행세할 수 있는 시대가 아니다.

앞으로 변호사 현업에 종사할 1기생들에게 나의 경험을 토대로 몇 가지 당부의 말을 붙여 놓기로 한다.

우선 신의를 지켜야 한다는 점이다. 민법이나 민사소송법에 나오는 신의칙 내지 신의성실의 원칙은 실생활에서도 중요한 행동지침이다. 당사자에게 신뢰를 잃는 변호사는 더 이상 변호사로서 존재이유가 없다고 보아야 한다. 법원에도 신의를 지켜야 하며 상대방 대리인에게도 신의를 지켜야 한다. 재판은 변호사 혼자 하는 것이 아니다. 재판 시간 약속은 반드시 지켜야 하고 약속을 지키지 못할 상황이면 반드시 이러한 상황을 알리고 양해를 구해야 한다. 신의 없는 변호사로 낙인이 찍히면 여간해서는 이러한 혐의에서 벗어나기 상당히 어렵다. 변호사를 한두 해 하고 말 것이면 몰라도 평생 직업으로 변호사를 택한 사람들은 언제나 신의를 염두에 두고 변호사 업무에 종사해야 한다.

다음으로 꾸준한 연찬이다. 로스쿨 3년 과정으로 변호사로서의 업무를 커버하는 것은 물리적으로 불가능하다. 변호사를 오래하더라도 다뤄보지 않은 사건은 언제나 두렵다. 따라서 현업 변호사에 종사하면서도 판례의 흐름이나 법령의 개폐를 추적하는 것은 물론이고, 꾸준히 공부해야 한다는 점이다. 기본적인 민·형사 사건은 변호사라면 누구나 루틴하게 처리할 수 있을 터이지만 조금만 파고들면 공부하지 않으면 해결할 수 없는 사건들이 많다. 일상의 업무 속에서도 조세, 공정거래, 지적재산, 노동, 국제거래, 보험, 금융, 재개발·재건축 등 관심 있는 분야에 관하여 꾸준히 공부하여 그 분야의 전문가가 될 수 있어야 한다. 변호사라고 다 전문가는 아니다. 변호사가 기본적으로 이론과 실무에 능통하지 않으면 헤매기 일쑤이고 당사자로부터 쏟아지는 비난을 피할 수 없다.

그리고 변호사로서의 책임 내지는 윤리의식을 염두에 두면서 변호사 업무에 임해야 한다. 변호사를 하다 보면 사건과 관련된 온갖 유혹에 빠지기 쉽다. 오늘의 경제적 어려움을 범법행위로 극복하려고 해서는 안 된다. 이제는 변호사도 정치인과 마찬가지로 교도소 담장 위를 걷는 직업이 될 소지가 다분하다. 언론에 보도되고 있는 법조비리사건들은 대부분 사기, 횡령 등 변호사의 저질 범죄 사건들이다. 잘못하여 그런 길에 빠지면 오랫동안 자신이 공부하고 택한 변호사 직업을 저주할지도 모른다.

마지막으로 변호사가 개인사업자라고 할지라도 공적인 성격이 강하다는 것을 잊지 말아야 한다. 어려운 사람을 법률적으로 도와주다 보면 자신의 직업에 보람도 생길 수 있고, 그것이 인연이 되어 많은 사건으로 이어질 수도 있다.

이제 비슷한 처지에 놓여 있는 수많은 변호사들이 함께 경쟁하지 않으면 안 되는 세상이다. 변호사에게는 판사나 검사와 달리 사건이 저절로 배당되는 것이 아니다. 사건이 없는 변호사는 견뎌내기 어려운 세상이다. 사건이 있어야 책도 찾아보고 돈도 벌 수 있다. 그런데 사건이라는 것은 그냥 흘러오는 것이 아니다. 학교성적이 좋다고 변호사 성적도 좋으리라는 보장이 없다. 변호사를 잘하기 위해서는 성적보다 성격이 좋아야 한다. 다양한 사회활동도 주저하지 말아야 한나. 틈틈이 글을 써서 발표하기도 하고, 지방변호사회 회무에도 적극적으로 참여해야 한다. 주어진 시간을 정력적으로 보낼 수 있는 변호사들에게만 가능성이 열려 있다.

앞으로 우리 1기생들이 희망찬 미래를 개척할 수 있기를 진심으로 바라며, 마지막으로 잡보장경(雜寶藏經) 중 '용왕게연(龍王偈緣)'에 나오는 '生也 思也(살며 생각하며)'를 읊어본다. 生也 思也는 우리말로 '걸림 없이 살 줄 알라'로 번역되어 널리 회자되고 있다.

유리하다고 교만하지 말고,
불리하다고 비굴하지 말라.

무엇을 들었다고 쉽게 행동하지 말고,
그것이 사실인지 깊이 생각하여
이치가 명확할 때 과감히 행동하라.

벙어리처럼 침묵하고 임금처럼 말하며,
눈처럼 냉정하고 불처럼 뜨거워라.

태산 같은 자부심을 갖고,
누운 풀처럼 자기를 낮추어라.
역경을 참아 이겨내고,
형편이 잘 풀릴 때를 조심하라.

재물을 오물처럼 볼 줄도 알고,
터지는 분노를 잘 다스려라.

때로는 마음껏 풍류를 즐기고,
사슴처럼 두려워할 줄 알고,
호랑이처럼 무섭고 사나워라.
이것이 지혜로운 불자의 삶이니라.

우리의 기대가 실현되지 않아도
아직 우리의 기도와 꿈이 이루어지지 않아도
인생의 가장 큰 영광은
한 번도 쓰러지지 않는 것이 아니라
쓰러질 때마다 일어나는 것이다.

| 법학, 어떻게 공부할 것인가? |

1. 學而時習之 不亦說乎

이제 로스쿨 1기생들이 2012년 1월 3일부터 치르는 제1회 변호사 시험을 10여 일 남겨두고 있다. '제대로'(濟州大 Law School) 출신들이 마무리 정리를 잘하여 부디 좋은 성적을 거두기를 기원한다. 어쩌면 내년 시험이 끝나고 합격자가 발표되면 합격률 여하에 따라 로스쿨의 진로에 중대한 영향을 미칠 것임이 틀림없다.

로스쿨에서 3년간 학생들을 가르쳐본 경험에 의하면 아직도 법학 공부 방법을 잘 모르는 학생들이 많은 것 같아 안타깝다. 과연 공부가 무엇인지 정확히 알고 공부하는 학생도 많지 않은 듯하다. 여기서 공부가 무엇인지 따져보고 이야기를 풀어가기로 한다. 어렸을 때부터 공부라는 말을 귀가 아프도록 들었을 터이지만 공부가 무엇인지 알아야 공부할 수 있을 것이 아닌가?

선생들도 학생들에게 그저 공부 열심히 하라고 하고, 학생들도 그저 열심히 공부하고 있다고 하는데 공부가 무엇인지 알면서 이런 말들을 하고 있는가? 과연 책을 열심히 본다고 공부를 열심히 하는 것인가? 문제풀이를 열심히 했다고 공부를 열심히 하는 것인가? 이어폰을 끼고 동영상강좌를 열심히 수강한다고 공부를 하는 것인가? 스터디그룹을 결성하여 서로 돌아가면서 발표하는 것이 공부를 하는 것인가? 강의를 열심히 듣는다고 열심히 공부하는 것인가?

一言以弊之하고 한마디로 말하면 공부는 배우고 익히는 것이다. 그런데 학생들은 배우기만 하고 익히는 것에 소홀하고 있다. 물론 배움 자체를 소홀히 하는 학생도 없지는 않다. 고등학생 정도면 누구나 외우고 있는 논어의 學而 편 冒頭를 읽어보자. 여기에 공부가 무엇인지 정답이 들어 있다.

學而時習之 不亦說乎
有朋이 自遠方來 不亦樂乎
人不知而不慍 不亦君子乎.

배우고 때로 익히면 역시 즐겁지 아니한가.
벗이 있어 멀리서 찾아오니 역시 기쁘지 아니한가.
남들이 나를 알아주지 않아도 성내지 않으니 역시 군자가 아닌가.

나는 이 구절에서도 마지막 구절인 人不知而不慍 不亦君子乎를 좋아하여 거의 좌우명처럼 삼고 있는데 첫 구절 중 學而時習之가 바로 공부의 요체를 웅변으로 보여주고 있다. 배우고 익히는 學과 習이 바로 공부이다. 영어로는 study가 學이고, learn이 習이다. 배우기만 하고 익히지 않으면 반쪽 공부밖에 되지 않는다.

우리 학생들이 열심히 공부하고 있다는 것은 열심히 배우고만 있다는 것이지 열심히 익히고 있지는 않다는 이야기로 들리는 경우가 많다. 그것은 시험 답안지 채점을 해보면 당장 드러난다. 열심히 공부하고 있다고 하는데 답안지가 형편없다는 것은 배우기만 하고 익히지 않고 있다는 반증이 아닐 수 없다. 배우기만 하고 익히지 않으면 쓸 수가 없다. 베이컨이 '아는 것이 힘'이라고 한 것은 지식은 그 자체가 가치 있는 것이 아니라 힘을 주기 때문에 가치 있는 것이었다. 힘을 주는 지식이 될 수 있기 위해서는 익혀야 한다.

사실 공부는 배우는 學보다 익히는 習이 더 중요하다. to study보다 to learn이 더 중요하다는 이야기이다. 과문한 탓인지는 모르나, 학생들이 study 그룹을 결성하여 study한다는 이야기는 들어 보았어도 learning 그룹을 결성하여 learning을 한다는 이야기는 들어보지 못했다.

이 이야기에 대하여 배우고 익히는 것을 어떻게 구별하나, 동일한 것이 아니냐는 항변을 할지 모르나 이를 구별하지 못하면 제대로 (법학)공부를 할 수 없다. 영어로 study와 learn이 구별되는 것처럼 한자에서도 學과 習이 구별되는 것을 모르면서 어찌 공부한다고 하겠는가? 習과 learn의 익힌다는 것은 깨달음의 의미를 담고 있다. 배우기만 하고 익히거나 깨닫지 못하면 별 소용이 없다. 익힌 지식만이 실제로 써먹을 수 있는 지식이다.

그런데 선생도 학생들에게 敎(가르침)를 통하여 배움을 줄 수는 있지만 익힘을 줄 수는 없다. 익히고 깨닫는 것은 온전히 학생 본인의 몫이다. 누가 대신 해줄 수 없는, 대리에 친하지 않은 행위가 바로 習이다. 다시 말하면 공부는 누가 대신 해주는 것이 아니고 고독한 수행자처럼 본인 혼자 하는 것이다. 요새 학생들이 동영상 강좌에 사활을 걸고 있는 듯하지만 이는 공부의 보조자료일 뿐이다. 교수나 선생도 마찬가지다.

공부를 했다고 하면서 내용을 모른다고 하는 것은 스스로 익히지 않았음을 토로하는 것에 다름 아니다. 그러면 어떻게 익힐 것인가? 법학공부를 어떻게 할 것인가?

2. 習與悅樂

그러면 법학공부를 어떻게 하는 것이 가장 효율적인 방법일까? 법학공부든 다른 공부든 공부에 왕도란 있을 수 없으나, 나의 경험에 비추어 법학공부를 하는 하나의 방법을 들어보기로 한다.

공부의 요체는 배우는 '學'보다 익히는 '習'에 방점이 있다. '習'자는 어린 새가 날개[羽]를 퍼드덕거려 스스로[自 → 白] 날기를 연습한다고 하여 '익히다'를 뜻하는 習이 된 것이다. 어린 새는 어미 새로부터 날기를 배우는 것에서 더 나아가 스스로 퍼드덕거리며 날기를 연습해야 자신의 힘으로 하늘을 날 수 있는 것이다. 공부도 마찬가지다. 스스로 익히려는 노력이나 자세가 없으면 배움으로 끝나고 더 이상 Aufheben하거나 飛上할 수 없다.

익힐 習 자가 들어 있는 한자들, 예컨대 豫習, 復習, 自習, 練習 등은 모두 스스로 익힌다는 의미가 들어 있다. 여기서 법학을 제대로 익히는 방법이 있는가? 물론 사람마다 익히는 방법이 다양하게 있을 수 있으므로 절대적인 것이란 있을 수 없다. 이미 학부를 졸업하고 LEET(법학적성시험)를 통과하여 로스쿨에 입학한 학생들이므로 나름대로 공부에 일가견이 있을 수 있다. 어쨌든 익히는 방법을 나름대로 터득해야 한다.

우선 기본법 과목의 기본서를 두세 차례 통독해야 한다. 기본서는 정평 있는 것을 선택해야 한다. 학원강사들이 쓴 짜깁기 식 나부랭이 책들은 별로 필요하지 않다. 처음에는 책을 읽으면서 모르는 것이 있더라도 일단 넘어가자. 처음부터 다 알면서 책을 읽을 수는 없는 노릇이다. 그리고 법학이 한두 번 읽고 모두 익힐 수 있는 성질의 학문도 아니다. 사실 교수라고 해서 법을 다 아는 것이 아니다. 판사라고 해서 법을 다 알면서 재판하는 것도 아니다. 경험에 미루어 이건 분명한 사실이다.

기본서를 두세 차례 읽으면서 각 과목의 전체적인 줄거리나 흐름을 먼저 파악해야 한다. 최소한 1시간에 20페이지 이상을 읽을 수 있는 속독술이 필요하다. 방학 중에 하루에 10시간 이상을 공부한다고 할 때 5~600페이지 책은 이틀 만에 읽어내야 한다. 앞으로 법률 실무에 종사하기 위해서도 속독술은 필요하다. 수천 페이지, 아니 수만 페이지가 되는 기록들을 읽어내려면 속독 외에는 달리 대안이 없다. 기록을 컴퓨터가 대신 읽어주는 것도 아니다. 숱한 기록 중에서 법적으로 의미 있는 것들을 끄집어내야 한다. 책을 많이 읽다 보면 필요한 것과 필요하지 않은 것, 중요한 것과 중요하지 않은 것이 구별되게 된다. 돈을 많이 만지는 은행원들이 돈을 세면서 위폐를 감별해내는 것과 같다.

기본서의 윤곽과 전체적인 흐름을 파악한 후에는 정독하면서 요약하는 훈련을 해야 한다. 이때부터는 별로 중요하지 않은 것들은 과감하게 捨象해도 좋다. 책을 읽은 후에는 책을 덮고 자신의 읽은 단원의 목차를 큰 제목부터 소제목까지 기억해내고 써 보는 것이다. 10분 전 혹은 한 시간 전에 읽은 부분이 생각나지 않으면 열흘 후 아니 몇 달 후에는 더 생각나지 않을 것임은 불문가지이다. 젊었을 때와 달리 나이가 30~40으로 들어가면 제대로 입력이 되지 않고 책을 덮으면 깜깜해질 수 있다. 이래서 나이가 들어서는 공부하기가 쉽지 않다는 것이다. 나이가 든 사람이 젊은 사람들과 경쟁하게 위해서는 몇 배 노력이 들어갈 수밖에 없다. 그것을 마다하지 않을 각오로 로스쿨에 들어온 것이 아니라면 인생을 낭비하는 것이다.

책을 읽는 것에 그치지 말고 반드시 써보아야 한다. 써야 정리가 된다. 판사들이 결심하고 판결문을 쓰게 되면서 비로소 심리미진을 발견하고 변론을 재개하는 것도 쓰면서 사건의 실체를 터득하기 때문이다. 요새 인터넷의 영향으로 학생들의 글체가 남들이 알아보기 힘든 것들이 많은데 이런 과정을 거치면서 글씨 쓰는 연습도 해야 한다. 글체가 명필을 요구하는 것은 아니지만 남들이 알아볼 정도는 돼야 한다. 아무리 실력이 있는 사람도 시험에서 제대로 표시하지 못하면 좋은 평가를 받지 못할 것임은 자명한 일이다. 시험은 의사주의가 아니라 표시주의가 지배하는 영역이다. 그리고 일과성이다. 단 한 번에 모든 것을 걸어야 하는 것이 시험이다. 시험 한 번 떨어지면 1년이라는 시간을 다시 기다려야 한다.

어차피 시험은 제한된 시간 내에 문제의 핵심적인 내용만을 간추려 기술할 수 있어야 하는데 이러기 위해서는 확실하게 자기 지식으로 익혀 있지 않으면 안 된다. 단순히 법전의 조문만을 열거하거나 조문 내용을 그대로 옮겨 쓰는 내용의 답안은 큰 의미가 없다. 얼마 되지 않는 내용을 번잡하게 주저리주저리 늘여서 쓰는 것이 아니라 많은 내용을 요약해서 쓸 수 있는 훈련을 해야 한다. 그렇다고 근거 제시도 없이 결론만 간단히 쓰는 답안이 제대로 된 답안이 될 수 없음은 자명하다.

이는 판사든 변호사든 법률실무가에게 요구되는 기본적인 속성임을 잊어서는 안 된다. 법률가와 정치인의 차이가 바로 이곳에 있다. 정치인은 별것이 아닌 것을 갖고도 몇 시간 떠들 수도 있고, 국회에서 filibuster(의사진행 방해)를 통해 의사진행 방해를 할 수도 있다.

DJ는 6대 국회에서 1964년 4월 김준연 의원의 구속동의안 상정을 막기 위해 319분(5시간 19분) 동안 filibuster 연설을 했다. 역대 최장 시간 국회연설 기록으로 기네스북에 올라 있다. 그러나 법률가는 다르다. 변호사가 법정에서 변론할 때 이런 식 변론을 하다가는 당장 제지를 받게 된다. 변호사는 사건의 핵심을 요약하여 정곡(正鵠)을 찌르는 변론을 해야 한다.

그리고 모든 과목을 주제별로 정리해두어야 한다. 과목별 서브노트가 반드시 필요하다는 이야기이다. 정리해놓지 않으면 산만해지고 나중에 뭐가 어디에 있는지 찾지 못하고 헤맬 수가 있다. 앞으로 법률실무에 종사할 때도 기록이든 뭐든 정리하는 습관을 들여야 한다. 판사들도 메모를 잘하는 판사가 사건을 장악하고 재판을 잘하는 판사들이다. 강의자료와 모의고사 문제와 판례 등 잡다한 자료들에서 유의미한 것들을 함께 모아 일목요연하게 정리할 필요가 있다. 서브노트는 처음에는 두꺼워졌다가 시간이 갈수록 얇아지게 되어 있다. 두꺼워진 노트에서 자신이 확실히 알고 있는 것들은 떼어내 버리면 된다.

법학이 이해를 요하는 과목이라는 이유로 암기를 무시해도 좋다는 이야기는 절대 아니다. 이해와 암기가 병행되어야 한다. 민법학의 대가인 곽윤직 교수님도 법학의 초심자들에게 암기를 강조하는 것을 옛날에 들은 적이 있다. 이해가 선행되지 않은 맹목적 암기가 위험할 수도 있으나 이해의 깊이를 위해서도 중요한 개념이나 요건 등은 암기해야 된다. 그리고 많이 읽다 보면 자연스럽게 외워지는 것들도 있다. 암기가 되어 있어야 단시간 내에 시험답안을 작성하면서 술술 쓸 수가 있다. 개념 하나 제대로 쓰지 못하고 헤맨다면 법학공부를 했다고 할 수가 없다.

민법을 판덱텐 체계에 따라 총칙, 물권, 채권 식으로 나누는 것이 마음에 들지는 않지만(이런 식 강의가 민법을 체계적으로 학습하는데 유용한 것인지는 의문이 든다) 예를 들어 민법총칙편의 表見代理 부분을 읽었다고 치자. 表見代理를 '표견대리'로 읽는 양창수 대법관은 자신이 주심으로 있는 사건의 대법원판결에서 '표견대리'로 판결문에 적고 있지만 일반적인 용어법에 따라 여기서는 일단 '표현대리'로 읽는다.

교재에서 읽어본 표현대리 부분을 돌이켜 한번 기억해보자. 과연 어떠한 내용들이 들어 있는가? 우선 큰 제목부터 기억해본다. 제목이 자세하고 소제목이 여러 개 쪼개질수록 이해가 깊다는 방증이다. 사이사이에 여러 가지 의문들이나 판례의 사안 같은 것들을 계속 기억해내면서 제목과 제목 사이를 보충하도록 노력해봐야 한다. 이러한 과정에서 이해가 깊어지고 그야말로 익히는 꼘이 완성되는 것이다. 그야말로 확실하게 자신의 지식이 되는 것이다. 도서관으로 가는 길에, 기숙사로 가는 길에 머릿속은 이런 것들로 가득 차 있어야 한다. 허튼 생각을 할 겨를이 없다. 유유자적하거나 놀 시간은 더욱 없다. 3년이라는 시간은 쏜살같이 지나간다.

- -

   1. 표현대리의 의의

  → 표현대리의 개념

  → 표현대리와 유권대리, 무권대리의 구별?

   2. 민법 제125조 (대리권 수여 표시에 의한 표현대리)

  (1) 본인이 대리인에게 대리권을 수여한 것을 상대방에게 표시한 사실(수권의 표시)

  (2) 대리인으로 표시된 자가 본인을 위한 것임을 표시하고 법률행위를 한 사실

  (3) 위 법률행위가 대리권의 범위 내에 속하는 사실

  (4) 제3자의 선의·무과실 → 증명책임?

3. 민법 제126조 (권한을 넘은 표현대리, 월권대리)
(1) 기본대리권의 존재
(2) 권한을 넘은 대리행위가 있을 것
(3) 정당한 이유 → 증명책임?
※ 일상가사대리권도 기본대리권이 되는가?
4. 민법 제129조 (대리권 소멸 후의 표현대리)
(1) 존재하였던 대리권이 소멸할 것
(2) 상대방(원고)의 선의·무과실 → 증명책임?
5. 표현대리의 효과
(1) 본인에의 효과귀속
(2) 표현대리의 주장과 변론주의
(3) 표현대리와 유권대리, 무권대리의 추인 주장의 소송상 취급

이와 같은 공부는 기쁘고 즐거워야 한다. 학습량이 늘어날수록 공부가 즐거워진다. 學而時習之 不亦說乎! 이런 의미에서 '習與悅樂'이라는 조어를 만들어보았다. 억지로 하는 공부가 재미있을 리만무하다. 공부에서 기쁨과 즐거움을 찾지 못한다면 그것은 불행한 일이다. 어차피 법학지식은 나중에 법조 실무가로 종사하면서 바로 쓰이는 실용지식이다. 법학은 현실세계의 분쟁을 해결하는 실천학문이다. 이론만을 위한 학문이 아니다. 공부가 제대로 되어 있지 않으면 매사 자신이 없어지고 일과 직업에 흥미를 잃게 된다. 인생은 자기가 하는 일에 자신이 있고 즐거울 때만이 의미가 있다.

변호사라는 직업이 누구나 대충대충 할 수 있는 직업이 결코 아니다. 변호사라는 직업이 이것저것 해도 안 풀리니 변호사라도 해보겠다는 식으로 인생의 도피처가 될 수는 없다. 법조 직업에 대한 뚜렷한 직업의식과 사회에 대한 애정 없이 로스쿨 대충 마치고 변호사가 된다 한들 제대로 된 변호사가 될 수 없다.

학기 초에 학생들이 수강신청을 할 때 공부 잘하는 학생들이 수강하는 과목을 전부 기피하거나 회피한다고 하는데 참으로 답답한 일이 아닐 수 없다. 이들과 경쟁해서 이겨야겠다는 마음가짐이 있어야 하고, 실패할 수도 있다는 용기가 중요한 것이다. 까짓 학점이 뭐 중요한가?

이런 식으로라면 나중에 변호사 할 때 상대방이 부장판사나 대법관 출신 변호사를 선임했다면 사건을 맡지 않겠다고 하는 이야기와 다를 바 없다. 상대방이 대법관 출신이든 누구든 당당하게 의뢰인을 위하여 사건을 맡아서 처리해줄 수 있어야 할 것이 아닌가? 변호사에게 사건이 그냥 흘러들어오는 것이 아니다. 어떻게 먹고살자고 그런 짓을 하는가? 수강신청을 하면서 눈치 보기나 하고 이리저리 넣었다 뺐다 하는 학생은 공부와 거리가 먼 학생이 아니면 인생을 대충 사는 학생이다. 팽이는 돌아야 쓰러지지 않는다. 돌기를 포기한 팽이는 더 이상 팽이가 아니다.

3. 헌법상의 人間像

"어떤 헌법도 결코 정치적인 생명보험이 될 수는 없다." – Horst Ehmke

"헌법은 자유로울 수 있으나, 국민은 자유롭지 못한 결과가 있을 수 있다."
– Montesquieu

"바다에 표류하는 조각배처럼 그 생사의 문제가 자기 스스로의 손에 달려 있는 헌법은 국민의 헌법에의 의지(Wille zur Verfassung)가 없이는 도저히 그 생명력을 유지할 수가 없다."
– 許 營

위 글들은 내가 옛날에 고시공부하면서 만들었던 헌법 서브노트 껍데기에 쓰여 있는 말들이다.

나는 옛날 학창시절에 헌법이나 행정법, 형법 등 공법공부가 재미있었는데, 20여 년간 법조실무에 종사하면서 주로 민사사건을 처리해왔고, 일터를 옮긴 학교에서도 주로 민사소송법, 민사집행법 등 민사절차법 관련 과목의 강의만 주어지는 바람에 이러한 공법 과목과 소원해지고 말았다. 형사사건을 처리하면서도 형법총론이나 각론 같은 형법책은 거의 볼 일이 없었다. 민사법 과목과 달리 이런 공법과목은 단시간에 집중적인 공부로 실력을 확 높여놓을 수 있나.

현행 헌법은 전문과 130개 조문, 부칙 6개 조문으로 된 단출한 법이다. 그러나 이 단출한 헌법에 대한민국의 국가구조와 정체성이 다 들어 있다. 흔히 헌법을 총설, 기본권론, 통치구조론으로 나누어 설명하고 있고, 로스쿨 교과목에도 기본권론과 통치구조론으로 나누어 있는 것을 볼 수 있는데, 헌법을 기본권과 통치구조를 나누어 완전히 별

개의 것으로 생각하는 것은 현대 헌법의 본질과 맞지 않는 것이다.

국민의 자유와 권리를 보장하는 법질서가 필요한 것은 다양한 이해관계를 품고 있는 사회공동체를 일정한 가치적인 공감대에 입각하여 하나의 정치적인 생활집단으로 통합시키기 위한 통치의 수단 내지 기술이다. 따라서 기본권에 관한 문제는 그것이 기본권의 문제에 머무르지 않고 통치구조의 문제로 된다. 또 국가작용을 입법, 행정, 사법으로 나누어 기능적으로 분립시키는 것도 국민의 기본권 보장에 만전을 기하기 위한 것이기 때문에 통치구조는 어차피 국민의 기본권보장과 직결될 수밖에 없다. 헌법을 전문부터 130개 조문 마지막까지 전체적·유기적으로 이해하지 않으면 안 되는 이유가 여기에 있다. 헌법 전체의 이론적·규범적·실천적 흐름을 제대로 포착하지 않는 헌법공부는 사상누각이 될 수 있다.

헌법공부를 함에 있어서는 먼저 헌법은 민법이나 형법과는 다른 특질이 있음을 이해해야 한다. 우선 헌법은 국가 법질서의 최고규범이다. 위헌법률의 효력을 인정하지 않고, 헌법의 硬性이 인정되는 것은 헌법의 최고 규범성 때문이다. 그리고 헌법은 정치규범이다. 헌법이 다른 법과 달리 정치성이 있다는 것은 상식에 속한다. 헌법을 대상으로 하는 헌법재판이 민사나 형사재판과 다르게 취급될 수밖에 없는 이유는 헌법이 가지는 정치성 때문이다.

또, 헌법은 국가의 조직규범이다. 한 나라의 정치생활을 규범적으로 주도하기 위한 헌법은 당연히 한 나라의 정치생활의 구조적인 Plan을 의미한다. 한 나라의 정치생활의 구조 내지 뼈대를 이루는 것은 헌법이라고 하는 형식적 의미의 헌법(성문헌법)도 있고, 관습헌법과 같은 불문헌법도 있다. 아울러 헌법은 국가의 권력 행사를 제한하는 권력제한규범이다. 헌법은 권력 상호 간의 견제, 균형, 감시를 통한 권력통제의 수단이다.

그리고 헌법은 다른 법률과 달리 국민의 일상생활에 의해서 실현되고 발견되는 생활규범이다. 헌법이 국민들의 생활에 있어서 살아 숨 쉬고 있어야 하는 이유도 헌법이 가지는 생활규범성 때문이다. 헌법공부를 함에 있어서는 헌법의 역사성과 이념성에 대한 이해가 선행되어야 한다. 헌법의 이론체계를 무시하고 헌재 판례를 기계적으로 암기하는 것은 헌법공부에 별 도움을 주지 못한다.

법학을 공부하면서 각 법이 전제하고 있는 인간상을 그려보는 것은 나름대로 충분한 의미가 있다. 헌법상의 인간상, 민법상의 인간상, 형법상의 인간상, 민사소송법상의 인간상, 상법상의 인간상을 정확하게 그려낼 수 있다면 제대로 법학공부를 한 것으로 보아도 좋다. 먼저 헌법상의 인간상은 어떠한 인간상인가?

헌법이라는 것이 중·고등학교 때부터 '정치경제'나 '일반사회' 과목에서 많이 공부하는 법이라 쉬이 식상할 수 있고, 여간해서는 헌법공부에 재미를 들이기가 쉽지 않다. 너무 뻔한 법으로 여겨질 수 있기 때문이다. 헌법책이라는 것들도 헌법사상이나 헌법철학, 국가철학이라고는 들어 있지도 않고 도무지 재미없게 쓰인 책들이 많다.

내가 이런 재미없는 헌법공부에 재미를 갖게 된 것은 대학입학 후 만난 허영 교수님 덕분이었다. 당시 대학 1학년 때부터 헌법, 민법총칙, 형법총론의 강의가 시작되었는데 허영 교수님의 헌법강의는 단연 명강의였다. 책도 없이 분필 한 자루만 들고 강의실에 들어오시고는 독일어, 한자로 칠판에 종횡무진으로 적어가면서 설파하는 강의에 완전히 매료되고 말았다. 옛날에는 대학교수가 고등학교 선생만큼도 강의를 못 하는 예가 많았는데, 허 교수님의 강의는 한마디 한마디가 흘려들을 만한 것이 없었다. 강의실은 1학년 학생뿐만 아

니라 상급학생과 소문을 듣고 찾아온 타 대학 학생들로 입추의 여지
가 없었다.

허 교수님이 1학기를 마치고 독일로 떠나시면서 2학기 강의는 權
寧星 교수님이 대신 담당하였다. 당시 허 교수님이 권영성 교수를
모시고 와서는 독일의 유명한 라이프홀쯔(G. Leibholz) 교수(괴팅겐대
학) 밑에서 박사학위를 받은 분이라고 소개하셨다. 그런데 권영성 교
수의 2학기 강의는 영 재미가 없었다. 많은 학생들이 빠져나가고 강
의실은 빈자리가 많아졌다. 권영성 교수는 그 후 중앙대로 자리를
옮겼다가 서울대에서 정년을 맞으시고 몇 년 전에 작고하였는데 김
철수 교수와 함께 서울대에서 많은 후학들을 길러내었다.

허영 교수님은 뮌헨대학에서 학위를 받고 귀국하여 70년대 초부터
헌법강의를 하시다가 다시 독일로 들어가 동양권 교수로는 거의 유
일하게 Habilitation을 취득하고 귀국하여 다시 헌법 강의를 하게 되
었는데 이때부터 루돌프 스멘트(R. Smend)의 동화적 통합론 내지 통
합과정론적 헌법관에 기초한 헌법관과 헌법철학을 토대로 헌법이론
을 구축하였다. 허 교수님의 지도교수는 P. Lerche 교수이다. 이때부
터 헌법이론서인 「헌법이론과 헌법(상)」부터 펴내기 시작하였다. 허
교수님은 그 후 연세대로 자리를 옮겨 이곳에서 많은 제자들을 길러
내셨는데 현 서울대 로스쿨 원장인 鄭宗燮 교수가 허 교수님 밑에
서 석사와 박사를 받았다. 童顔의 허 교수님은 연세대를 정년퇴직하
시고 현재는 헌법재판소 헌법재판연구원장으로 재직하시면서 노익장
을 과시하고 있다. 단언컨대 한국헌법학을 한 단계 업그레이드시킨
분이 허영 교수님이다.

30년이 훨씬 지난 옛날인데도 아직도 허 교수님의 헌법강의 중에
'헌법상의 인간상'을 이야기한 것이 생각난다. 인간의 존엄과 가치가

규정되어 있는 헌법 제8조(현재는 제10조)에 관한 강의를 하면서이다.

먼저 기본권의 핵심적 내용을 담고 있는 현행 헌법 제10조를 다시 읽어보자.

"모든 국민은 인간으로서의 존엄과 가치를 가지며, 행복을 추구할 권리를 가진다. 국가는 개인이 가지는 불가침의 기본적 인권을 확인하고 이를 보장할 의무를 진다."

이 조문을 영문으로 읽어보면 다음과 같다.

Article 10

All citizens shall be assured of their human worth and dignity and shall have the right to pursue happiness. It shall be the duty of the State to confirm and guarantee the fundamental and inviolable human rights of individuals.

그러면 '인간으로서의 존엄과 가치' 내지 '인간의 존엄성'이란 구체적으로 무엇을 말하는가? 이에 대해서는 '정신적 존재로서의 개개인의 존엄'(박일경), '인간으로서의 자주적인 인격과 가치'(문홍주), '인격의 내용과 인간에 대한 절대적 평가'(한태연), '인간의 인격과 평가'(김철수), '인격성 내지 인격주체성'(권영성) 등 다양한 표현이 나와 있다. 그런데 문제는 '존엄'이 무엇인지 묻고 있는데 '존엄'이라는 답이 나오고, 어떤 명제에 대한 해답이 본래 주어진 명제보다 더 어려운 명제로 나타나고 있다는 점이다. 그렇지만 위와 같은 표현의 공통분모는 '인격'임을 알 수 있다.

인격은 바로 인간의 인간다운 가치를 말한다. 라틴어로 인격을 뜻하는 Person에 '가면(mask)'이라는 뜻이 있지만 독일어로 인격을 뜻하는 Persönlichkeit는 동시에 '개성'을 뜻하는 말이기도 하다. 그러나 인격이나 개성은 그 자체가 하나의 가치개념이므로 헌법에서 규정하는 인간의 존엄과 가치가 바로 인격이나 개성을 뜻하는 것은 아니다. 허영 교수는 여기서 인간의 존엄과 가치를 인격의 내용을 이루는 윤리적 가치로 파악하고 있다. 모든 국민은 인간으로서의 존엄과 가치를 가진다고 하는 것은 결국 모든 국민은 인격의 내용을 이루는 윤리적 가치를 인정받는다는 뜻이고, 바로 그 가치가 우리 헌법질서 내에서 최고 가치로 규범화된 것을 의미한다고 한다.

인간의 존엄성을 규정한 헌법 제10조에서 우리 헌법질서가 이상으로 하고 있는 인간상을 추출할 수 있다. 헌법상의 인간상은 바로 윤리적 가치에 의하여 징표되는 자주적 인간상이다. 헌법재판소 판례가 이야기하는 바와 같이 "헌법상의 인간상은 자기 결정권을 지닌 창의적이고 성숙한 개체로서의 국민"이다(헌법재판소 1998.5.28. 선고 96헌가5 결정 등). 이러한 인간은 역사성이나 사회성에서 유리된 개인도 아니고 사회의 단순한 구성분자로서의 집단주의적 개인도 아니다. 결국 우리 헌법의 기초도 자유주의에 바탕을 두고 있음을 알수 있다. 우리 헌법이 표방하고 있는 각종 기본권이나 각종 정치질서는 이와 같은 헌법상의 인간상을 헌법적으로 실현시키기 위한 제도적 장치라고 할 수 있다. 따라서 국가의 조세정책이나 복지정책의 한계도 바로 헌법 제10조와 헌법상의 인간상에 초점을 맞추어 설정되어야 한다.

여기서 헌법 제10조를 근거로 인간의 존엄권이라고 하는 독자적인 기본권이 인정될 수 있는가? 이에 대해서는 헌법 제10조는 인간의 존엄과 가치라는 초국가적 기본원리를 단순히 확인하고 선언한 것에 불과한 것이므로 그 자체에 독자적인 기본권성이 인정될 수 없다는 견해와 독자적인 인간의 존엄권이라는 기본권이 인정될 수 있다는 견해가 있다. 그러나 헌법 제10조에 단순한 선언적 의미 이상의 적극적이고 구체적인 내용을 포함하고 있으나, 그렇다고 여기에 인간의 존엄권이라는 독자적인 기본권을 인정하는 경우 헌법 제10조와 헌법 제37조의 관계가 애매해진다.

지금도 허 교수님이 헌법 제10조와 기타 기본권 사이의 관계는 주종의 관계가 아니라 기본권의 '핵'과 '껍질'의 관계라고 그림까지 그려가면서 설명하시던 모습이 생각난다. 그때 핵과 껍질이라는 말이 우리들 사이에 많이 회자되었다. 이 핵과 껍질의 관계 때문에 인간의 존엄과 가치가 기본권의 본질적 내용으로서의 의미를 갖게 되고 그것은 더 나아가 헌법 제37조 제2항에 의한 기본권침해의 한계규정으로서의 성격을 갖게 된다는 점이다.

아울러 헌법 제10조와 제37조 제1항과의 상승작용에 의하여 윤리적 가치의 표상인 인격체에게 그 개성신장을 위한 포괄적인 '행동의 자유'를 보장하고 있는 것이다. 다시 말하면 헌법 제37조 제1항이 말하는 것처럼 인간의 모든 권리와 자유가 헌법에 전부 열거될 수는 없는 것이기 때문에 구체적으로 열거되지는 않았으나 그렇다고 해서 결코 경시될 수 없는 자유가 헌법 제10조와 상승작용에 의해 개성신장을 위한 포괄적인 '행동의 자유' 형태로 보장되고 있는 것으로 보는 것이다.

예컨대, 계약의 자유를 생각해보자. 헌법에 명시적으로 계약의 자유를 규정한 조문은 없다. 그렇다고 계약의 자유를 헌법상의 기본권이 아니라고 할 수 있는가? 사실 자본주의 시장경제질서하에서 계약의 자유만큼 중요한 자유와 기본권도 없다. 계약의 자유도 개성신장을 위한 행동의 자유의 범주에 속하는 것이므로 헌법 제10조와 제37조 제1항의 상승작용에 의해 헌법적으로 보장받는 자유라고 이해해야 한다.

헌법에 명시적으로 열거되고 있는 기본권의 침해의 경우에는 제10조와 그 개별적인 기본권과의 핵과 껍질과의 관계 때문에 제10조가 그 침해의 한계규정이 되는 것이고, 계약의 자유와 같이 헌법에 구체적으로 명시되지 않은 기본권 침해의 경우에는 제10조가 제37조 제1항과의 상승작용에 의해서 갖는 포괄적인 행동의 자유보장이라는 기본권성 때문에 제10조는 그 침해에 대한 권리구제의 근거규정이 되는 것이다.

그러면 헌법상 인간의 존엄과 가치가 규정된 것을 근거로 배고픈 국민이 헌법 제10조나 모든 국민은 인간다운 생활을 할 권리를 가진다는 헌법 제34조를 근거로 국가에 빵을 달라고 청구할 수 있는 권리가 생기는가? 우리 헌법질서에서 이를 긍정하는 견해는 있을 수 없을 것이다. 다만 경제적 최소생활을 유지해나가기 위한 방어적 권리는 인정된다. 민사집행법이 경제적 최소생활을 유지하기 위하여 필요불가결한 최소한의 재산에 대한 압류금지재산을 설정하고 있는 헌법적 근거가 바로 여기에 있다.

최근에 화두로 되고 있는 무상복지나 초과이익공유제 등도 헌법적 관점에서 조명되어야 할 중요한 쟁점들이다. 헌법학자들이 이 문제에 관하여 제대로 짚어가야 하는데 침묵으로 일관하는 것 같아 아쉬운 느낌이 든다.

4. 형법상의 人間像

"Soll er strafen oder schonen Muß er Menschen menschlich sehen."
          – Geothe
"Cogitationis poenam nemo patiyur."
"Gutes Recht allein ist Recht!"
"Better ten escape than one innocent suffer."
"Sündig ist der Stand, in dem wir uns befinden, unabhängig von Schuld."
"형사소송 없는 형법은 날 없는 칼자루, 형법 없는 형사소송은 자루 없는 칼과 같다."

위 글들은 내가 옛날에 고시공부하면서 만들었던 형법과 형사소송법 서브노트 껍데기에 쓰여 있는 말들인데 형법이나 형소법 교재에 언급되어 있는 법언들이다. 괴테의 말은 우리말로 "인간을 벌할 수도 있고, 사면할 수도 있다. 그러나 인간을 인간으로 보지 않으면 안 된다"는 말이고, 두 번째 구절은 "누구도 사색에 대해서는 처벌받지 아니한다"는 라틴어이다.

옛날 고시공부할 때는 형법이나 형사소송법 공부가 범위도 넓지 않고 민법이나 상법 등 다른 법에 비해 공부하기 편했던 과목으로 기억한다. 성적도 좋았던 과목이다. 70년대에는 형법 교과서로는 전설적인 유기천 교수와 황산덕 교수, 정영석 교수의 저서가 주종을 이루고 있었고, 책의 부피도 그리 두껍지 아니하였다. 요새 학생들이 많이 보는 이재상 교수의 형사법 4부작(총론, 각론, 형소법, 형사정책)은 80년대 이후 발간된 책이다. 물론 형법총론상의 금지착오나, 공범과 신분같이 복잡한 학설들이 난무하고 책을 읽으면서도 도대체가 뭐가 뭔지 알 수 없는 분야가 없었던 것은 아니다.

신문 사회면에서 보도되는 범죄이야기는 살인, 상해, 강간, 간통, 폭력, 사기, 공갈, 배임, 명예훼손 등 대부분 형법 이야기들이다. 또 강간죄의 기수시기를 둘러싸고 삽입설과 사정설, 만족설 등 희화화된 이야기가 회자되면서 누구나 형법은 재미있는 법이라고 여기게 되지만 일단 형법총론을 읽기 시작하면서 형법이라는 것이 재미있다기보다는 골 때리는 골치 아픈 법학이라는 것을 깨닫게 된다.

그러나 실무에 종사하면서 형사사건을 많이 다루면서도 이와 같은 형법총론상의 학설상 어려운 문제 때문에 형사사건 처리를 하지 못한 경우는 거의 없었다. 유무죄를 다투는 사건은 생각처럼 많지 않았다. 오히려 실무에서 주로 문제 되었던 것은 공부할 때 무시하였거나 경시하였던 상상적 경합과 실체적 경합, 법조경합, 포괄일죄 등 죄수론과 형벌론(양형)의 문제였다. 똑같은 범죄를 놓고도 갈수록 양형이 어려웠다. 범죄론이나 형법각론의 문제는 대부분 판례에서 커버하고 있기 때문에 판례만 숙지하면 될 정도였다. 오히려 판례가 교과서보다 더 중요하였다.

사실 판례만 정확히 알고 있으면 형사법상의 웬만한 문제는 다 해결된다고 보아도 과언이 아니다. 결국 형사법 공부의 요체는 판례를 정확히 공부하는 것이다. 형법 이외의 형사특별법도 중요한 것은 전부 판례를 익혀야 한다. 실무에서 많이 쓰이는 형사특별법으로는 폭력행위 등 처벌에 관한 법률, 교통사고처리특례법, 부정수표단속법, 특정범죄 가중처벌 등에 관한 법률, 특정경제범죄 가중처벌 등에 관한 법률, 특정강력범죄의 처벌에 관한 법률, 성폭력범죄의 처벌 및 피해자 보호 등에 관한 법률 등이다.

그리고 공소장의 공소사실이나 형사판결의 범죄사실을 기재할 수 있도록 각 범죄별로 구성요건에 맞게 범죄사실 기재례를 익혀야 한다. 옛날 검사시보를 할 때 지도부장이었던 신창언 부장검사(후에 검사장과 헌법재판관을 지냄)께서 조그만 노트에 일본문헌을 참고하여 모든 범죄의 범죄사실을 유형별로 꼼꼼하게 정리하여 기재해놓고 있는 것을 보고 놀란 적이 있다. 대개 부장검사쯤만 되면 결재나 하고 더 이상 공부할 필요가 없는 것으로 알고 있을 때였다. 형사변호사 실무에서 요구되는 구속적부심사청구서, 보석허가청구서와 변론요지서, 항소이유서 등 법문서의 작성례도 숙지할 필요가 있다.

여기서 형법상의 인간상은 어떤 인간상인지 따져보기로 하자. 형법이 지향하는 인간상 내지 인간관은 어떠한 식으로 형법에 구현되고 있는가? 인간의 행위에 대한 윤리적 가치판단을 내포하고 있는 형벌은 행위자의 행위가 그 행위자에게 윤리적으로 비난될 수 있을 때에만 그리고 원칙적으로 그 한도에서만 과해질 수 있다. 형법상의 인간상도 다른 자유주의 법들과 마찬가지로 자유롭고 윤리적 인격체로서의 인간상을 그 전제로 하고 있다.

그러면 과연 인간에게 범죄를 저지르지 않을 자유의지가 있는가? 과연 인간은 언제나 자유롭고 윤리적인 자기결정을 할 수 있는 소질을 갖고 있고 항상 책임 있는 결정을 할 수 있는가? 이는 인간의 본성이 선한 것인가, 악한 것인가를 두고 성선설과 성악설이 대립하고 있는 것처럼 그 결론을 쉽게 끌어낼 수 없는 문제이다. 인간의 본성이 타고나는 것인지, 환경의 지배를 받는 것인지에 관한 결정론과 비결정론의 대립도 있다. 근래에는 인간은 선한 것도 악한 것도 아닌 어중간한 존재라는 설까지 인간의 본성을 둘러싼 다양한 논의는 인간이라는 존재의 不可解性을 여실히 보여주는 것이다. 각자의 인생관, 세계관에 따라 인간의 본성을 보는 눈이 다를 수밖에 없다. 어쩌면 정답이 있을 수 없는 문제이다.

인간을 벌하는 것은 인간의 자유의지를 전제로 한다. 그러나 인간에게 자유의지가 없다고 모든 범죄인을 무죄석방한다면 우리 사회는 어떻게 유지될 것인가? 모든 범죄인을 벌하지 않으면 안 된다는 것은 우리들의 실제적인 요구이다. 범죄자를 처벌하기 위해서는 우리는 마치(als ob) 인간에게 자유의지라고 하는 것이 존재하는 것처럼 행동하지 않으면 안 된다.

우리는 피고인이 다른 행위를 할 수가 있었던 것처럼 생각하여 그 범행을 비난하고 그 범행에 대하여 책임을 묻는 것이다. 칸트의 '양심의 법정'에서와 같이 모든 인간은 그 자신 내부에 모든 경험과 무관하게 선험적으로 선과 악을 인식하고 구별할 수 있는 능력을 가지고 있다고 보는 것이다.

최근 빈발하고 있는 패륜 흉악범죄들을 보노라면 인간의 본성이 악한 것으로 보이기도 하고, 말없이 선행을 하는 천사들을 보노라면 인간의 본성이 선한 것으로 보이기도 한다. 이탈리아 형법학자인 롬브로조(Casare Lombroso)의 '생래적 범죄인설'에 의하면 범죄인의 두개골 구조가 이미 범죄인으로 정해져 있다고 보고 있으나, 이탈리아의 범죄사회학자인 엔리코 페리에 의하면 인간은 원래 선하게 태어나는데 사회적 환경이 개인으로 하여금 범죄로 이끈다고 주장한다.

서로 대조적인 성격을 가진 침팬지와 보노보를 통하여 인간본성에 대한 분석을 시도한 프란스 드발의 『Our Inner Ape(내 안의 유인원)』에서 인간의 본성에 관한 유용한 시사점을 찾아본다. 침팬지와 보노보를 통해 분석한 인간본성에 대해 저자는 이렇게 결론을 내린다. "인간은 내부에 두 종의 특성을 모두 지니고 있지만 중요한 점은 그 양면성을 우리 스스로 통제할 수 있다"는 것, 즉 우리는 '우리 안에 있는 유인원'을 스스로의 의지로 선택할 수 있다는 이야기다.

법정에서 일어나는 여러 사건들을 관찰하노라면 인간이 선한 존재라는 명제에 동의하기가 쉽지 않다. 온갖 군상의 인간들이 서로 싸우고 지지고 볶고 하는 모습에서 인간의 이타적인 모습은 찾아보기 어렵다. 철저히 이기적인 존재가 인간들이다. 그러나 한편 인간의 이기성과 경쟁심이 사회를 발전시키는 견인차가 되는 것도 부인할 수 없다. 법 중에 경쟁을 최고의 가치로 치는 경쟁법까지 있는 실정이다. 법은 성선설과 친하지 않은 것이다.

오늘날의 형법상의 책임개념, 즉 규범적 책임개념에 따르면 책임은 바로 '비난가능성'이다. 우리가 행위자에 대하여 그의 행위 때문에 가하는 비난, 즉 "너는 너의 개인적 통찰과 능력에 따라 달리 행위 했어야 했고 달리 행위 할 수 있었을 것이다"라는 비난이다. 이러한 개인적 행위책임을 개별책임 또는 행위책임이라고 하는 것이다.

사실 우리는 일상생활에서 '자유의지'와 허구와 가정을 가지고 있지 않다면 우리의 인생을 생각할 수도 없을 것이다.

5. 민법상의 人間像

"우리 민법은 자유인격의 원칙과 공공복리의 원칙을 최고원리로 하여, 공공복리라는 최고 존재원리의 실천원리 내지 행동원리로서 신의성실, 권리남용금지, 사회질서, 거래안전의 여러 기본원칙이 있고, 다시 그 밑에 소유권절대의 원칙, 사적 자치의 원칙, 과실책임의 원칙이라는 3대 원칙이 존재한다."

— 郭潤直

이 글은 곽윤직 교수의 「민법총칙」에 들어 있는 말이다. 최근에 출간된 책에는 어떻게 표현하고 있는지는 모르지만 옛날 30여 년 전 내가 민법공부를 할 때는 위와 같이 되어 있었다. 그런데 80년대 초 나의 민법 서브노트 앞 표면에 적혀 있는 위 글을 본 후배 한 녀석(현재 변호사를 하고 있다)이 위 말이 잘못되었다고 지적해주어 깜작 놀랐던 일이 있다. 공법도 아닌 민법의 최고원리로 공공복리가 들어가는 것은 말이 안 된다고 당시 새로 민법교수로 부임한 權五乘 교수(나중에 서울대 교수를 거쳐 참여정부하에서 공정거래위원장을 지냄)가 지적해주었다는 것이다. 그때만 해도 곽윤직 교수의 민법책만을 읽은 나로서는 민법의 최고원리인 사적 자치에 관한 뚜렷한 인식이 결여되어 있었다.

70년대 후반기까지만 하더라도 민법책은 고 김증한 교수와 곽윤직 교수의 책이 쌍벽을 이루고 있었다. 그런데 김증한 교수(아들이 서울시립대 김학동 교수이다)는 젊은 나이에 연탄가스를 마시고 일찍 돌아가시는 바람에 곽윤직 교수가 대한민국 민법학을 석권하고 있었고,

아직도 그 후학들이 우리 민법학계와 실무계를 이끌어가고 있다.

나는 민법총칙과 물권법은 고 安二濬 교수(1960년대 김증한 교수와 함께 일본의 我妻榮 교수의 책을 편저한 분이다)로부터 강의를 들었고 채권법은 곽윤직 교수로부터 들었다. 안이준 교수는 조선변시 3회 출신의 변호사로서 전 대한변협회장 문인구 변호사, 김용철 전 대법원장 등이 동기였다. 안 교수님은 교수로서보다는 변호사로서 명성을 날린 분이다. 내가 서소문에서 서초동으로 변호사사무실을 옮겼을 때 사무장과 함께 화분을 직접 들고 찾아오신 일이 기억이 난다. 그 후 몇 년 있다 돌아가셨다.

내가 학교를 다닌 70년대 자체가 유신시절로 어수선한 시절이라 휴교와 휴강으로 강의는 제대로 이루어지지 않고 있었는데, 곽윤직 교수의 강의는 역시 명불허전의 명강의였다. 강의실이 쩡쩡 울릴 정도로 카랑카랑한 목소리에 자기 이외의 다른 학자들을 아주 우습게 보는 안하무인격 강의가 거슬리기는 하였지만 민법이론에는 해박하였고 자신만만하였다.

민법은 방대한 과목이다. 법전의 조문 수가 제일 많은 법이기도 하다. 현재 1958년 제정된 이래 부분 땜질만 해오던 민법의 전면 개정작업을 하고는 있지만 본문만 제1118조까지 있다. 신민법 시행 후 50여 년이 흐르다 보니 현실과 동떨어진 규정도 많이 있다. 이 민법이 민법의 기본법이다. 민법을 공부하지 않고서는 법학을 공부했다고 말할 수 없다. 민법의 법률행위를 제대로 알아야 상법의 상행위, 소송법의 소송행위, 행정법의 행정행위를 알 수 있다.

여기서 민법상의 인간상을 생각해보자. 우리 민법이 전제하는 인간관 내지 인간상을 염두에 두지 않고는 민법을 전체적·체계적으로 조망할 수 없다. 단순히 조문을 나열하거나 조문을 읽는 것만으로는 부족하다.

민법은 자본주의 경제질서를 떠받치는 법이다. 자본주의 경제질서를 떠받치는 두 기둥은 사적 소유권과 시장경제이다. 사적 소유권을 보장하는 법이 내 것과 네 것을 구별하는 물권법이고, 시장경제질서를 보장하는 법이 바로 계약법(채권법)이다. 내 것이 네 것이 되고 네 것이 내 것이 되는 사회주의체제에서 자유주의 민법은 존재할 수 없다. 계약이야말로 재화의 이전을 매개하는 중요한 법적 수단이다. 민법 역시 자유주의를 기반으로 하는 법체계이다.

개인의 창의력을 보호해주는 법질서의 중추를 이루는 법이 바로 민법이다. 사유재산제도와 계약의 자유 그리고 경쟁체제를 보장하는 법질서가 없이는 개인의 창의력은 발휘될 수가 없다. 이 민법을 토대로 우리 경제가 이만큼이라도 발전한 것이다. 집단주의, 전체주의, 몰개성주의 아래서는 개인은 물론 국가의 발전은 있을 수 없다.

민법의 대원칙 내지 최고원리는 바로 '私的自治(사적 자치)'이다. 사적 자치는 법질서에 先在하면서 법질서에 의해 실현된다. 쉬운 예를 들어 갑이 을로부터 돈을 빌렸다면 을이 이를 갚아야 하는 근거는 어디에 있는가를 생각해보라. 개인의사와 법질서 양자가 불가분적으로 사적 자치 내지 계약의 효력근거가 된다. '신분에서 계약으로(from status to contract)' 사적 자치에 의하여 지배되는 법이 바로 민법이다. Pacta sunt servanda(약속은 지켜져야 한다)! 사적 자치의 정당성은 '개인의 자기 결정을 관철시키는 힘'에 있다.

私的自治의 원칙(Privatautonomie)은 바로 개인은 자기 결정에 의하여 자기 의사에 따라서 자기 법률관계를 스스로 형성할 수 있다는 원칙을 말한다. 민법상의 인간상은 나약하고 타율적인 인간이 아니라 스스로 결정하고 스스로 책임지는 주체적이며 자율적인 인간을 전제로 한다. 내가 좋아하는 말 중에 "隨處作主 立處皆眞"이라는 말이 있는데, 어디에 가든 주체적으로 살고, 어디서나 주인 노릇을 하라는 것이다. 타율이 아닌 자율의 삶을 살고, 내가 살고 있는 현재의 공간에서 나 자신이 주인이 되어야 한다는 뜻이다. 어떤 일이라도 주체적 역할을 할 때 그 일은 곧 온전한 내 일이 되고, 온전한 나의 삶이 된다.

인간은 생활을 위하여 의식주 등 재화와 이성과의 결합을 필요로 하는데 의식주 등 재화에 관한 법이 재산법이고 이성과의 결합을 토대로 한 가족관계에 관한 법이 가족법이다. 각 개인은 자기 일을 自己決定(Selbstbestimmung)에 의하여 自己責任(Selbstverwertung)하에 自己支配(Selbstherrshaft)하도록 하는 것은 하나의 당위이다. 민법 개정 작업을 하면서 민법 제1조에 "사람은 인간으로서의 존엄과 가치를 바탕으로 자신의 자유로운 의사에 좇아 법률관계를 형성한다"는 내용으로 사적 자치의 원칙을 천명하는 것을 제안하고 있다.

계약자유의 원칙(또는 사적 자치의 원칙)은 소유권 절대의 원칙, 과실책임의 원칙과 더불어 근대민법의 3대 원칙을 구성한다. 계약은 사적 자치를 구현하는 중요한 법적 형태로서 계약 당사자들은 그들의 계약 내용을 그들의 의사와 필요에 따라 자유롭게 정할 수 있고 계약의 체결을 강제 당하지 않으며(계약자유의 원칙), 개인들의 생활의 물질적 기초인 소유권을 절대적으로 보호해주고(사소유권 절대의 원칙), 개인은 고의 또는 과실로 위법하게 타인에게 가한 손해에 대해서만 손해배상책임을 진다(과실책임의 원칙).

국가가 전체 사회의 질서유지와 공공복리의 목적을 위하여 개인 간의 계약도 부득이 규제하지 않을 수 없다고 하더라도 개인의 존엄과 가치를 존중하는 자유민주주의 기본가치는 고수해야 하기 때문에 예외적으로 법률에 의해서만 제한될 수 있는 것임을 유의해야 한다. 법원도 계약의 해석자일 뿐 당사자를 위하여 계약을 재구성할 권한은 없다. 형평과 정의, 신의칙이라는 이름으로 법원이 무분별하게 개인 간의 계약 내용에 간섭하는 경우 사적 자치의 원칙은 공허해지고 만다.

6. 민사소송법상의 人間像

"Narra mihi factum, narro tibi ius!"

*"내려지는 판결이 아무런 힘도 갖지 못하고
개인에 의해 무효화되고 철폐될 때
국가가 참으로 파괴되지 않고
유지할 수 있으리라 생각하는가?"*

위 글들은 내가 30여 년 전에 민사소송법 공부를 하면서 만들었던 서브노트 껍데기에 쓰여 있는 말이다.

Summ cuique!(각자에게 그의 몫을!)
Fides servanda!(Good faith must be observed.)(신의는 지켜져야 한다.)
Nemo agit in seipsum!(No man acts against himself. Therefore no man can be a judge in his own case.)(누구든지 자기 자신을 상대로 쟁송할 수 없다. 그러므로 누구도 자기 자신의 재판관이 되지 못힌다.)
Nemo potest esse simul actor et judex.(No man can be at the same time judge and suitor.)(누구든지 원고이 동시에 재판관이 될 수 없다.)
Narra mihi factum, narro tibi jus.(나에게 사실을 말하라. 너에게 권리를 주리라.)
Finis finen litibus imponit.(소송의 목적은 소송을 없애는 데 있다.)
You little know what a ticklish thing it is to law.(당신은 법원에 호소하는 것이 얼마나 힘든 것인가를 잘 모른다.)
Ne proedat judex ex officio.(소 없으면 재판 없다.)
He who proves most recovers most.(보다 좋은 증거를 세우는 자는 보다 많은 권리를 회복할 수 있다.)

Man glaubt den Augen weiter den Ohren.(사람은 귀보다 눈을 믿는다.)
The necessity of proving lies with him who sues.(증명책임은 소를 제기하는 자에게 있다.)
True identity is collected from a number of signs.(진실의 정체는 여러 개의 증거에 의해 추단된다.)
The hurrying of justice is the stepmother of misfortune.(서두는 재판은 불행의 계모이다.)
Sententia facit jus, et res judicata pro veritate acc.(Judgement creates the right, and what is adjudicated is taken for truth.)(판결은 권리를 창조하고, 판결된 사실은 진정한 것으로 인정된다.)
Conventino vincit iegem.(The agreement of the parties overrides the law.)(당사자의 합의는 법에 우선한다.)
A judgment ought not to be illusory, it ought to have its proper effect.(재판은 허망한 것이어서는 안 되며 적당한 효과를 발휘해야 한다.)
Lawyers will live so long as mine and thine exist.(자기의 것과 남의 것이 존재하는 한 변호사는 길이 생존한다.)
Si Judicas, cognosce.(If you judge, understand.)(재판을 할 때에는 그것을 이해하라.)
Jus est ars boni et aequi.(법은 善과 衡平의 기술이다.)
Actus curiae neminem gravabit.(An act of the court shall prejudice no man.)(법원의 행위는 누구에 대해서도 편견을 가지지 않는다.)

위와 같은 법률 격언 내지 법언들은 나의 『로스쿨 민사소송법-사례와 판례-』(한국학술정보, 2011) 각 장 모두(冒頭)에 들어둔 것들이다. 민사소송법상의 인간상도 크게 보면 민법상의 인간상과 다르지 않다. 위 법언 중 민사소송법상의 인간상을 반영하는 말은 Ne proedat judex ex officio(소 없으면 재판 없다), Narra mihi factum, narro tibi jus(나에게 사실을 말하라. 너에게 권리를 주리라) 등이 이에 해당할 것이다.

각 개인은 자기 결정에 의하여 자기 의사에 따라서 자기의 법률관계를 스스로 형성할 수 있다는 사적 자치의 원칙이 민사소송법에 투영되면 당사자처분권주의와 변론주의로 나타난다. 사법상의 법률관계는 그 주체인 당사자가 자유로이 처분할 수 있는 법률관계에 관한 것이므로 이에 관하여 소송절차를 개시할 것인지, 어느 범위에서 심판을 구할 것인지도 당사자의 사적 자치에 맡겨져 있다. 민사소송은 개인의 사적 분쟁을 해결하는 절차이고 당사자처분권주의가 인정되지 않는다면 사적 자치는 공허해지고 만다. 우리 민사소송법상의 인간상도 타율적인 나약한 인간이 아닌 자신의 삶을 스스로 개척해나가는 자율적 인간을 전제로 하는 자유주의를 그 바탕에 깔고 있다.

우리 국민 중 많은 사람들이 법원이 어련히 알아서 다 잘해 줄 것으로 생각하는 경향이 많은데, 법원은 제3자의 입장에서 심판하는 입장에 있지 당사자를 대신하여 주장하거나 증거를 찾아 입증해주는 입장에 있지 않다. 우리 국민들의 이러한 의존성향이 복지국가적 경향과 맞물리면서 극단적으로 재판결과에 불신을 조장하는 면이 없지 않다.

재판은 승자와 패자가 있기 마련이다. 법률적으로 열악한 당사자를 위하여 대리인제도나 소송구조제도, 석명권과 법적 관점 시사의무 등 변론주의를 보완하는 제도가 마련되어 있는 것이고 소송의 주체는 어디까지나 원고와 피고, 즉 당사자이다. 민사소송법상 당사자에게는 변론권, 증명(입증)권, 불복신청권 등 절차권이 보장되어 있다. 이런 절차권이 보장된 것을 전제로 확정판결에 기판력을 부여하고 있는 것이다.

소송자료(사실자료와 증거자료)의 수집·제출책임을 당사자에게 맡기고 법원은 당사자가 제출한 소송자료만을 토대로 재판하도록 하는 변론주의는 민사소송의 최고원칙이며 대원칙이다. 변론주의 역시 자유주의에 바탕을 두고 있다. 법원과 당사자가 협동하여 사안을 해명하여야 한다는 이른바 '협동주의'를 주장하는 견해가 있으나, 민사소송의 실체는 원고와 피고가 법원에서 소송물을 두고 공격과 방어를 하는 법정공방에 있고 실체적 진실을 발견하기 위한 협동작업으로 볼 것이 아니다. 원고와 피고 당사자가 스스로 소송을 수행하고 그 내용 전개에 있어 결정적으로 내용을 행사할 수 있어야 개인의 자유와 자기 책임이 보장되므로 아무리 사회적 민사소송관이 주창되는 시대상황이라 해도 변론주의의 기본가치는 존중되지 않으면 안 된다.

재판은 근본적으로 누구 편을 드는 것이 아니다. 가난한 사람이나 부귀한 사람이나 세도가 있거나 없거나 하나같이 여겨야 하는 것이 재판이다. 종종 법관들 중에 당사자의 한쪽이 대기업이거나 보험회사인 경우 돈이 있는 쪽에 좀 양보하라는 말을 하는 것을 보는데 이는 적정과 공평을 이상으로 하는 소송제도에 맞지 않는 것이다.

소를 제기할 것인가 말 것인가는 원칙적으로 개개인의 손에 달려 있다. 개인이 자신의 권리를 법원에 제소하여 관철할 것인가는 그 자신에게 맡겨져 있다. 개개인이 소를 제기하지 않겠다는 결정이나 이미 진행 중인 소송을 취하하여 단념하겠다는 결정이 어리석은 일일지 모르나, 법질서는 그 결정을 존중한다. 법원은 원고가 신청하지 않은 사항이나 신청범위를 넘어서 판결할 수도 없다.

민사소송법 공부를 함에 있어서는 민사실체법의 대원칙인 사적 자치의 원칙이 전 소송절차에서 어떠한 방식으로 구현되고 있으며, 소송절차에서 당사자의 주도권은 어떠한 방식으로 제한되고 있는지를 염두에 두면서 소송절차를 전체적으로 조감할 수 있어야 한다.

다른 법도 마찬가지이지만 민사소송법을 공부함에 있어서는 우선 기본교재(대표적으로 이시윤 교수의 저서)를 법전과 함께 통독하여 민사소송제도 전반을 머릿속에 그려 넣어야 한다. 기본교재를 몇 차례 통독한 후에는 실체법과 절차법을 아우르는 기본사례와 판례를 정리하여 익혀두어야 한다. 반드시 자신만의 서브노트를 마련하여 중요사항을 정리해 놓고 있어야 확실한 자기 지식이 될 수 있다. 이러한 민사소송법 지식을 바탕으로 심화된 요건사실론과 민사재판실무, 민사변호사실무를 익혀야 한다. 이렇게 해야 변호사시험의 민사법 사례형과 기록형 문제를 어느 정도 커버할 수 있다.

그리고 소송절차만 공부하는 것만으로 부족하고 민사집행법상의 강제집행과 보전처분절차를 반드시 익혀야 한다. 민사집행법을 도외시한 민사소송법 공부만으로는 반쪽짜리 민사절차법 공부밖에 되지 않는다. 민사실무에 있어서 보전절차와 집행절차의 중요성은 아무리 강조해도 지나치지 않다.

민사소송법과 민사집행법 등 민사절차법은 변호사를 배출하는 로스쿨의 핵심과목이다. 법학의 세계에서 이론과 실무를 억지로 나누는 경향이 없지 않으나, 민사절차법은 철두철미 민사실무를 위한 법이다. 실무를 떠난 소송법이나 집행법은 있을 수 없다. 실무동향을 유심히 살피지 않으면 안 되는 이유가 여기에 있다. 틈나는 대로 법정방청을 하여 법정용어도 익혀야 하고 각종 서면과 소송기록에 친해질 수 있도록 노력해야 한다.

7. 로스쿨 법학교육의 현주소

지난 1월 초 변호사시험을 치르고 지금 서울 여의도의 모 법무법인에서 자리를 잡은 정지웅 군으로부터 요새 매일 선배 변호사로부터 깨지느라 정신이 없다는 전화를 받았다. 로스쿨에서는 강의조차 들어보지 못한 도시 및 주거환경정비 사업법에 의한 도시재개발이나 재건축사업 등 도무지 알 수 없는 사건들뿐이라는 것이다. 나는 변호사가 되어서도 계속 공부해야 하고, 특별연수 등을 통하여 실력을 쌓아가야 한다고 조언해주기는 하였지만 로스쿨 수료생을 대책 없이 거친 황야로 내보낸 것 같은 자괴감도 들었다. 사실 현재의 로스쿨 3년 공부로 바로 현업에서 변호사로서의 능력을 발휘할 수 없게 되어 있다.

졸업학점이 90학점 내외의 현재의 로스쿨 체제하에서는 변호사시험이나 기본법 공부에도 허덕대는 마당에 소송실무나 특별소송실무에 관한 교육은 손을 대지 못하고 있는 실정이다. 사법시험에 합격할 정도로 기본적인 법학공부가 되어 있는 사람들을 대상으로 사법연수원에서 2년간 민·형사실무와 검찰실무 위주로 실무교육을 하는 경우와 로스쿨은 판이하게 다르다. 지금까지의 경험에 의하면 비법학사 출신에다 기본적인 법학공부가 되어 있지 않은 학생들에게 3년만에 기본적인 법학지식은 물론 실무지식까지 가르치고 변호사로 만들어낸다는 것이 물리적으로 불가능한 상황임을 절감하고 있다.

학생들은 학점 때문에 실무에 필요한 과목보다는 P/F과목이나 시험도 보지 않고 학점취득에 용이한 과목 위주로 수강하는 경향이 농

후하다. 근본적으로는 지금의 로스쿨에서의 법학교육이 기존 법학부에서의 법학교육의 패러다임을 크게 벗어나지 못하고 있는 점에 근본적인 문제가 있다. 로스쿨 교수들을 보면 창피하다는 학생들도 상당수 있다. 지금 체제로는 국민의 다양한 기대와 요청에 부응하는 양질의 법률서비스를 제공하기 위하여 풍부한 교양, 인간 및 사회에 대한 깊은 이해와 자유·평등·정의를 지향하는 가치관을 바탕으로 건전한 직업윤리관과 복잡다기한 법적 분쟁을 전문적·효율적으로 해결할 수 있는 지식 및 능력을 갖춘 법조인을 양성하고자 하는 로스쿨의 교육이념을 실현하는 것이 어려운 상황이다.

여기에 로스쿨에서의 법학교육의 딜레마가 있다. 법학의 기본기가 되어 있지 않은 상당수 학생들에게 법학의 기본교육을 팽개치고 실무교육 위주의 교과목을 운영할 수도 없고, 졸업 후 현업에 종사할 수 있는 변호사를 양성하기 위해서는 실무교육을 중시하지 않을 수도 없는 이율배반적인 요소가 상존하고 있다. 다양하고 수준이 각양각색인 학생들을 두고 세미나식이나 토론식 수업을 이끌어가기도 어렵다. 로스쿨에 민법, 상법, 형법 교수나 민사소송법, 형사소송법 교수는 있지만 실체법과 절차법을 아우르는 민사법, 형사법을 강의할 만한 교수가 과연 몇이나 있는지도 의문이다. 민법총칙, 물권법, 채권법 이런 식 강의가 실제의 민사문제 해결에 어떤 유용성이 있는지도 모르겠다.

로스쿨이라면 기존 법학부와는 달라도 뭐가 달라야 할 것인데 뭐가 달라진 것인지 알 수 없는 상황이다. 로스쿨이 그냥 변호사시험 합격자만 만들어놓으면 그 다음은 본인들이 역량에 따라서 알아서 할 것이라는 일부의 주장은 너무 무책임한 것이 아닐까? 법원이나 변호사 등 기존 실무법조계에서는 로스쿨에서의 법학교육을 그리 애정 어린 시선으로 바라봐주지 않고 있다. 모의시험 채점을 의뢰받았던 변호사들이 대부분 과락인 답안지에 아연실색하면서 로스쿨생들의 수준에 대하여 혹평을 넘어 악평을 하는 것을 들었다.

이번 변호사시험을 채점하고 있는 변호사 등 외부 채점위원들은 도무지 기본조차 갖추지 못한 답안지가 상당수인 상황에서 합격예정 인원 1,500명을 채우기는 어림도 없다고 생각하고 있을 것이다. 이런 상황에서는 변호사시험 합격자를 1,500명으로 하든 몇 명으로 하든 상당수는 변호사 시장으로 나간다 하더라도 고전할 것이 틀림없다. 로펌 등에서 로스쿨 수료생들의 채용을 꺼리는 이면에는 로스쿨 수료생들의 실력이 검증되지 않은 면도 있고 아직은 이들을 신뢰하지 못하고 있는 사정이 크게 작용하고 있다.

학생들도 열심히 공부해야 하지만 교수들도 정신을 차리지 않으면 로스쿨 제도의 안착은 공염불이 될 수 있다. 1기보다 2기, 3기는 더 노력해야 하는 학생들이 많은 실정이다. 1학년 학생들 중 일부가 학점 때문에 기본법 수강을 미루고 편한 과목 위주로 수강한다고 하는데 이는 있을 수 없는 일이다. 1학년 때 민법, 형법 등 기본과목을 다져두지 않으면 2학년 때부터 본격 수강하여야 하는 소송법과 실무과목을 쫓아갈 수 없다. 3년이라는 시간이 긴 것 같지만 그리 시간이 넉넉한 것이 아니다. 그야말로 눈 깜짝할 사이에 3년 시간이 흘러가버린다. 사법연수원 수료생들도 60%는 취업을 하지 못할 정도로 변호사 업계가 불황인 상황에서 로스쿨 수료생들에게 당장 취업의 문이 쉽게 열리라고는 기대하기 힘들다. 작은 정부를 지향하는 마당에 정부나 지차제가 로스쿨 수료생들을 많이 채용하기를 기대하기도 어렵다. 그렇다고 떠밀려서 변호사사무실을 내고 개업하는 것도 쉬운 일이 아니다.

변호사는 기본적으로 사건이 있어야 하는데 사무실에서 죽치고 기다려봐야 사건이 없으면 사무실 유지와 우선 먹고살기가 초조해진다. 사건이 없다 보면 변호사 윤리와는 거리가 먼 유혹이 생긴다. 일부 변호사들이 온갖 범죄로 형사처벌을 받고 있는 작금의 상황은 남의 일이 아니다. 지금 상황에서는 로스쿨을 수료하고 변호사 자격을 얻었다 하더라도 몇 년 고생할 각오를 하지 않으면 안 된다. 옛날처럼 변호사 자격만 있으면 돈도 벌고 사회적 지위를 얻을 수 있다고 하면 이는 오산이다.

옛날부터 세상에 쉬운 일은 없었다. 의사나 변호사나 대량으로 쏟아지는 세상에서는 더더욱 쉬운 일이란 없다. 먹고 잠자는 시간을 제외한 전 시간을 배우고 익히는 시간으로 채워도 부족하다. 탄탄한 실력을 갖추는 일만이 험한 세상에서 살아가기 위한 첩경임을 잊어서는 안 된다.

[2012. 1. 28]

8. 로스쿨의 학사관리 강화방안과 로스쿨 교육의 정상화

보도에 의하면 2011학년 1학기에 전국의 로스쿨 1학년은 로스쿨 재학생 2,047명 가운데 129명(6.3%), 2학년은 1,939명 중 91명(4.69%), 3학년은 1,748명 중 49명(2.8%) 등 총 269명이 학사경고를 받은 것으로 나타났다. 서울대가 415명 중 2명(0.48%)으로 가장 적었으며, 전북대가 233명 중 18명(7.73%)으로 가장 많았다. 평균 5% 정도가 학사경고를 받은 것이다. 제1회 변호사시험에 로스쿨 정원 2,000명 중 1,698명만이 응시하고 이 중에서도 30여 명이 시험응시를 포기한 것을 보면 정원의 30% 이상이 중도에 탈락했음을 보여주고 있다.

그런데 제주대는 학사경고를 받은 재학생이 없었다. 그것은 학생들의 성적이 우수해서가 아니라 교수들이 성적을 후하게 주었기 때문임을 부인할 수 없다. 1개 학기에 F학점을 2개 과목 이상을 받으면 학사경고를 받고 2개 학기에 걸쳐 2개 이상의 과목에서 F학점을 받으면 유급되도록 되어 있는데 교수들이 과감하게 F학점을 주지 못한 것이다. 20명 내외의 분반 과목이나 10명 미만의 소수 수강인원밖에 없는 과목에서는 인정상 F학점을 주기가 망설여지는 것이 사실이다.

그러다가 졸업을 앞둔 1기생들 중 졸업시험에서 2명이 졸업을 못하게 되자 학교는 한바탕 난리를 겪었다. 교수와 학생의 신뢰관계는 금이 갈 대로 갔고, 교수들 사이에서도 전부 졸업을 시키자는 파와 졸업에서 일부 탈락이 불가피하다는 파가 격론 끝에 비밀투표까지 가면서 결론을 내리다 보니 학내는 상당한 기간 어색한 분위기가 감돌았다. 그런데 대부분의 로스쿨에서는 졸업이 유예된 학생들이 몇 몇씩은 있는 것으로 알고 있다.

위와 같은 대규모 학사경고 사태는 전국 25개 로스쿨이 교육부에서 정한 상대평가기준에 따라 학사관리를 강화했기 때문이다. 이 기준에 의하면 P/F가 적용되는 일부 실무과목(법률실습, 모의재판 등)과 절대평가가 적용되는 외국어 강의를 제외한 대부분의 과목 성적을 △A+ 7%, A0 8%, A— 10%, △B+ 15%, B0 20%, B— 15% △C+ 9%, C0 7%, C— 5% △D 4%의 범위 내에서만 성적을 산출하도록 하고 있다.

위와 같은 상대평가제의 도입으로 로스쿨의 학사관리는 엄격해졌으나, 학점취득이 용이한 과목만 수강하는 등 학생들의 눈치 보기가 극심하고, 폐강되는 과목이 속출하는 부작용이 나타나고 있다. 학교별 폐강과목은 25개 로스쿨 전체 400과목으로 학교당 16과목에 달하는 것으로 나타났다. 학생들은 학점관리를 위해 수강신청 기간에 공부 잘하는 학생이 수강한 과목은 피하고, forum shopping이 아니라 이 과목 저 과목에 '넣었다, 뺐다'를 하는 '학점쇼핑'에 혈안이 되어 있다.

그렇다고 성적평가에 있어서 교수에게 전적인 재량을 주는 절대평가방식을 따르게 할 경우 문제가 없을까? 이 경우는 더 심각한 문제가 있음은 이미 학부에서 경험한 바이다. 지금 학부의 성적을 믿을 만한 대학은 거의 없다. 교수들이 학생들의 취업을 위해 A를 남발하다 보니 학점 인플레가 심화되어 대학의 성적이나 학점을 도저히 믿을 수 없게 된 것이다. 사실 대학에 들어와서는 안 될 학생들이 대거 대학으로 들어오고 있는 현실도 있다. 궁여지책으로 A의 비율을 30% 내지 50%라는 식으로 정해놓고는 있지만 수강생의 반이 A라는 것도 말이 안 된다.

교수들에게 자율권을 부여하여 성적을 부여하게 하면 된다는 생각
도 로스쿨과 로스쿨 교수들의 질적 편차가 크다는 점을 고려하면 이
를 그대로 받아들이기가 주저된다. A대학 로스쿨의 민법 과목 A학
점과 B대학 로스쿨의 민법 A학점을 동일한 반열에서 평가할 수는
없을 것이다. 현행 학사관리규정상 로스쿨에서 A는 25% 이상 받을
수 없다. 이 비율(%) 자체가 그리 불합리하다고는 보이지 않는다.

문제는 변호사시험 성적을 공개하지 않다 보니 각 개인의 실력을
추정하거나 검증할 수 있는 것은 오로지 학교성적밖에 없다는 점이
다. 변호사시험 성적을 공개하지 않고 있는 법무부의 방침은 변호사
시험 성적을 공개하게 되면 로스쿨 교육이 파행을 겪을 수밖에 없다
는 점을 들고 있고 이 점도 일단 수긍은 간다. 이미 법학부에서 경
험한 바와 같이 학생들은 변호사시험에서 좋은 성적을 거두기 위해
시험과목 위주로 공부할 수밖에 없고, 시험과목이 아닌 과목들은 수
강생도 없고 죽을 수밖에 없다는 것이다. 이렇게 되면 학문의 다양
화와 전문화, 특성화 교과목의 육성을 기하려고 하는 로스쿨의 존립
목적은 사라진다는 것이다.

지금과 같이 지방대 로스쿨 졸업생들이 냉대를 받는 상황이라면
아예 변호사시험을 공개하여 일부 우수한 졸업생에게라도 활로를 찾
아줄 필요가 있지 않을까 하는 생각을 해본다. 사실 서울 일부 대학
로스쿨 출신 외에는 서울권 이외의 로스쿨 졸업생들이 대형로펌 등
에서 거의 푸대접을 받고 있다.

이렇게 하나 저렇게 하나 문제가 다 있다. 그렇다고 이 문제상황
을 끝없이 끌고 갈 수도 없다. 로스쿨 교육의 정상화를 위해 과연
어떠한 방안을 찾을 수 있을까?

여기서 하나의 대안으로 생각할 수 있는 것은 필수 기본과목은 상

대평가기준을 적용하고 선택과목은 절대평가에 맡기는 방안을 생각할 수 있다. 로스쿨에서 학생들의 다양한 선택권을 보장하기 위하여 필수과목은 35학점을 넘지 못하도록 하고 있다. 그런데 법정보조사론, 법문서작성론, 모의재판, 법조윤리, 법률실습 등 법정실무과목 5개는 반드시 필수과목으로 하도록 되어 있어 나머지 30학점 범위 내에서 필수과목을 배치해야 하는데 이 역시 만만한 것이 아니다.

3학점 3시수로 하는 경우 최소한으로 민법에서 3과목, 공법에서 2과목, 형법에서 1과목, 상법에서 1과목, 민사소송법 1과목, 형사소송법 1과목 정도밖에 필수과목으로 넣을 수밖에 없는 실정이다. 이러한 기본법 과목만을 필수과목으로 설치하여 1학년에 집중 배치하는 경우 법학부 출신이나 사법시험 유경험자가 비법학사 출신에 비하여 압도적으로 유리하여 공정한 경쟁의 관점에서 문제가 있는 것도 사실이다. 그렇지만 최소화된 필수과목 학점하에서 필수과목은 상대평가로 가고 나머지 선택과목들은 절대평가체제로 가는 것이 그나마 로스쿨의 학사관리방안과 로스쿨 교육의 정상화가 접목(매치)될 수 있는 방안이다.

변호사시험을 통하여 변호사 자격자를 걸러내지 않을 수 없고 변호사시험 합격률이 로스쿨의 진로에 큰 영향력을 미치는 점을 생각하면 이래저래 다 문제가 있다. 그렇다고 다시 사법시험체제로 돌아갈 수도 없는 노릇이다. 그리고 로스쿨 재학 중인 학생들 중 변호사로서의 기본기나 자질이 없는 학생들도 상당수 있다. 로스쿨제도가 안착하기 위해서는 이들을 걸러낼 수밖에 없다.

로스쿨 도입 논의는 우리보다 늦었지만 우리보다 앞서 로스쿨을 도입한 일본은 낮은 합격률 때문에 로스쿨이 위기를 맞고 있다. 신사법시험 첫해인 2006년 48.3% 합격률에서 2011년에는 23.5%까지 합격률이 떨어졌다. 74개 로스쿨(정원 5,700명) 졸업생에 매년 재수생, 3수생이 보태지면서 응시자 숫자는 해마다 500명 이상씩 증가한 반면 합격자는 2008년부터 2,000명 선으로 묶어 놓았기 때문이다. 일본 신사법시험은 5년 이내에 3회까지만 응시할 수 있다.

일본 신사법시험 합격자 10명 중 2명 정도는 회비(월 4만 엔) 낼 돈이 없어 협회에 등록도 하지 못하는 실정이라고 한다. 일본에서는 법률사무소에 취직해 월급을 받는 변호사를 '이소벤', 이소벤보다 한 단계 아래로 법률사무소에 취직은 했지만 월급을 받지 못하고 의뢰인 도 직접 찾아야 하는 변호사를 '노키벤(집의 처마 밑을 빌리는 것뿐이 라는 의미)'이라고 부르고, 노키벤보다 1단계 아래인 '즉독변호사(卽 獨辯護士)'라는 부류가 등장했다고 한다. 즉독변호사는 사무실을 구 하지 못해 집에서 혼자 독립해서 의뢰인을 찾는 변호사를 말한다.

우리의 경우도 일본과 비슷하게 흘러갈 조짐이 보인다. 우리 변호 사시험법에 의하면 로스쿨 졸업 후 5년 내에 5회까지만 응시할 수 있도록 제한하고 있는데 불합격자들의 누적으로 3회 정도의 변호사 시험만 시행되면 합격률은 현저히 떨어질 수밖에 없다. 변호사시험 응시기회를 5년 이내 5회까지 인정한 것은 너무 길다. 이런 상황에 서 불합격 누적자를 감당할 수 없는 사태에 빠질 것이 뻔하다.

그렇다고 함량미달의 비자격 변호사를 대량으로 배출하게 되면 그 피해는 국민들에게 돌아간다. 배고픈 변호사는 굶주린 사자보다 더 무섭다는 말이 있다. 변호사를 아주 우습게 알고 로스쿨의 미달사태 가 일상화되고 변호사를 하지 않아도 누구나 늙어서도 먹고살 일자 리가 있기 전에는 이와 같은 문제의 해답은 미궁을 헤맬 수밖에 없 다고 생각한다.

[2012. 2. 5]

9. 학설은 사기다

처음 법과대학에 들어와서 법서들을 접하다 보면 별별 학설이 난무하는데 초심자들로서는 뭐가 뭔지 모를 정도로 오리무중 속에 헤매기 일쑤다. 그런데 법조실무에 종사하다 보면 학설이라는 것은 오간 데 없고 판사도 변호사도 온통 판례만 뒤적인다. 왜 그럴까?

우리 법체계의 상당 부분을 독일과 일본에서 계수하다 보니 그 나라 사람들이 한 말 한마디 한마디가 대단한 진리라도 되는 양 우리들의 법률교과서는 그들의 학설들로 도배되어 있다고 해도 과언이 아니다. 이 나라에 몇십 년을 살고 있어도 우리의 것도 제대로 모르는데 독일에 몇 년 다녀왔다고 남의 나라를 알면 얼마나 알겠는가? 다른 학문은 몰라도 법학에 관한 한 그런 학설이라고 하는 것들은 알고 보면 다 사기라는 생각이 들 때가 많다.

따지고 보면 학설이라고 하는 것도 학자들이 나름대로 논리체계를 세워 주장하는 것에 다름이 아니다. 우리나라의 법률서적에서 회자되고 있는 학설이라고 하는 것들이 독일이나 일본 학자들이 물론 그러한 사람들이 얼마나 대단한 사람들인지는 잘 모르나, 옛날부터 전해 내려오는 이야기를 정리하거나 전수해주는 정도에 불과한 것들이 대부분이다. 하늘 아래 새로운 것은 없다. 속된 말로 서로 베끼고 베끼면서 전해 내려오는 것들이다.

법학은 처음부터 인간사회의 분쟁을 해결하기 위한 실천학문이다. 법학을 현실을 떠난 고상한 학문인 척 여기는 사람들도 있지만 철두철미 현실에 바탕을 둔 학문이지 현실과 유리된 고상한 학문일 수가 없다. 독일 이외의 나라에서 우리나라처럼 독일 법학의 영향을 받는 나라는 없을 것이다. 독일 이외에 우리나라만큼 대학에 독일어과가 많은 나라도 없을 것이다. 그런데 지구상에서 독일과 오스트리아, 스위스 정도를 벗어나면 독일어를 쓸 일이 거의 없다. 오히려 불어가 더 쓸모가 있다.

법학을 공부함에 있어서는 학설에 너무 연연해서는 안 된다. 학설이라고 하는 것은 사람들의 생각이 다르다는 징표일 뿐이다. 분쟁을 해결하는 데 있어서는 균형 잡힌 사고로 정확한 판단을 하는 것이 중요한 것이다. 어떻게 그런 학설이라는 것이 생겨나왔는지 제대로 파악하지도 못하고 무턱대고 학설을 맹종하는 것은 올바른 공부방법이 아닐 것이다. 실무에 종사하다 보면 이러쿵저러쿵 하는 학설들이라고 하는 것들이 참으로 무망한 것들임을 알게 되고 아예 학설과는 거리를 두게 되는 경우가 많다.

판례의 생성과정을 접하게 되면 판례라고 하는 것이 그리 간단하게 형성되는 것이 아님을 알 수 있다. 하나의 판례가 형성되기 위해서는 하급심에서부터 당사자와 대리인의 치열한 사실주장 및 법률주장을 거쳐 증거에 의해 사실관계가 확정되고 법관의 고뇌에 찬 법률판단이 선고된다. 이러한 판결이 상급심을 거치면서 더욱 정련되면서 대법원판결을 통해 판례로 통용된다.

물론 그러한 판례라고 하는 것도 완전무결한 것이 아니다. 원래 판례를 만든다고 하는 인간 자체가 불완전한 존재이다. 판례는 사회의 변동에 따라 바뀔 가능성을 언제나 열어두고 있다. 오늘의 소수의견이 내일의 다수의견이 될 수도 있다. 다수관계의 가변성이야말로 바로 민주사회의 초석이다.

[2010. 11. 17]

10. 적자생존─적어야 산다!

　　요새 컴퓨터와 인터넷이 일반화되다 보니 육필로 글을 쓰는 일이 갈수록 줄어들고 있다. 옛날에는 전화번호 수첩이라도 갖고 다녔는데 스마트폰 세상에서 이런 수첩은 불필요한 것이 되고 말았다. 이제 뭐 하나 외우려고도 하지 않는다. 그렇다 보니 디지털 치매가 늘어간다. 기억력이 녹슬어가는 세상이 되고 있다.

　　연필로 쿡쿡 눌러쓰던 글씨는 먼 옛날 일이 되고 말았다. 메모도 하지 않는다. 애인 사이에서도 정성들여 쓴 편지를 주고받는 것이 아니라 이메일이나 문자로 단숨에 날려버린다. 요새는 찍거나 누를 뿐 도대체 쓰거나 적는 일이 없다. 나 자신도 하루에 종이에 펜으로 글을 쓰는 일이 거의 없어지고 있다.

　　그리고 한글만 쓰다 보니 한자를 제대로 쓰는 것도 아리송해질 때가 많다. 강의를 하면서 칠판에 중요한 내용을 한자로 써나가다가 획이 막히는 바람에 한자와 한글을 섞어서 쓰는 웃지 못할 일도 생긴다. 요새 대학생들은 초등학생들보다도 한자를 모른다. 대학교재에서도 한자가 거의 다 사라지고 있다. 한자가 많은 책은 학생들이 사보지를 않는다.

　　요새 대학생들 시험지 채점을 하는 것은 여간 고역이 아니다. 글씨인지 그림인지 도통 알아먹을 수 없는 글씨들이 난무하고, 도무지 글씨를 또박또박 쓸 줄을 모른다. 명필을 요구하는 것이 아니다. 글을 읽는 사람이 알아먹을 수는 있어야 할 것이 아닌가! 이거 보통 일이 아니다.

　　로스쿨 학생 중 일부도 답안지 글씨를 해독하기 어려운 것들이 종종 눈에 띈다. 이런 답안지로 나중에 변호사시험에서 좋은 성적을 받을 수는 없는 일이다. 실무에서 제출할 서류들은 전부 컴퓨터로 찍어서 제출하지만, 아직 우리나라의 사법시험이나 각종 시험은 직접 손으로 눌러써야 한다. 글씨를 잘 쓰지 못하여 손해 보는 학생들이 꽤 있다. 아마도 사법시험이나 변호사시험과 같이 근소한 점수 차로 당락이 결정되는 시험에서 글씨가 결정적인 영향을 미친다면 이는 간과할 일이 아니다. 대저 글체를 보면 그 글씨를 쓴 사람의 성격이나 됨됨이를 파악할 수 있는 경우가 많다. 글씨는 바로 그 사람의 인격의 화체이다.

법학공부는 암기와 이해가 병행되어야 한다. 어느 일방만으로 법학공부를 완벽하게 할 수는 없는 노릇이다. 암기와 이해를 위해서는 써보아야 한다. 쓰면서 생각이 가다듬어진다. 그것도 연필이나 볼펜으로 종이에 꾹꾹 누르며 써보아야 한다. 그래야 이해가 깊어진다. 책을 읽기만 하고 써보지 않으면 자신의 지식으로 만들 수 없다. 판사들이 변론을 종결하고 판결문을 쓸 때야 비로소 심리미진을 발견하게 되는 것도 같은 이유이다.

책을 읽은 후에는 책을 덮고 읽은 책의 목차를 써보는 연습을 하는 것이 공부에는 상당한 도움이 된다. 중요 목차를 기억해 써보고 다시 중간에 세목차를 기억해 써본다. 여기에 살을 붙일 수 있을수록 이해의 폭이 넓어진다. 부수적으로 글씨연습도 된다.

책의 회독 수만 늘리며 읽기만 하는 학생들이 있는데 써보지 않고는 자신의 것으로 만들지 못한다. 다윈의 적자생존(適者生存)이 아니라 '적어야(writing) 사는' '적자생존' 시대임을 명심해야 한다.

[2011. 8. 19]

| 법・법조・변호사・법률가 |

1. '法'字 考

　어떻게 인생을 살다 보니 길지 않은 인생 '법 없이는 살 수 없는' 쪼잔한 사람이 되고 말았다. 법대를 나오고 어찌어찌 하다 사법시험에 합격하고 사법연수원을 수료한 후 1987년 3월부터 2007년 4월 현업에서 학교로 일터를 옮기기까지 20여 년을 변호사로서 법과 함께 살아왔다. 옮긴 일터인 학교도 결국 로스쿨이니 특별한 사정이 없는 한 앞으로 65세가 끝나는 학기말까지 법과 함께 살 수밖에 없는 팔자이다. 아니 학교를 그만두더라도 변호사라는 자격이 있으니 결국 죽을 때까지 법과는 떨어지려야 떨어질 수가 없는 운명이다.

　법학을 'Brotwissenshaft(빵의 학문)'이라고 한 사람이 있었다. 법학이라는 것이 입에 풀칠하기 위한 학문이고 사상이나 철학과 같은 숭고한 차원의 의미는 없다는 비아냥거림의 뜻일 것이다. 그 사람은 단순히 법률기술자를 조롱하는 말로 이 말을 썼을 것이다. 하기는 법률가라는 사람들이 대부분 법률기술자들이다.

　처음 대학에 들어갔을 때 정외과 이상우 교수(후에 서강대 교수를 거쳐 한림대 총장을 지냄)가 교지 『高皇』에 쓴 수필에서 '法' 자는 삼 水 변에 갈 去 자로 이루어진 한자이므로 물처럼 자연스럽게 위에서 아래로 흐르는 것이 法이고, 정치의 '治' 자는 삼 水 변에 둑 台로 이루어진 글자이므로 물에 둑을 쌓아 물을 가두고 물길을 아래에서 위로 돌릴 수 있는 것이 정치라고 하는 것을 읽고 그럴듯하다는 생각을 했었다. 이 말과 같이 법의 속성은 안정에 있고, 정치의 속성은 변혁에 있다. 법과 정치의 상관관계에 관하여 Rex가 우위냐, Lex가 우위냐를 둘러싸고 논란이 있는데, '法' 자와 '治' 자가 이들의 상호 관계를 잘 보여주고 있다.

그런데 법률실무에 종사하다 보니 법이라는 것이 물이 위에서 아래로 흐르는 것처럼 그렇게 자연스러운 것이 아니라는 것을 실감할 때가 많았다. 현행 실정 법률들을 보면 자연스럽기보다는 부자연스럽고 인간들을 옥죄는 억지 법률들이 많다. '법은 법이 없기를 바란다'고 하지만 갈수록 전문가들도 알 수 없는 특수한 법률들이 양산되고 있다.

그러면 여기서 '法' 자의 의미를 살펴보기로 하자.

현재의 法 자는 삼 水 변에 廌(치) 자가 붙여진 것에서 廌 자가 빠지면서 만들어진 것으로 보고 있다. 옛날 獬廌(多)(해치)는 외뿔 달린 푸른색의 산양으로 본능적으로 시비를 가릴 수 있는 능력이 있었다고 한다. 해치는 잘못이 있는 자만 골라 뿔로 들이받았다. 舜임금 당시의 대신인 皐(요)가 송사가 있으면 당사자를 불러 해치를 시켜 잘잘못을 가려내도록 하니 아무도 이에 대하여 이의를 제기하지 못했다고 한다. 법은 바로 이 해치처럼 잘잘못을 분명히 가리되 물이 흐르듯 자연스럽게 악을 제거한다[去]는 뜻을 가지게 된 것이다.

이러한 동양의 법의 모습은 서구의 '정의의 여신'과도 닮았다. '디케(Dike)' 또는 '유스치치아(Justitia)'로 불리는 정의의 여신은 한결같이 스스로 눈을 감고 한 손에는 저울을, 또 한 손에는 칼을 들고 있다. 저울을 들고 있는 것은 죄의 무게를 달기 위함이고 칼을 들고 있는 것은 죄지은 사람을 벌주기 위함을 상징적으로 보여주고 있다. 그리고 그의 눈은 가려져 있다. 그것은 재판의 적정 내지 공평무사를 웅변으로 보여주는 것이다. 선입견을 가지거나 인간으로서 표현의 자유를 들먹이며 함부로 정치적 견해를 표출하는 법관은 법관으로서의 자격이 없음을 보여주는 것이다.

사법연수원 구내의 해치상   대검찰청 구내의 해치상

현재 이 해치상이 사법연수원과 대검찰청 구내에 세워져 있다.

그런데 이 해치와 해태가 같은 것인지 의문을 가져볼 수 있다. 경복궁의 정문인 광화문 앞에는 해태상이 서 있는데 이 해태상에는 뿔이 없다. 옛날 과자를 만드는 회사로 롯데와 쌍벽을 이루며 잘나가던 해태제과는 바로 이 해태상이 심벌이었다. 해태제과의 몰락과 함께 해태야구단도 기아로 넘어갔다.

광화문의 해치는 사악함을 물리치고 화기를 눌러 화재를 막아주는 영물로 여겨져 왔다. 해치와 해태는 같은 것이다. 뿔이 있고 법을 집행하는 상징이었던 중국의 '해치'가 우리나라에 들어오면서 수문장이라는 성격으로 바뀌고 뿔도 없어지는 식으로 한국식 해태가 된 것으로 풀이하는 사람이 있다.

서울은 서울의 상징으로 해치를 선정하고 광화문 이순신 장군 동상 일대에 해치광장을 조성했다. 해치는 조선시대부터 서울의 변화를 지켜본 관찰자이자, 계층과 신분을 망라해 모두에게 친숙한 수호자라는 점이 반영되었고, 해치광장 매점에서는 다양한 모양의 해치들이 진열되어 판매되고 있다.

[2011. 11. 14]

2. 법원과 재판소

　최근에 서울대 백진현 교수가 고 박춘호 재판관의 뒤를 이어 2014년 9월까지 국제해양법재판소의 재판관이 되었다는 보도가 있었고, 송상현 교수가 국제형사재판소 소장에 당선됨으로써 한국인 최초로 국제사법기구의 수장이 되었다는 보도도 있었다. 고하 송진우 선생의 손자인 송상현 교수는 2003년 85개 회원국 중 65개국 지지를 받아 재판관에 당선됐고 2006년 재선됐는데 이번에 재판소장이 된 것이다.

　그런데 보도에 의하면 18명의 재판관의 호선에 의하여 송 교수가 재판소장으로 당선된 것으로 보도하고 있는데, 과문한 탓인지는 모르지만 재판관의 숫자가 홀수가 아닌 짝수의 예를 별로 보지 못했다. 모든 사법기관의 재판관의 숫자는 대체로 홀수로 되어 있다.

　국제해양법재판소는 21명의 재판관으로 구성되어 있고, 미국 연방대법원의 대법관은 전부 9명, 일본 최고재판소의 재판관은 전부 15명이다. 우리나라 대법원의 전원합의체는 대법원장 포함 13명으로 구성되어 있고, 헌법재판소는 소장 포함 재판관이 숫자가 9명이다. 재판관 숫자를 홀수로 하는 것은 可否同數를 피하기 위함이다. 회사의 이사회 등 회의체나 합의체의 구성원의 숫자를 홀수로 하는 이유도 여기에 있다.

　우리 하급심의 단독판사 이외에 합의부는 3명의 판사로 구성되어 있다. 대법원 소부는 4명의 대법관으로 구성되어 있으나, 대법관들의 의견이 일치되지 않거나 판례변경 등의 사유가 있으면 전원합의체에 부치게 되어 있다. 그런데 사실상은 합의제의 의미는 퇴색되고 주심대법관 1인에 의해 대법원판결이 이루어지는 실정임을 부인하지 못한다.

ICC로 불리는 국제형사재판소(International Criminal Court)는 2002년 7월 '전쟁이나 반(反)평화·비(非)인도적 국제범죄'를 저지른 개인을 처벌하기 위해 네덜란드 헤이그에 설립되었다. 제2차 세계대전이 끝나고 나치 독일과 유대인 학살을 다룬 뉘른베르크 국제군사재판이 모델이다. ICC는 1998년 120개국이 설립에 동의했고 2002년 66개국의 비준을 거쳐 발족했다. 단죄 대상은 출범 후 사건에 국한된다. 개인을 처벌한다는 점에서 국가 분쟁을 심판하는 국제사법재판소(ICJ)와 다르다.

지금 ICC가 알바시르 수단 대통령을 민간인 학살혐의로 체포하라고 영장을 발부한 이후 수단의 반발은 말할 것도 없고 국제사회가 둘로 갈라져 있다. 국제인권단체들은 북한의 김정일도 비인도적 범죄혐의로 기소해야 한다고 주장하고 있어 김정일을 ICC 법정에 세울 수 있을지 논란이 있으나, 북한 자체가 ICC 가입을 하지 않고 있을 뿐만 아니라 그런 재판하고는 담을 쌓고 사는 족속들이라 사실상 의미가 없다. 그런데 미국은 "ICC가 정치적으로 이용될 가능성이 있다"며 ICC 가입을 미루고 있다. 미국은 세계 곳곳에서 전쟁을 치르고 있어 미국인이 전쟁범죄자로 소추될 것을 걱정하고 있기 때문이다. 중국 역시 ICC에 가입되어 있지 않다.

그런데 여기서 왜 국제형사법원이 아니고 국제형사재판소라고 명명하고 있는가? 우리나라는 재판기관인 Court를 재판소가 아닌 법원으로 부르고 있다. 재판소라는 명칭은 일본에서 쓰는 말이다. 일본은 우리의 지방법원－고등법원－대법원에 대응하여 地方裁判所－高等裁判所－最高裁判所로 부르고 있다. 일본도 재판소의 영어이름은 'Courts in Japan'으로 되어 있다. 일본에는 우리의 헌법재판기관인 헌법재판소와 같은 기관이 따로 없고 최고재판소에서 위헌심사를 한다. 미국도 헌법재판소가 따로 없고 연방대법원에서 위헌심사를 한다.

광복 후 우리가 우리의 재판제도를 정립하면서 '재판소'라는 일본식 이름을 버리고 '법원'이라는 명칭을 채용하여 쓰기 시작하였는데 1987년 헌법에 의해 헌법재판기관을 설립하면서 '법원'이 아닌 '헌법재판소'라는 명칭을 쓰면서 혼란이 생기게 되었다.

이러한 용어상의 혼란은 네덜란드 헤이그에 있는 '국제사법재판소(ICJ: International Court of Justice)', 독일 함부르크에 있는 '국제해양법재판소(ITLOS: International Tribunal for the Law of Sea)', 네덜란드 헤이그에 설치되어 있는 '구 유고슬라비아전범 국제형사재판소(ICTY: International Criminal Tribunal for the Former Yogoslovia)' 등 국제사법기구를 전부 일본에서 재판소로 부르는 것을 무의식적으로 그대로 차용하여 쓰고 있는 데서 유래된 혐의가 짙다. 무엇보다 우리의 헌법재판기관을 '헌법법원'이나 '헌법원'으로 쓰지 않고 헌법재판소라고 부름으로써 재판기관인 Court가 법원인지 재판소인지 헷갈리게 만들고 있다.

ICTY는 '발칸의 도살자'로 불리는 유고전범 밀로셰비치 처리를 위해 설치된 한시적 국제재판기관이다. 1심 3개 재판소 재판관이 9명이고, 항소부는 7명의 재판관으로 구성되어 있는데, 우리나라의 권오곤 부장판사가 ICTY의 재판관으로 활약하다가 2008년 11월 17일부로 부소장이 되었다. 그런데 밀로셰비치가 죽는 바람에 세계 역사상 최초의 국가원수에 대한 전범재판이 판결선고에 이르지 못하고 끝나버린 아쉬움이 있다. 그러나 ICTY가 남긴 판례는 국제관습법을 형성해 국제재판소, 시에라리온 특별재판소, 캄보디아 특별재판소 등의 국제재판소에 귀중한 선례가 되고 있다.

헌법 책을 보더라도 독일의 헌법재판기관인 'Bundesverfassungsgerichtshof'를 '독일연방헌법재판소'로 부르고 있다. 독일연방헌법재판소의 판결을 BverfGE라고 약칭한다. 그런데 Bundesgerichtshof를 '연방대법원'으로 부르기도 한다. 독일의 재판제도는 1심[LG: Landesgerichtshof, AG: Amtsgerichtshof] → 2심[ORG: Oberlandesgerichtshof] → 3심[BGH: Bundesgerichtshof] 구조로 되어 있다. 독일은 연방대법원 이외에 행정, 조세, 노동, 사회보장법원 등이 따로 설치되어 있다.

미국은 주의 경우 주 지방법원(Superior Courts) → 주 고등법원(Courts of Appeals) → 주 대법원(Supreme Courts)으로, 연방의 경우 연방지방법원(District Court: 91개) → 연방고등법원(Circuit Courts: 13개) → 연방대법원(Supreme Courts of US: 9명의 재판관)으로 구성되어 있다.

북한은 인민재판소(각 시·군 구역 1~4개마다 1개씩 90~100개소 추측) → 도(직할시)재판소(평양특별시, 남포·개성직할시, 각 도 12개소) → 중앙재판소(평양특별시) 체제로 되어 있고, 군사재판소와 철도재판소 등 특별재판소를 두고 있다(북한은 우리의 검찰청을 검찰소로 부른다).

중국은 인민법원조직법에 의해 초급인민법원 → 중급인민법원 → 상급인민법원 체제를 갖추고 있다(중국은 우리의 검찰청을 검찰원으로 부른다).

영어로 대한민국의 대법원은 'Supreme Court of Korea'이고, 헌법재판소는 'Constitutional Court of Korea'로 되어 있다. 똑같은 Court인데 한쪽은 법원이고 한쪽은 재판소이다. 그렇다면 헌법재판기관도 헌법법원으로 불러야 온당할 터인데 헌법재판소로 부르는 것은 용어상의 혼란만 부채질한 꼴이 되고 말았다.

앞으로 우리의 입장에서 재판기관을 부를 때는 법원으로 통일하여 불러야 옳다고 생각한다. 법원이나 재판소나 다 재판기관임에는 동일한 것이다. 한자어를 쓰는 동양권이 아닌 Court를 쓰는 외국의 재판기관을 우리말로 부를 때도 우리식으로 법원으로 불러주는 것이 옳다. 미국 연방대법원이고 독일 연방대법원이다.

말이 나온 김에 헌법이나 헌법재판소법에 나와 있는 '헌법소원'이라는 용어도 마음에 들지 않는다. 무슨 놈의 '소원'이라는 말인가? '우리의 소원은 통일'인가? 전에 소원법이라는 것이 있어 행정소송을 제기하기 위해서는 소원을 먼저 제기하도록 하는 소원전치주의를 택하고 있었는데 소원법이 폐지되고 행정심판법으로 바뀐 바 있다. 무엇을 바란다는 의미의 헌법소원이라는 용어보다 강력하게 기본권주장을 하는 의미가 담겨 있는 용어('헌법소청' 등)를 썼어야 했다.

옛날에 추리소설 같은 것을 읽다 보면 '경시(警視)'라는 것이 많이 보였는데 이는 일본식 번역을 그대로 추종한 것이다. 우리나라에는 경찰은 있어도 경시는 없다. 일본에는 경시청이 있으나, 우리나라에는 경찰청이 있다. 군대에 있는 '헌병(憲兵)'이라는 것도 '헌병'인지 '새병'인지 헷갈리고 적당한 용어가 아니다. M.P.(Military Police) 즉 군경찰로 불러야 할 것이다. 왜 이리 마음에 들지 않는 것만 넘쳐나는지 모르겠다.

[2009. 3. 19]

3. 미국의 다양한 법원과 다양한 판사들

미국에는 Courts(법원)도 많고 Judge(판사)도 많다. 연방국가인 미국의 사법체계는 단일국가인 우리나라와 많이 다르다. 미국의 사법체계에 관해서는 김용헌 판사(현 서울가정법원장)의 『미국사법제도론』 등 많은 책들이 나와 있지만, 비교적 최근에 출간된 강한승 판사의 『미국 법원을 말하다』(오래, 2011)를 통해 다시 한 번 미국의 사법시스템을 확인해보기로 한다. 미국에서 사는 경우에도 자세하게 관찰하지 않으면 미국의 사법체계를 제대로 이해하기 어렵다.

미국은 각 주마다 독자적인 헌법과 법률을 가지고 있고, 연방은 연방대로 연방헌법과 연방법률을 가지고 있다. 각 주는 주 헌법에 따라 독자적인 사법제도를 갖고 있는데 주마다 법원의 명칭이나 심급체계가 다르게 되어 있다. 미국 판례를 읽다가 헷갈리는 부분이 이 부분이다. 제1심 법원을 Superior Courts로, 항소심 법원을 Courts of Appeals, 상고심 법원을 Supreme Court로 부르는 주도 있고(캘리포니아 주 등), 제1심 법원을 Supreme Courts로, 항소심 법원을 Appellate Divisions of Supreme Court, 상고심 법원을 Courts of Appeals로 부르는 주도 있다(뉴욕 주 등). 간혹 책이나 판례집에서 New York Supreme Court의 판결을 볼 수 있는데 이를 뉴욕 주 대법원판결로 아는 것은 이런 법원 명칭의 차이를 간과한 것이 된다.

미국의 많은 주들이 3심제를 택하고 있지만 인구가 적은 주(델라웨어, 로드아일랜드, 버몬트 등)들은 중간의 항소심 법원을 생략하고 지방법원에서 바로 상고심으로 가는 2심제를 채택하고 있기도 하다. 주 법원 판사의 선발방식도 선거로 선발하는 주도 있고, 주지사가 임명하는 주도 있고, 정년도 있다.

주 법원과 달리 연방법원은 미국 전역을 지역적 경계로 구분하여 동일한 자격을 가진 연방판사들이 동일한 연방헌법과 연방법률에 따라 재판을 한다. 연방법원은 the U.S. District Courts(연방지방법원) ‒ the U.S. Courts of Appeals(연방항소법원) ‒ the Supreme Courts of U.S. (연방대법원) 체계로 되어 있다. 모든 연방법원판사들은 지방법원 판사부터 대법관까지 대통령이 상원의 동의를 얻어 임명하고, 종신직이다.

우리나라의 행정심판위원회격인 행정부 내의 각종 심판기관을 administrative law courts(행정법원)로 부르고 이곳에서 심판업무를 담당하는 공무원을 administrative law judge(행정판사)로 부른다. 사법부 소속인 우리의 행정법원과 행정법원 판사와는 다르다. 그러나 미국에서는 이들도 행정법원, 행정판사로 부르고 있다. 따라서 미국에서 judge가 널려 있다고 해서 다 주나 연방법원에 소속된 판사는 아니다. 각종 스포츠 경기의 심판도 judge이다. courts도 테니스 코트, 농구 코트 등 온갖 courts가 널려 있다.

미국 워싱턴에서 세탁소를 운영하는 한인 교포 정 모 씨가 바지를 분실했다는 이유로 6,500만 달러(약 602억 원)의 소송을 제기해 2년 동안 법적 시비를 걸었던 미국인 판사 Roy Pearson은 주 법원이나 연방법원판사가 아니라 워싱턴 DC 시(市) 정부 행정법원(OAH: Office of Administrative Hearings) 행정판사(Administrative Law Judge)로 우리로 치면 행정부 공무원이다. 피어슨 판사의 소송제기에 대해 미국 불법행위개혁협회(ATRA) 등 시민단체는 "훌륭한 판단력을 갖추고 있어야 할 판사가 사소한 시비로 소송권을 남용한 큰 문제"라고 주장했고, 피어슨 판사는 결국 10년 임기의 워싱턴 행정법원 판사 재임용에서 탈락했다. 행정법원 판사의 임기는 2년이고 그 후 10년 기간의 재임용을 받도록 되어 있다.

미국 법무부(DOJ)에는 이민이나 국외추방과 관련된 결정을 내리는 Immigrant Courts(이민법원)가 지역별로 50여 개 설치되어 있고, Immigrant Judge(이민판사)도 200여 명이 된다. 이민판사들은 법무부 소속 공무원이지만 사법부 소속 판사들에 준하여 독립성을 보장받고 독립적으로 판단을 내린다. 이민법원의 결정에 불복하는 경우 연방법원에 행정소송을 낼 수 있다.

미국 내 불법체류자들을 상대로 이민법원에서 추방재판이 열리고 있는데 연간 수십만 건의 추방재판이 열리고 있다. 불법체류가 발각된 한인들도 2,000여 명이 추방재판을 받고 있다. 최근에 인터폴의 적색수배를 받고 뉴욕서 12년간 도피생활을 하던 살인 혐의 한국인이 낚시법에 걸려 체포되자, 한국에 송환되지 않기 위하여 이민법원에 추방재판을 신청했으나, 추방결정을 받고 국내에 강제송환되었다. 이 사람은 낚시로 잡은 죽은 물고기를 다시 강이나 바다에 넣으면 안 되는 뉴욕 주 낚시법에 걸려들었다.

미국의 특허청(U.S. Patent and Trademark Office)에 Patent Court (특허법원)로 불리는 the Board of patent Appeals and Interferance라는 심판기관도 있는데 이는 우리의 특허청 소속 특허심판원과 같은 곳이다. 이곳의 심판관을 Patent Justice(특허판사)로 부르는데 우리로 치면 특허법상의 심판관이다. 이들이 내린 심결에 불복이 있으면 특허사건을 전담하는 연방항소법원인 the Court of Appeals for the Federal Circuit에 제소하게 된다. 우리나라에서 특허심판원의 심결에 불복하는 경우 고등법원격인 특허법원에 심결취소소송을 제기하는 것과 비슷하다.

미국에는 ADR을 전담하는 Private Court(사설법원)도 많은데 우리의 상사중재원과 각종 조정위원회 등이 이에 해당할 것이다. 최근에 소송지연과 과도한 징벌적 배상 등을 회피하기 위하여 향후 분쟁이 생길 경우 Private Court에 제소하기로 하는 약정을 체결하는 경우가 늘고 있다고 한다.

우리나라에서 치안판사로 번역되고 있는 Magistrate Judge는 지역의 간이법원인 Magistrate Court나 Justice of Peace Court에서 영장이나 즉결업무를 처리하고 있다. Magistrate Judge는 연방지방법원 판사들이 다수결로 임명되고 그 임기가 8년이다. 이들의 연임을 위해서는 엄격한 재심사를 하도록 되어 있다. 연방법원에는 임기 8년의 full-time Magistrate Judge와 임기 4년의 part-time Magistrate Judge가 있는데, 이들은 연방법원의 재판업무 중 주로 신청, 영장, 디스커버리 등 준비절차, 사건관리부 등을 담당하고 경우에 따라서는 일정한 범위 내의 본안재판도 담당한다. Magistrate Judge를 치안판사로 번역하게 되면 이들이 하는 업무와 잘 매치되지 않는다.

우리나라는 판사는 법원에만 있으나, 미국에 Courts나 Judges가 넘쳐나는 이유는 Judges는 공정한 재판관이고, Courts는 룰에 따라 공정하게 분쟁을 해결하는 장소(코트)라는 인식이 미국인들의 삶에 확고하게 자리 잡았기 때문이다. 우리의 '부러진 화살'과 같이 사법불신이 팽배한 곳이 아니다.

미국 연방헌법 제3조는 미국의 사법부에 대하여 규정하고 있다. 그 제1절은 다음과 같이 규정되어 있다. 제2절에는 연방대법원의 관할과 모든 형사재판은 배심재판이 원칙임을 선언하고 있다.

Article Ⅲ.

Section. 1.

The judicial Power of the United States shall be vested in one supreme Court, and in such inferior Courts as the Congress may from time to time ordain and establish. The Judges, both of the supreme and inferior Courts, shall hold their Offices during good Behaviour, and shall, at stated Times, receive for their Services a Compensation, which shall not be diminished during their Continuance in Office.

(미국의 사법권은 1개의 대법원에, 그리고 연방의회가 수시로 제정, 설치하는 하급 법원들에게 속한다. 연방대법원 및 하급법원의 판사는 중대한 죄과가 없는 한 그 직을 보유하며, 그 직무에 대해서는 정기에 보수를 받으며, 그 보수는 재임 중에 감액되지 아니한다.)

위 연방헌법 규정에 따라 연방법원 판사들은 정년이나 임기가 없고 그 직위를 수행할 수 있는 정신적·육체적 건강이 허락하는 한 본인의 희망에 따라 종신으로 재직할 수 있다. 연방헌법은 대법원의 설치에 관한 규정만 두고 하급법원의 설치는 연방의회가 정하는 바에 따르도록 하였다. 이에 따라 1789년 법원조직법이 제정되고 연방대법원의 하급심인 연방법원이 만들어졌다.

위 법원조직법은 미국의 영토를 지역적으로 13개의 District(관할구역)로 나누어 13개의 District Courts(연방지방법원)를 각 주에 공평하게 배치하고, 다시 미국 전역을 3개의 Circuit(순회구)로 나누어 13개의 지방법원이 각 항소구에 나누어 속하도록 하였다. 1791년 the Circuit Court of Appeals Act(항소법원 설치법)에 따라 각 Circuit마다 1개의 연방항소법원이 설치되었다.

미국법원이 다루는 사건 중 10% 정도는 연방법원에서 다루고 대부분의 사건은 주법원에서 다룬다. 연방법원은 기본적으로 제한된 관할권만을 갖는다. 즉 연방헌법이나 연방법, 조약과 관련된 사건, 파산, 관세, 특허, 해상, 국제무역에 관한 사건이나 연방정부나 주정부, 대사와 기타 외교사절, 영사 외국국가 등이 당사자가 되는 사건, 州間 쟁송으로서 소가가 75,000불을 넘는 사건을 제한적으로 다룬다. 연방법원은 원칙적으로 주법 문제에 관여하지 않고 주 대법원이 최종심이 되나, 주 대법원판결에 대해서도 연방법과 관련된 쟁점(federal question)이 있는 경우 연방대법원에 상고할 수 있다. 연방법원과 주법원이 모두 관할권이 있는 사건은 어느 법원에도 제소할 수 있다. 연방법과 주법이 충돌하는 경우 연방법이 우선한다(Supremacy Clause).

연방지방법원은 제1심법원으로 사실심을 전담한다. 항소심은 사후심이고 법률심이다. 현재 연방지방법원은 미 전역에 94개가 설치되어 있다. 연간 30~40여만 건의 소송이 연방지방법원에 제소된다고 한다. 전국적인 관할을 갖는 두 개의 연방지방법원으로 국제통상과 관세문제를 다루는 The Court of International Trade(국제통상법원)가 뉴욕에 있고, 연방정부와의 계약문제나 연방정부로부터 재산권을 수용당한 경우 또는 국가를 상대로 하는 금전청구소송을 다루는 The U.S. Court of Federal Claims가 워싱턴 D.C.에 있다.

미국의 연방지방법원은 모든 사건이 단독재판이다. 전담재판부도 정해져 있지 않다. 연방판사 1인당 로클럭이 2명이 배치되어 있다. 94개의 연방지방법원은 구역별로 12개의 Circuit(항소구)에 속하고 각 항소구마다 하나씩의 U.S. Courts of Appeals(연방항소법원)가 설치되어 있다. 전국적인 관할권을 갖는 연방항소법원으로 the Court of Appeals for the Federal Circuit이 워싱턴 D.C.에 설치되어 있다.

연방항소법원의 판결에 불복하는 경우 연방대법원에 상고를 할 수 있는데 1년에 상고가 허가되는 사건은 1만 건의 상고허가사건 중 80건에서 100건 사이가 된다. 거의 대부분 사건은 연방항소법원이 사실상 최종심으로 하여 처리되고 있다. 항소법원은 사건별로 3명의 항소판사가 합의부(Panel)를 구성하고 그중 상서열자가 재판장을 맡아 재판을 진행하나 완전한 3인 대등재판부이다. 중요한 사건은 En banc라고 불리는 전원합의체를 구성할 수도 있다.

연방대법원은 대법원장 포함 9인의 대법관으로 구성되는 미국의 최고법원이다. 연방대관들에게는 3명의 로클럭과 비서가 배치된다. 소부라는 개념이 없고 전부 전원합의체에서 재판한다. 연방대법원에서의 변론은 일정한 요건을 갖추어 변론자격을 허가받는 변호사들만이 할 수 있다.

연방법원 판사들은 자신이 임명받은 법원에서 종신으로 근무하고 원칙적으로 인사이동이나 승진이라는 개념이 없다. 평생 동안 같은 집무실(Chamber)을 사용한다. 연방법원의 판사직에 공석이 생긴 경우에만 개별적으로 충원이 이루어진다. 미국의 최고 엘리트들만이 연방법원 판사로 임명된다. 연방판사가 되려면 연방헌법에 따라 대통령의 지명을 받아 상원의 인준청문회를 통과한 후 상원 본회의의 표결을 통과하여야 대통령으로부터 연방판사로 임명된다. 현재 한국계로서는 유일하게 2010년 루시 고(Lucy H. Koh, 고혜란)가 오바마 대통령에 의하여 캘리포니아 북부지구 연방지방법원의 판사로 임명되었다.

[2012. 2. 10]

[주] 미주 한인 역사상 세 번째이자 한인 1.5세로서는 처음으로 존 리(44, 한국명 이지훈)씨가 2012. 7. 13. 미 연방판사가 되었다.

4. 법조, 법률가, 변호사

2010년 신학기부터 법학전문대학원에서 『法曹倫理』라는 생소한 강의를 담당하게 되었다. 제주대 로스쿨에서는 당초 법조윤리 강의를 2학년 2학기에 개설하기로 예정하고 있었는데 올 10월에 변호사시험의 법조윤리시험 시행이 공고되는 바람에 1학기 수업으로 변경하게 되었다. 법학전문대학원 설치·운영에 관한 법률에 의하면 로스쿨에서 법조윤리 강좌를 이수한 학생만이 이 시험에 응시할 자격이 생기고, 이 시험에 합격하여야만 변호사시험 본시험 응시자격이 생긴다.

지난 1월 25일에는 서울대에서 전국 25개 로스쿨의 법조윤리 담당교수들이 모여 하루 종일 법조윤리에 관한 연찬회를 열면서 서로의 정보를 교환하는 기회를 가졌다. 25년 전 사법연수원에서 우리나라 법조윤리 교육의 선구자인 가재환 부장판사(당시 대법원장 비서실장, 후에 사법연수원장을 역임)로부터 법조윤리 강의를 졸면서 들은 적이 있지만 기억나는 것은 별로 없고 부교재로 읽었던 Sydney Sheldon의 「Rage of Angels(천사의 분노)」만이 기억날 정도이다. 지금도 사법연수원에서는 사법연수생들을 대상으로 '법조윤리론'과 '법조책임론', '한국법조론' 과목이 개설되어 있다.

그렇다면 법조윤리의 '法曹'가 무엇이고 '倫理'가 무엇인가? 머리가 큰 대학원생들에게 과연 '도덕'이나 '윤리'의 문제를 가르치고 시험을 본다는 것이 가당키나 한 것일까? 단순히 이 과목을 글자 그대로 '법조윤리'라고 하면 오해의 소지가 있다. 법조윤리는 단순히 예비법조인들에게 공자, 맹자와 같은 도덕적 훈화 비슷한 윤리(Ethics)를 가르치는 과목이 아니다. 이런 것은 정규강좌를 통해 가르쳐질 수 있는 성질의 것이 아니다.

누가 누구에게 윤리를 가르치고 윤리의 척도를 평가한다는 말인가? 나는 그런 도덕이나 윤리를 가르칠 자격이 없다. 인격이라는 말 'Person'에는 '가면(假面)'이라는 뜻이 들어 있다. 인격자라고 하는 사람은 쉽게 말하면 '가면을 쓴 사람'이라는 이야기이다. 아무리 고매한 인격자처럼 보이는 사람도 알고 보면 뒤로 호박씨를 까는 사람들이다. 가면을 벗겨내면 사람은 누구나 별 차이가 없다. 그것은 개개인이 타고난 품성이고 성격(Character)일 것이다.

법조윤리는 어디까지나 법조직역에 종사하는 과정에서 부딪치는 이익충돌이나 비밀유지의무 등 다양한 윤리적 한계상황에서 법조인으로서의 직업적 책임(Professional Responsibility)과 의무를 가르치는 과목이다. 따라서 '법조윤리'라는 이름보다 '법조책임론'이 더 정확한 이름이 될 것이다. 아니 더 정확하게는 '법률가의 책임' 더 나아가 '변호사의 책임', '변호사의 직업적 책임'이 될 것이다.

앞으로 본격적인 법조윤리 강의로 들어가기 전에 먼저 '법조(法曹)'에 관해 이야기를 해보기로 하자. 법조윤리 내지 법조책임의 주체인 법조인이란 과연 어떠한 존재늘인가? 우리나라에서는 법조(인), 법률가, 변호사라는 말을 혼용하는 예가 많은데 엄격히 말하면 이들은 구별되는 개념이다.

우리 사회에서는 일반적으로 법을 다루는 직업인으로 판사, 검사, 변호사를 들고 이들을 법조인으로 부르고 있다. 이 3자를 '법조 3輪'으로 부르기도 한다. 이 중에 판사와 검사를 在朝(법조인), 변호사를

在野(법조인)로 부르기도 한다. 재조, 재야라는 말은 조선시대에 조정에 나가 벼슬을 하는 사람과 그렇지 못한 사람을 구별하면서 쓰인 말로 이 말 자체에 이들만의 폐쇄적이고 우월적이며 배타적인 연대감을 상징하는 의미가 들어 있다. 공공성을 지닌 법률전문직으로서 국민에 대한 봉사자의 지위를 강조하는 현대적 개념으로는 어울리지 않는 말이다.

2010년 2월 현재 각급 법원판사 정원법에 의한 각급 법원판사는 2,844명이고, 검사정원법에 의한 검사의 정원은 1,942명이다. 2009년 12월 현재 대한변호사협회에 등록된 전국의 개업변호사는 9,630명, 준회원 1,384명 계 11,014명이다. 대한변호사협회 회칙 제10조에 의하면 개업신고를 하지 않았거나 휴업신고를 한 변호사는 준회원이 된다. 전체 회원 중 7,949명이 서울지방변호사회 소속이다(제주지방변호사회는 개인회원 36명＋준회원 5명＝41명). 변호사의 나라인 미국은 100만 명 이상의 변호사 자격증 소지자가 있고, 이 중 75만 명이 실제로 변호사 활동을 하고 있다고 한다. 미국에서 한인 변호사가 매년 1,000명 이상이 배출되고 있다.

우리나라는 대한제국 시절인 1906년 3명의 변호사를 처음 배출한 이후 102년 만인 2008년 4월에 변호사 수가 1만 명을 돌파하였다. 전국에 456개의 법무법인, 4개의 법무법인(유한)(태평양, 로고스, 서린, 정평), 63개의 공증인가 합동법률사무소, 106개의 공동법률사무소가 있다. 올 사법연수원생이 수료하게 되면 개업변호사는 또 많이 늘어날 것이다.

국내 법률시장의 매출 규모는 연간 1조 3,000억 원 안팎으로 미국 대형 로펌 1곳의 매출액보다 적다. 그러나 그나마 국내 전체 변호사의 10%가 속해 있는 상위 6대 로펌[김＆장(변호사 347명), 광장(212

명), 태평양(201명), 화우(182명), 세종(175명), 율촌(124명)]이 매출의 절반가량을 차지한다고 한다. 변호사 시장도 양극화되고 있다. 앞으로 변호사들도 능력에 따라 철저히 지위와 수입이 구분되는 무한경쟁의 상황이 벌어질 것이고 이에 따른 변호사의 윤리와 책임의 문제가 다양하게 전개될 것이다.

우리나라에서 법률가라고 하면 위와 같은 판사, 검사, 변호사 등 법조실무에 종사하는 법조인 이외에 대학에서 법학을 가르치는 법학교수도 포함하는 의미로 쓰이고 있다. 우리나라의 법률가단체로 한국법학원 육성법에 의하여 설치된 한국법학원(현 회장 김용담 변호사)이 있고, 변호사 단체로 대한변호사협회(현 회장 신영무 변호사, 산하에 지방변호사회가 있다)가 있다. 한국법학원에서 『저스티스(Justice)』라는 학술지를 분기별로 발간하고 있고, 대한변호사협회에서 『인권과 정의』라는 월간지를 발간하고 있다. 법학교수들의 모임으로 사단법인 한국법학교수회(현 회장 성낙인 서울대 교수)가 있다. 법학교수회는 전국 93개 대학의 1,600여 명 법학교수들로 구성되어 있다.

법률가 내지 법률전문가라고 하면 위와 같은 판사, 검사, 변호사, 법학교수를 포함하는 개념이나 우리나라에는 외국에는 없는 법무사, 변리사, 세무사, 관세사, 공인중개사, 공인노무사 등 유사 법조직역에 종사하는 자들이 훨씬 많다. 앞으로 법학전문대학원 체제가 확립되면 이러한 유사직역 종사자를 변호사로 통합하고 유사 법률자격사는 정비되어야 할 것이다.

법조협회(Korean Lawyers Association)라는 곳에서 월간지로 『法曹』라는 잡지를 발간하고 있다. 그런데 이 잡지는 법무무 법무심의관실에서 발간하고 있고, 변호사뿐만 아니라 법무사도 회원으로 되어 있다. 전에는 변호사회에서 회원들로부터 회비를 강제 징수하여 법조회원이 되었으나, 이제는 임의가입으로 바뀌어 회원가입을 원하는 변호사 개인이 회비를 내고 가입하도록 하고 있다.

변호사법에 의하면 사법시험에 합격하여 사법연수원의 과정을 마친 자와 판사나 검사의 자격이 있는 자는 변호사의 자격이 있고(동법 제4조) 변호사로서 개업을 하려면 가입하려는 지방변호사회를 거쳐 대한변호사협회에 등록하여야 한다(동법 제7조). 군법무관임용 등에 관한 법률에 의하면 군법무관은 군법무관으로 임용된 때부터 변호사법 제4조의 규정에 의한 변호사의 자격이 있고, 다만, 군법무관으로 임용된 자가 군법무관시보로 임용된 날부터 10년을 복무하지 아니하고 전역한 때에는 그때부터 그 자격을 상실하도록 되어 있다(동법 제7조).

변호사시험법에 의하면 변호사에게 필요한 직업윤리와 법률지식 등 법률사무를 수행할 수 있는 능력을 검정하기 위한 변호사시험에 관하여 규정하고 있으나(법학전문대학원의 석사학위를 취득한 자만이 이 시험에 응시할 수 있다), 변호사시험에 합격한 자가 변호사 자격을 취득하고 변호사 개업을 하기 위해서 어떠한 절차를 거쳐야 하는지에 관해서는 아무런 규정이 없다. 변호사 단체에서는 변호사시험에 합격하고 소정의 연수과정을 거쳐야 등록과 개업신고를 받아줄 수 있다는 입장을 취하고 있는데 앞으로 이에 관한 변호사법개정이 이루어질 것이다.

법조윤리라고는 하지만 기본은 변호사의 윤리이고 변호사의 책임론이다. 법조윤리 시간에 판사의 윤리와 검사의 윤리도 강의는 이루어지겠지만 주된 포인트는 변호사의 윤리이고, 변호사의 책임이다. 앞으로 로스쿨제도가 정착되고 법조 일원화가 이루어지면 경력변호사 중에서 판사나 검사가 임용되는 시스템으로 바뀔 것이다.

여기서 외국에서는 변호사 내지 법률가를 어떻게 부르는지 알아보자. 일본에서는 우리와 같이 '辯護士'이고(일본의 변호사 단체를 日本辯護士聯合會 약칭하여 '日辯聯'이다) 중국에서는 '律師'라고 부른다(中國律師協會가 있다). 중국여행 중 그쪽 사람들이 나에게 "律師 工作하느냐"고 물었던 것은 우리말로 "변호사 업무에 종사하느냐"고 물은 것이었다. 중국의 공항이나 도심에는 律師事務所 광고판을 많이 볼 수 있다. 종전에 중국의 변호사는 司法省 산하의 공무원이었으나, 2002년 국가사법시험법을 시행하여 사법시험을 통과한 사람만 판사와 검사, 변호사 자격을 취득할 수 있도록 하였다. 중국의 변호사 자격증은 시험 합격 후 법률사무소에서 1년간 실습하면 취득할 수 있다. 최근 중국에서도 변호사에 대한 인식과 대우가 높아지면서 사법시험은 '국가 제일 고시'로 떠오르고 있고, 2008년에는 38만 명이 시험에 응시하기도 했다. 북한에도 명목상의 변호사가 있으나 우리와 같은 전문직 자유업에 종사하는 변호사가 아니다.

미국에서 변호사로 쓰이고 있는 lawyer나 attorney, bar는 어떠한 차이가 있는 말인가? 변호사 명함에 attorney at law라고 쓰인 것을 많이 볼 수 있다. 원래 attorney는 '대리인'을 뜻했고, '위임장'은 'a letter of attorney', '대리권'은 'power of attorney'라고 부른다. lawyer는 이러한 attorney at law 이외에도 법학자 등을 포함하여 법률에 대하여 식견이 있는 넓은 의미의 법률가를 뜻하는 말로 새길 수 있다.

Bar라고 하는 것은 법정의 구조에서 착안한 것으로 ABA는 American Bar Association(미국변호사협회)의 약어이다. 대한변호사협회를 KBA(Korean Bar Association)로, 서울지방변호사회로 SBA(Seoul Bar Association)로 칭하는 것도 변호사를 bar로 칭한 미국의 예를 따른 것이다. 전에 어떤 한국인 영어 가이드가 IBA(International Bar Association) 총회가 열리는 중미의 어떤 공항에서 '술집' 총회가 열리고 있다고 통역을 하여 웃음거리가 된 일이 있다. IBA는 2010년 2월 현재 178개국 3만 5,000명의 회원이 가입되어 있다. 술집 스탠드바에도 역시 Bar가 있다. 미국의 각주에서 시행하는 변호사 자격시험을 Bar Exam이라고 한다. 그 가이드에 의하면 '술집시험'이다.

일반적으로 attorney라는 말은 프랑스어에서 온 말로 '남을 대신해 일을 처리하는 사람' 즉 '대리인'이라는 뜻으로 쓰이고, lawyer는 중세 영어에서 발전한 말로 '법조 훈련을 받고 조언과 도움을 주는 사람'을 뜻한다. 그렇다면 한국의 변호사는 attorney도 되고 lawyer도 될 것이다. 그냥 헷갈리면 lawyer로만 써도 될 듯하다.

영국의 변호사에는 barrister와 solicitor가 있다. 전자는 법정 변호사로 주로 상급 재판에 관여하거나 법률적 대항을 하며 고객을 직접 상대하는 일이 적다. 그러나 후자는 법률적 사무를 돕거나 하급심 재판을 주로 준비하는 사무 변호사로 고객을 직접 상대한다. solicitor는 우리나라 법무사 비슷한 존재이고, barrister가 우리의 변호사와 비슷하다. 채이식 교수가 영국에서 barrister 자격을 취득한 것으로 알고 있다. 어느 영국인 변호사(solicitor)가 미국에서 어떤 사무실 빌딩으로 들어가려다가 door 유리창에 'solicitors not allowed'라고 쓰여 있는 것을 보고 모욕감과 충격을 받았다는 이야기가 있다. 그 영국인 solicitor는 그것을 '변호사 출입금지'라고 이해했으나, 사실 미국 영어에서는 위 말이 '잡상인 출입금지'의 뜻이다.

전에 모 지방법원 원장(후에 대법관까지 되었음)이 법원의 판사실로 올라가는 계단 입구에 "변호사 및 잡상인 출입금지"라는 팻말을 걸어두고 변호사의 판사실 출입을 엄금했다가 변호사들로부터 변호사를 잡상인과 같이 취급한다는 맹비난을 받았던 예가 있다. 하기는 시도 때도 없이 판사실 문을 열고 들어오는 변호사들을 좋아할 판사는 없다.

판사시보 시절에 합의부 재판부가 전부 법정에 재판하러 나가고 시보 혼자 사무실을 지키고 있는데 어떤 변호사가 판사실로 들어오더니 "아무도 없네!" 하면서 나가자, 그 시보는 변호사에게 "시보는 사람이 아니냐? 왜 아무도 없냐고 하느냐?"고 따졌던 일화 아닌 일화가 있다. 현재는 법관이 변호사, 검사 및 일반인과 법정 이외의 장소에서 면담하거나 접촉하는 것을 규제함으로써 재판절차의 투명성과 공정성을 보장함을 목적으로 '법관의 면담 등에 관한 지침'(대법원 행정예규 제681호 2006. 10. 19. 개정)이 마련되어 시행되고 있다.

[2010. 2. 24]

[주] 2011. 5. 17. 개정된 변호사법 제31조의2는 변호사시험에 합격한 변호사는 법률사무종사기관에서 통산하여 6개월 이상 법률사무에 종사하거나 연수를 마치지 아니하면 사건을 단독 또는 공동으로 수임할 수 없도록 하고 있다.

5. '법의 날' 연혁

4월 25일은 '법의 날'이다. 2003년 전에는 5월 1일이 '법의 날'이었으나, 이날이 노동절 또는 근로자의 날과 겹쳐 대한제국 최초의 근대적 법률인 '재판소구성법'이 공포, 시행된 4월 25일을 법의 날로 바꾸어 기념하고 있다. 그러나 4월 25일을 법의 날로 아는 사람이 그리 많지 않은 듯하다. 법을 공부하는 로스쿨 학생들 중에도 법의 날이 언제인지 정확하게 아는 학생은 많지 않았다.

재판소구성법은 開國 504년 3월 25일 법률 제1호로 공포되었고, 4월 1일부터 시행되었다(재판소구성법은 법원행정처 간행 「재판자료 제41집 主要 舊法令集[上]」에 실려 있다). 개국 504년은 서기 1895년이고(이성계가 조선을 개국한 1392년이 개국 1년이다), 음력 4월 1일은 양력으로 4월 25일이다. 建陽 1년(1896년)에 태양력이 시행되었고, 그전에는 태음력을 사용하였다.

재판소구성법에 따라 1895년 4월 15일 최초의 근대적 재판기관인 한성재판소가 한성부 중부 등천방 혜정교변에 설치되었다. 물론 1910년 8월 29일 을사늑약에 의하여 일제의 총독정치가 시작됨에 따라 1912년 3월 18일 사법제도도 고등법원, 복심법원, 지방법원의 3급3심제로 바뀌었고, 일본 총독정치는 사법부를 일제의 지배수단으로 이용하였다.

1945년 8월 15일 해방 후 3년간의 미군정 기간을 지내고 1948년 8월 15일 대한민국 정부수립 후 법률 제1호 정부조직법을 시발로 법령제정 작업에 박차를 기하기 시작하였다. 지난 2010년 4월 10일 공포된 공유수면 관리 및 매립에 관한 법률은 법률 제10272호로 되어 있다. 우리나라에는 2010년 3월 31일 현재 헌법 1개, 법률 1,243개, 대통령령 1,690개, 총리령 72개, 부령 1,399개 합계 4,405개의 법령이 시행 중에 있다.

원래 법의 날은 미국에서 공산권의 메이데이(노동절)에 대항하여 아이젠하워 대통령이 1958년 ABA(미국변호사협회)의 제안을 받아들여 5월 1일을 법의 날로 지정하면서 시작되었다. 우리나라는 1963년 4월 17일 근로자의 날 제정에 관한 법률에 따라 3월 10일을 근로자의 날로 정하고, 미국의 영향으로 1964년 5월 1일을 법의 날로 지정하였다(1964년 4월 30일 대통령령 제1796호 '법의 날에 관한 건'이 제정되었고, 그 후 1970년 4월 15일 '법의 날에 관한 규정'이 제정되었다). 따라서 2010년 올해의 법의 날은 47주년 '법의 날'이 된다.

그 후 1994년 3월 9일 근로자의 날 제정에 관한 법률이 개정되어 5월 1일을 근로자의 날로 공포하였다. 결국 5월 1일 법의 날은 근로자의 날 내지는 노동절 행사로 인하여 빛을 잃게 되었고, 급기야 4월 25일을 법의 날로 지정하여 국민의 준법정신을 높이고 법의 존엄성을 되새기는 날로 이날을 기념하게 되었다.

[2010. 4. 23]

6. 대법원과 대법관

오늘 아침 신문을 보니 대다수의 일선 법원 판사들은 대법관 증원보다는 상고허가제나 상고심사부 등을 통해 상고사건을 적절하게 제한하는 방안에 찬성하고 있는 것으로 나와 있다. 그러나 나는 이에 대하여 異見이 있다.

대법원이 지난달 25일 내놓은 자체 사법제도 개선안에 대한 일선 판사들의 의견을 수렴하기 위해 이달 2~9일 전국 법원의 판사 2,524명 전원(2010년 4월 현재 각급 법원판사 정원법에 의한 각급 법원판사는 2,844명이다)을 대상으로 e메일 설문조사를 실시한 결과 전체 판사의 약 36%인 986명의 응답자 가운데 359명(36.4%)이 고등법원 상고부 설치나 상고심사제 등 대법원이 아닌 법원에서 일정 부분 상고사건을 처리하거나 심사하는 제도에 찬성한다고 답변했고, 352명 (35.7%)은 상고허가제를 도입해 상고사건에 적절한 제한을 두는 것이 바람직하다고 답변했다. 대법관 증원에 찬성하는 의견은 88명(8.9%)에 그쳤다.

판사들의 의견은 현재 대법원장 포함 14명인 대법관을 24명으로 늘리자는 한나라당의 방안이나 50명 이상으로 증원하자는 대한변호사협회의 방안과는 다른 결과로 대법관 증원보다는 상고사건 수를 제한해 대법원의 재판 부담을 더는 쪽이 현실적이라고 나름대로 판단하고 있는 것으로 보인다.

사법연감 통계에 의하면 대법원 상고사건이 2004년 2만 건을 넘어선 지 불과 5년 만인 2009년 한 해 접수된 상고사건은 모두 3만 2,361건으로 2008년(2만 8,040건)보다 15.4%나 늘어났다. 대법원장과 법원행정처장을 제외하고 대법관 4인으로 구성된 3개의 소부(小部)를 구성하는 12명의 대법관이 1인당 평균 2,700건에 가까운 사건을 처리하고 있다는 이야기이다. 그렇다면 대법관 모두가 1년 365일을 하루도 쉬지 않고 일한다 해도 하루에 7건 이상을 처리해야 한다는 것인데 이것은 물리적으로 불가능하다.

물론 이 중에는 민사사건 중 태반이 심리불속행으로 간단히 처리되고, 형사상고사건도 상고 이유가 없는 것들이 대부분이라 단순 수치비교만으로 평가할 것은 아니다. 특히 지난해 형사사건 상고 건수는 1만 8,235건으로 전년 대비 24%나 폭증했는데 같은 기간 민사사건이 7% 늘어난 것과 비교하면 3배 이상 많다.

이처럼 형사사건 상고가 급증한 것은 지난해 6월 헌법재판소가 미결구금일수 가운데 일부를 형기에 산입하지 않을 수 있도록 한 형법조항에 대해 위헌결정을 하면서 피고인들이 너 나 없이 '밑져야 본전' 식으로 상고를 남발하고 있는 것이 결정적 이유이다. 헌재 결정에 따라 상고심 재판을 기다리며 미결수로 구금된 기간도 모두 형기에 포함되면 재판이 길어져도 피고인들은 하등의 손해를 볼 것이 없다. 미결수 신분으로 상고심 사건을 기다리면 면회도 상대적으로 자유롭고, 교도소로 이감되어 노역에 시달릴 일도 없다. 상고기각이 뻔한데도 피고인 어느 누가 상고를 마다하지 않겠는가?

법원의 약식명령에 대한 정식재판을 청구하는 사례가 늘고 있는 것도 상고사건 증가를 부채질하고 있다. 전에는 피고인이 벌금형 약식명령을 송달받고 정식재판을 청구했다가도 판사가 법정구속을 할 듯이 눈을 흘기며 조금만 겁을 주면 바로 정식재판청구를 취하하는 살풍경이 연출되었으나, 이제는 그럴 필요가 없다.

약식명령에도 불이익변경금지의 원칙이 적용되게 되어 법원은 약식명령의 벌금보다 많은 액수의 벌금형을 선고하거나 징역형을 선고할 수는 없기 때문에 피고인으로서는 정식재판청구부터 하고 보는 것이다. 정식재판청구로 마음씨 좋은 판사를 만나면 벌금형을 깎을 수도 있고, 벌금형 확정 시까지 벌금을 내지 않아도 되니 어느 누가 정식재판을 마다하겠는가. 사건이 대법원으로 몰릴 수밖에 없는 이유이다.

[참고] 여기서 잠시 우리나라 법원에서 1년에 처리하는 사건의 수와 내용을 알아보자[2009년 사법연감 참조].

- -

2008년도에 전국법원에서 접수한 사건은 총 18,402,098건으로 이 중 소송사건은 6,345,561건이고, 비송사건은 12,056,537건으로 그 비율은 35 대 65이다(등기사건이 전체 비송사건의 95.8%를 차지하고 있다). 또 소송사건을 본안사건(민사, 가사, 행정, 특허, 선거 및 형사공판과 치료감호사건)과 본안 외 사건(민사조정·독촉·집행·신청·비송·기타사건, 가사비송·조정 신청 기타 사건, 행정신청, 특허신청, 기타사건, 형사약식, 즉결, 영장, 신청, 기타사건, 소년보호, 가정보호사건, 인신보호사건, 감치 과태료사건)으로 구분하면 본안사건은 1,753,088건으로 전체 소송사건의 27.6%를, 본안 외 사건은 4,592,473건으로 전체 소송사건의 72.4%를 각 차지하고 있다.
소송사건은 민사사건이 소송사건의 64.3%(4,080,033건으로 전체 사건의 22.2%), 형사사건이 소송사건의 32.1%를 각 차지하고 있다.
2008년도에 접수한 민사본안 사건은 모두 1,314,833건으로 그중 제1심이 1,259,031건 95.8%, 항소심이 45,827건 3.5%, 상고심이 9,975건 0.8%의 비율로 각 구성되어 있다.
제1심 민사본안사건을 합의·단독·소액사건으로 구분할 때 합의사건은 3.9%, 단독사건은 21.1%, 소액사건은 75.0%를 차지함을 알 수 있다. 민사본안사건을 종류별로 보면 제1심사건(소액사건 제외)의 경우 양수금(20.0%),

대여금(11.2%), 건물명도·철거(9.7%), 구상금(9.1%), 손해배상(7.2%), 부동
산소유권(6.0%), 매매대금(4.8%) 순이다.
민사본안사건의 처리결과를 심급별로 보면 그 처리된 내용 중 판결로 종결된
사건은 제1심이 66.2%, 항소심이 51.2%, 상고심이 96.9%로서 상고심이
가장 높은 비율을 나타내고 있다. 소취하 또는 항소취하(각 취하 간주 포함)
로 종결된 사건은 제1심이 7.9%, 항소심이 17.7%, 상고심은 2.7%이다. 처
리된 사건 중 제1심의 경우에는 원고승소판결(일부 승소 포함)이 63.6%, 원
고패소판결이 2.4%이고, 항소심의 경우에는 항소기각판결이 32.7%, 원심취
소판결이 18.4%이며, 전체 판결건수에 대한 취소판결의 비율은 36.0%이다.
상고심에서는 상고기각판결이 90.3%, 원심파기판결이 6.8%이다.
판결에 대한 상소율을 보면 제1심에서의 항소율은 합의사건이 41.3%, 단독
사건이 9.4%, 소액사건이 1.6%이고, 항소심에서의 상고율은 고등법원 판결
사건인 경우에는 42.3%이고, 지방법원 판결사건 중 1심 단독사건인 경우에
는 39.7%이며, 제1심 소액사건인 경우에는 26.3%가 된다. 원판결에 대하여
불복을 한 경우 상소심의 처리결과를 보면 항소심에서 이유가 없어 기각한
경우가 32.7%이고, 원판결을 취소하고 새로운 처리(자판, 환송, 이송)를 한
경우가 18.4%이며, 상고심에서는 이유가 없어 기각한 경우가 90.3%이고,
원판결을 파기하여 새로운 처리를 한 경우가 6.8%이다.

- -

　위 통계를 보면 訴價 2,000만 원 이하의 1심 소액사건이 전체 사
건의 75%라는 데 놀라게 된다. 법무사 단체는 소액사건의 소송대리
를 하게 해달라고 입법청원을 하고 있고, 소액사건의 법무사 대리를
허용하는 법률안이 국회에서 심의 중이다. 그렇지 않아도 앞으로 로
스쿨 졸업생이 쏟아져 나오고 변호사는 엄청 늘어날 텐데 법무사들
에게 소액사건 소송대리를 허용하게 되면 변호사들로서는 치명적이
다. 그리고 법무사 등의 유사 법조직역을 줄여나가야 하는 것이 로
스쿨을 만든 입법자의 결단일 것이다. 서울지방변호사회에서는 소액
사건을 건당 50만 원에 수임하여 처리해주는 민사소액사건소송지원

변호사단을 구성하고 법무사의 소송대리를 막기 위해 분투 중이다.

이야기가 빗나갔지만 처음으로 돌아가 대법원의 사건부담을 줄일 방도에 대해 생각해보자. 대법원이나 판사들은 고법 상고부나 상고 허가제를 통해 상고사건을 줄여보기를 원하고 있고, 대법관 충원을 원치 않고 있다.

현재 대법원과 헌법재판소가 양립되어 있는 우리나라의 상황에서 헌법재판기관이 없는 미국이나 일본식 최고법원과 같은 정책법원화를 시도하는 것은 체계상 옳지 않다고 생각한다. 정책법원 역할을 하는 것은 헌재이고 대법원은 권리구제기관으로 명확히 역할 분담을 해야 한다. 헌법상 모든 국민은 재판을 받을 권리가 있고, 대법원의 재판을 받을 권리가 形骸化된다면 그것은 국민의 재판청구권을 침해하는 위헌의 문제가 생긴다.

묘하게도 우리 국민은 재판이라면 '삼세번'은 해야 식성이 풀린다. 딱 부러진 상고 이유가 없으면서도 기를 쓰고라도 대법원까지 가보려고 한다. 일단 소송이든 싸움이든 붙기 시작하면 끝까지 가보아야 한다. 씨름도 삼세판이고, 윷놀이도 삼세판이다. 내기를 하거나 가위바위보를 하더라도 삼세판이다. 한국인의 정서상 삼(三)이라는 숫자는 대단히 중요하다. '정서'라고 하는 것이 정체가 없는 것이라고 하지만 국민들의 이런 정서를 무시할 수는 없다.

'삼세판 문화'인 우리와는 달리 일본에는 '한판 문화'가 생활 곳곳에 자리 잡고 있다. 우리 씨름과 비슷한 스모(相撲)가 한판의 대표격이다. 스모 대결에 나선 선수들은 한판에 모든 것을 건다. 한판으로 끝나기 때문이다. 그러나 우리의 씨름은 다르다. 첫판에 졌더라도 두 판, 세 판에서 만회할 역전의 찬스가 있다. 그리고 인생은 역전될 수 있다.

이런 점에서 이강국 헌법재판소 소장이 최근 서울대 강연 중 "우리 국민들은 '삼세판'을 좋아해 비용과 시간이 걸려도 대법원까지 가서 결판을 내려는 정서가 강해 정말 국민을 행복하게 하는 절차방식이 뭔지 머리 맞대고 끝내야 한다"고 지적한 것은 정곡(正鵠)을 찌른 것이다.

이런 국민의 정서를 무시하고 대법원으로 가는 길에 상고허가제나 상고심사제라는 바리케이드를 치고 대법원으로 가는 길을 막겠다고 하는 대법원이나 판사들의 주장으로 국민들을 설득할 수 없다. 그들은 사법권력이 어디서 나오는 것인지를 알아야 한다. 그들이 공부를 잘하고, 사법시험에 합격했다는 이유만으로 사법권력을 행사한다고 한다면 그것은 난센스이다. 독일의 경우 판결문 제일 앞에 "Im Namen des Volkes"(국민의 이름으로)가 적혀 있다. 판결을 선고하는 주체는 판사이지만 그 판결을 하는 힘의 원천은 국민에게 있다는 이야기이다.

미국에서는 법관도 선거로 선출하는 주가 많다. 그만큼 사법권력 행사에 민주적 정당성이 있다. 그러나 우리나라는 대통령이 국회의 동의를 얻어 대법원장을 임명하고 그 대법원장이 사법권 독립이라는 이름으로 고등법원 이하의 하급심 판사들을 임명하는 체계이고 그만큼 민주적 정당성의 면에서 취약하다.

대법원이 의욕적으로 도입하여 시행하고 있는 국민참여재판이라는 것은 무엇인가. 재판과정에 전문법관이 아닌 시민들을 배심원으로 참여시켜 사법절차에 국민의 의견을 반영시키고 법원이 국민들 가까이 다가가려는 모습을 보여주려는 것이 아닌가. 그렇다면 대법원이 국민들의 '삼세판' 정서를 무시하며 대법원으로 가는 길만 막겠다고 하는 것은 문제의 본질을 회피하는 것이다. 우리는 이미 상고허가제를 시행했다가 위헌의 문제 등으로 폐지한 경험이 있고, 고등 상고부도 이미 실험한 전례가 있다.

국민들이 대법원으로 상고하는 것을 막을 수 없다고 한다면 문제는 간단하다. 상고사건을 재판하는 법관을 늘리면 되는 일이다. 그런데 대법원은 대법관을 늘리면 권위가 떨어지느니 전원합의체 운영에 애를 먹느니 뭐니 하면서 대법관 수 확충에는 기를 쓰고 반대하고 있다. 늘어나는 대법관 월급을 그들이 내는 것도 아닌데 왜 그러는지 모르겠다. 참으로 답답하다.

물론 대법관 숫자가 많아지면 희소성이 떨어지고 다소 위신이 깎일 수는 있을 것이다. 그러나 그러한 이유가 국민들의 대법원에 대한 접근이용권을 차단할 이유로는 되지 못한다. 외국 최고법원의 대법관 수를 보면 미국 9명, 일본 15명, 영국 12명, 프랑스 115명, 독일 123명이다.

대법관을 늘릴 수 없다면 대법관 수는 그대로 두고 대법원에 소속된 대법원판사를 두면 된다. 현재 12명의 대법관이 3개의 소부를 구성하여 운영하고 있는데 대법원에 소속된 대법원판사를 둘 수 있다면 대법관 12명을 재판장으로 하는 12개의 소부를 만들 수 있고, 경우에 따라서는 하급심처럼 전문부를 만들 수도 있다. 왜 대법원에는 전문부가 없어야 하는가? 대법관이라고 다 만물박사인가? 그건 아닐 것이다. 고등 부장급 우수한 인력을 법원에서 밀어내지 말고 대법원판사로 임명하여 그들의 정련된 법률지식을 국민들을 위해 쓸 수 있어야 하지 않을까.

사실 현재의 대법원 소부 운영은 주심 대법관 위주로 운영되고 있고, 합의라는 것이 명목이라는 것은 공지의 사실이다. 처리할 사건이 많다 보니 결국 재판연구관에게 기록의 검토와 판결초고의 작성을 의존하지 않을 수 없다. 100여 명의 연구관들이 대법원 재판을 맡는

‘연구관재판’이라는 소리를 듣지 않으려면 대법관 수를 늘리거나 대법원에 소속된 대법원판사를 두는 방안 이외에 다른 방안은 실효성이 없다.

전에 대법관을 지내고 퇴직한 검사장 출신의 모 대법관에게 어느 지인이 "대법관 일을 하시느라고 힘이 들지 않으셨냐?"고 물어보자, 그 전 대법관의 말씀이 걸작이었다. "별로 힘들지 않던데, 검사 하는 것보다 더 쉬웠어!"

[2010. 4. 16]

[주] 2010년도에 전국법원에서 접수한 사건은 총 17,405,933건으로 이 중 소송사건은 6,216,196건이고, 비송사건은 11,189,737건으로 그 비율은 36대 64가 된다. 본안사건은 1,482,074건으로 전체 소송사건의 23.8%를, 본안외 사건은 4,734,122건으로 전체 소송사건의 76.2%를 각 차지하고 있다. 민사사건이 소송사건의 68.2%, 형사사건이 소송사건의 28.2%를 각 차지하고 있다.

7. 법정의 애환

변호사 현업에서 학교로 일터를 옮긴 지 3년 반을 넘어 내년 3월이면 4년이 된다. 참으로 세월이 무상하다. 학교라는 동네도 변호사 일을 할 때만큼이나 참으로 시간이 잘 흘러가는 곳이다. 학기와 방학이 맞물려 돌아가면서 뭐 하나 제대로 하는 것은 없고 시간만 죽이는 것은 아닌지 모르겠다. 다들 이런 식으로 살다가 정년퇴직하는 것은 아닐 것인데….

집에 들어오면 가끔 20여 년 동안 대부분의 일과를 보내던 법정의 모습이 그리워지기도 한다. 법정은 온갖 인간군상들의 애환이 서려 있는 곳이다. 그곳은 욕망의 화신들이 치열하게 자신의 욕심을 채워 가는 곳이기도 하고, 한평생 법이 무엇인지도 모르고 살다가 애꿎게 끌려 들어와 장탄식을 하는 곳이기도 하다. 법정은 정의만이 존재하는 곳이 아니다. 정의와 부정의, 선과 악이 각축을 벌이는 곳이다. 가끔은 부정의와 악이 정의와 선을 누르고 환호하기도 하는 곳이다.

법정에서 다루어지는 사건들은 대부분 돈과 술과 여자가 관련되어 있다. 이 셋 중에 하나라도 빠진 사건은 거의 없다. 대부분의 민사사건은 돈 사건이고(대여금, 손해배상금, 물품대금, 공사대금, 구상금, 약정금, 어음금, 부당이득금, 전부금, 추심금 등 '금(金)' 자가 들어가 있는 사건은 물론, 소유권이전등기 등 다른 사건들도 대부분 돈과 관련이 있다), 행정사건들도 내막은 돈과 관련되어 있다. 이혼 등 가사사건은 대부분 여자가 관련되어 있는 사건들이고(물론 남자 쪽에서 보면 그렇다는 뜻이다), 이혼사건은 자존심 싸움이면서 위자료나 재산분할 등 결국은 돈 사건이다. 형사사건의 대부분은 돈과 여자, 술이 믹스되어 발생한 것이고, 술 때문에 패가망신하는 경우도 많다.

우리나라 사람들은 술을 마시면 욱하는 성질이 폭발하면서 치고받고 잘들 싸운다. 교수들도 술만 마시면 뒤끝이 좋지 않은 사람들이 있다. 살인사건이든 상해사건이든 교통사고든 많은 형사사건들은 술로 인해 벌어진 사건들이 많다. 술의 힘을 빌려 반무의식적 상태에서 범행을 하는 '원인에 있어서 자유로운 행위(actio libera in causa)'도 많다. 전에 대검 공안부장이 낮술로 폭탄주를 마신 상태에서 기자들에게 조폐공사파업은 검찰이 유도한 것이었다는 이야기를 떠벌였다가 급기야 특검까지 가고 직권남용으로 구속되기도 했다.

술이 인간에게 주는 효용성만큼이나 인간사에 끼치는 해독도 만만치 않다. 내가 아는 어떤 사람은 미국 유수의 대학에서 학위를 마치고 국내 모 대학의 교수가 되었는데 어느 날 밤 음주운전으로 사람을 치고 뺑소니 혐의를 뒤집어쓴 후 결국 교직에서 면직되어 일순간의 실수로 인생행로가 뒤바뀐 적이 있다.

법정에서는 술을 마셔 기억이 없다, 심신미약 또는 심신상실 주장을 하더라도 웬만해서는 그 주장들이 받아들여지지 않는다. 형사소송법 제323조 제2항은, 피고인이 법률상 범죄의 성립을 조각하는 이유 또는 형의 가중, 감면의 이유되는 사실의 진술이 있은 때에는 이에 대한 판단을 명시하여야 한다고 규정하고 있다. 심신미약의 진술은 위와 같은 '법률상 범죄의 성립을 조각하거나 형의 감면의 이유가 되는 사실의 진술'에 해당하고, 법원은 마땅히 이에 대한 판단을 명시하여야 하는데(대법원 2010.5.13. 선고 2010도1784 판결), 대부분의 사건에서 주취로 인한 심신미약 주장을 받아주지 않는다. 그리고 범행 당시 술에 만취되어 있었다는 취지의 진술을 가지고 심신미약의 주장으로 보지도 않는다(대법원 1985.6.25. 선고 85도964 판결).

술 때문에 패가망신하는 사람들을 보노라면 측은하기도 하고 나 자신을 뒤돌아보게도 만든다. 우리나라처럼 술 문화에 관대한 나라는 없을 것이다. 도시뿐만 아니라 전국 방방곡곡 곳곳이 술집으로 넘쳐나고 모였다 하면 술판이다. 확실히 우리나라의 음주문화는 문제가 있다. 나도 젊었을 때는 술깨나 마셨다. 아마도 술값을 모아두었으면 조그만 술집 한 개는 차렸을지도 모른다.

중국에서는 예전부터 '無酒不成席(무주불성석)', '無酒不成禮(무주불성례)'라는 말이 회자(膾炙)되었던 것처럼 술이 빠져서는 도무지 모임이 성립되지 않고 잔치나 제사와 같은 의식도 치러질 수 없었다. 3000년 전 술을 경계하라고 가르친 '서경'의 '주고(酒誥)'에 따르면, 술은 하늘과 인간을 연결시켜 주는 성스러운 음식이었다. 당시 나라에서 술을 만든 것은 제사에 사용하기 위해서였다. 술의 용도는 덕을 기르기 위함이었고, 당연히 취하는 것도 허용되지 않았다. 특히 여럿이 함께 마시는 '군음(群飮)'은 특별히 금기시되었다.

그러나 술을 마시면서 취하지 않으면 무슨 맛으로 술을 마시는가? 술은 취하기 위하여 마시는 경우도 많다. 중국 사람들은 술을 '百藥之長(백약지장)'이라 하여 그 어떤 약보다도 건강에 유익하다고 강조했고, 또한 하늘이 내린 선물이라 하여 '天之美祿(천지미록)'이라고도 했다. 가히 인간의 희로애락은 술과 함께했다고도 할 수 있다.

술이 인관관계를 부드럽게 하는 윤활유가 될 수 있고, 술을 마신 상태에서 인간의 진면목이 나타나기도 한다. 일부 기업에서는 신입 사원공채 시 면접을 술집에서 하기도 한다. 공자도 "唯酒無量 不及亂"(술은 양껏 마시되 주정을 부리지는 말라)고 했다. 어쩌면 술이 없다면 인간사의 삭막함은 이루 말할 수 없을 것이다. 수많은 해독에도 불구하고 술이 인간사회에서 없어지지 않는 이유가 다 있다. 미국에서 금주법을 만들었다가 결국은 밀주가 성행하고 스스로 그 법은 사회에서 사라지는 운명을 경험한 이유도 나변에 있지 않다. 장거리산행을 마치고 마시는 막걸리 한 잔이면 온 세상이 다 아름답게 보인다.

술이라는 게 묘하여 처음에는 사람이 술을 먹고, 다음에는 술이 술을 먹고, 이어서 술이 사람을 먹고, 급기야는 사람이 사람을 먹는 지경으로 화하게 되어 있다. 적당히 마시는 것은 좋은데 술은 본질상 적당하게 마시는 게 쉽지 않게 되어 있다. 왕창 술을 마신 후에는 酩酊(명정) 상태가 이어지고 여지없이 속이 쓰리고 후회만 하게 된다.

술이 취하면 의식이 마비되고 감정이 폭발하여 말을 막 하게 되고 서로 다투고 싸우는 자리가 되기도 하고, 버스 타고 한 푼 두 푼 아끼던 돈에 대한 감각도 사라지고 호기 있게 카드를 긁어대기도 한다. 책방에 가서는 책값이 비싸다고 살까 말까 책을 들었다 놓았다 하면서도 하룻밤에 그러한 책 10권도 더 날리기도 한다. 호기 있게 아가씨를 불러 진탕으로 마셔봐야 다음 날 기억나는 것은 없고 머리만 지끈거리고 어지럽고 오전 근무는 엉망이 된다. 술로 돈도 잃고 건강도 잃으며 일까지 엉망으로 된다. 술 때문에 밤늦게 아니면 새벽 일찍 귀가하면서 망가지는 가정생활도 무시할 수 없나. 그리고 곰곰이 생각해보면 술을 마신 날의 대부분이 어떤 핑계거리로 마셨지 절실하게 술을 마셔야 되는 상황에서 마신 것도 아닌 것 같다.

술에 대한 찬사만큼 술에 대한 경고의 글들도 많다. 주자의 주자십회(朱子十悔) 중에도 "醉中妄言醒後悔(취중망언성후회)"가 들어있다. 술에 취해 망령된 말을 하고 술 깬 뒤에 뉘우친다는 뜻이다.

지나치게 술을 마시면 쓸데없는 말을 하게 되니 항상 조심하라는 것을 강조한 말이다.

나도 이제는 나이도 들어가고 예전처럼 정신없이 술을 마실 상황도 아니고, 술에 대한 태도를 새로이 정립할 때가 되었다. 담배와 달리 술을 끊지는 못할 터이고 보면 절주의 방도를 찾아야 한다. 술을 마신 날과 마시지 않은 날의 다음 날 새벽 기분을 비교해보라. 하늘과 땅 차이다.

술은 식사자리 1차에서 폭탄주든 뭐든 끝내고 2차니 3차니 호기를 부릴 일은 아니다. 지금까지 살아오면서 이런 의리에는 과감하게 눈을 감고 사는 것이 현명한 일이라는 사실을 알게 되었다. 나이 들어서까지 남의 눈치나 보며 살 일은 아니다. 술자리에서 빠진다고 비겁한 소리를 듣더라도, 남들이 나를 험담하더라도 이에 개의치 말고 과감하게 집으로 들어가는 것이 남는 일이다. 어쩌면 인생은 비겁하게 사는 것이 편할 수도 있다. 비겁하게 살아야 행복하다. 한 시간이라도 일찍 집에 들어가면 넉넉한 시간에 책도 볼 수 있고 나름대로의 취미생활도 즐길 수 있다.

그동안 계속 이런 결심만 하고 作心三日, 龍頭蛇尾가 되었지만 이제 다시 이런 결심을 해본다. 나의 이러한 결심이 또다시 헝클어지지 않도록 마음을 잡아본다. 앞으로는 술을 마실 만한 절실한 상황이 아니라면 과감하게 나의 길을 가는 것이다. 그러나 어쩌랴! 사람의 일은 알 수 없는 일, 다시 분위기에 취해 자신을 절제하지 못하고 밤의 나락으로 빠지는 일이 있을지도 모른다.

다음의 시는 술을 마시고 말을 탔다가 낙상사고를 당한 퇴계가 제자들에게 들려준 '酒誡' 즉 술을 경계하라는 시이다.

애! 술이 사람을 심하게 해침이여,
내장을 상하게 하여 질병이 생기게 하고
성품을 미혹되게 하여 덕(德)을 잃게 하도다.
개인적으로는 몸을 해치고
국가적으로는 나라를 넘어지게 하도다.
내가 그 해독(害毒)을 경험했거늘
그대는 그 구덩이에 떨어졌구나.
그것을 막고자 주계(酒誡)를 지으니
어찌 함께 힘쓰지 아니하리오.
힘써 제지하면 스스로 많은 복을 구하는 길이니라.

[2010. 11. 18]

8. 3W 직업

흔히 변호사를 '3W 직업'이라고 한다. Walking, Writing, Waiting, 즉 걷고, 쓰고, 기다리는 직업이라는 이야기이다. 딱히 변호사를 원했다기보다는 시류에 편승하여 변호사를 20여 년 해보니 과연 그럴듯한 이야기이다.

Walking!

변호사는 이 법정 저 법정으로 부지런히 발걸음을 옮기며 부지런히 걸어야 하는 직업이다. 고급 외제승용차에 기사를 거느리고 느긋하게 법정을 오가는 변호사가 없는 것은 아니지만 대부분의 젊은 송무 변호사는 기록 가방을 들고 법정과 사무실을 분주히 오가는 사람들이다. 요새같이 주차난이 심각한 상황에서는 법원 주차장에 차를 세울 공간을 찾기는 어렵고 어쩔 수 없이 변호사는 법정과 지하철역을 분주히 오가며 걸어야만 한다. 걷는 것이 몸에 좋다고는 하지만 운동으로 걷는 것과 노동으로 걷는 것은 다르다.

Writing!

변호사는 시간이 나는 대로, 틈이 나는 대로 소장과 준비서면, 항소이유서, 변론요지서, 증인신문사항 등 소송서류 작성에 몰두해야 하는 직업이다. 변호사는 법원에 제출할 문서를 정신없이 써대야 하는 직업이다. 변호사는 항시 무엇을 써야 할지를 고민하며 사는 직업이다. 아무리 전자소송시대가 열린다고 하지만 변호사는 쓰고 또 써야 하는 숙명에서 벗어날 수는 없다. 변호사가 자신의 사무실에 있는 시간은 의뢰인이나 증인 면담이 아니면 컴퓨터 자판을 두드려야 하는 시간이다. 쓰지 않으면 도태되고 마는 것이 변호사라는 직업이다.

Waiting!

변호사는 사무실에서 고객을 기다리고 법정에서 변론순서를 기다리는 직업이다. 구치소에서도 피의자나 피고인 접견순서를 기다려야 한다. 자기가 맡은 사건의 결과도 전전긍긍하면서 기다려야 한다. 기다림은 지루하다. 그 지루함을 떨쳐내기 위하여 책을 읽고 공부를 해야 한다. 그 기다림이야말로 장래에 대한 환상을 가져다주기도 하지만 그 환상이라는 것도 쉽게 깨질 때도 많다. 변호사만큼 기다리기를 밥 먹듯이 하는 직업도 드물 것이다. 그야말로 변호사는 기다리는 직업이다. 특히 요새 젊은 변호사들은 사건을 기다리다 못해 심신이 지칠 지경이다.

그러고 보니 나의 한창 젊은 시절은 걷고 쓰고 기다리며 보낸 세월이었다. 인생이 이렇게 흘러올 줄은 미처 몰랐다. 지나고 나니 별것이 아닌 삶이고 인생이었다. 인생 2모작을 위해 잠시 여유로운 학교로 일터를 옮기기는 했으나, 옛날 걷고 쓰고 기다리며 바삐 살던 때가 그리워진다.

[2011. 5. 26]

9. 차기 대법원장

　2011년 8월 18일 오전 미국으로 떠나는 정호를 전송하고 고대구
로병원에서 윤동호 교수 부친상 문상을 마치고 밤 비행기로 제주에
내려와 뉴스를 보니 양승태 전 대법관이 차기 대법원장으로 지명되
었다는 속보가 떴다. 어제까지만 해도 박일환 대법관과 목영준 헌법
재판관이 차기 대법원장 자리를 놓고 경합 중이었다고 하는데 의외
로 양승태 전 대법관이 이용훈 대법원장에 이어 우리나라의 사법부
를 이끌어나갈 대법원장이 된다는 뉴스다.

　양승태 대법관은 법원 내 알아주는 산꾼이기도 하다. 특허법원장
재직시절에는 법원직원들과 백두대간 종주를 하였으며, 월간 산 잡
지에 소개될 정도의 산악인이기도 하다.

위 사진은 1970년대 말 대학시절에 민사모의재판을 마치고 중앙도서관 앞에서 찍은 사진이다. 둘째 줄 가운데 검은 넥타이를 맨 분이 재판장을 맡았던 이회창 당시 영등포지원(현 서울남부지법)장님이시고, 둘째 줄 제일 좌측이 차기 대법원장으로 유력시되었던 박일환 판사님, 그 우측이 차기 대법원장으로 지명된 양승태 판사님이다.

이회창 당시 영등포지원장은 대법원 기조실장을 거쳐 40세 나이에 대법원판사가 되었고, 후일 대법관, 중앙선관위원장, 감사원장을 거쳐 국무총리를 거쳐 두 번씩이나 유력한 대통령 후보가 되었다가 지금은 자유선진당에 몸담고 계시다. 당시 모의재판을 준비하면서 영등포지원장실로 몇 번 찾아가 지도를 받은바 있는데, 눈에서 불꽃이 튀는 듯한 강렬한 인상을 받았던 기억이 있다. 이회창 판사는 대법원으로 가기 전까지 여러 해 동안 내가 다니던 대학의 민사모의재판의 재판부를 구성해주셨다. 당시의 배석판사들이 전부 대법관을 하고 대법원장후보로 유력시될 정도로 유능한 법관들이었다.

이회창 판사 우측으로 김찬규 교수님(당시 학장, 현재 상설중재재판소 재판관), 그 우측으로 행정법을 담당하셨던 김남진 교수님(후에 고대 교수 퇴직), 그 우측이 민법교수였던 구연창 교수님(작고)이다. 환경법에 일가견을 가지고 있던 구 교수님은 50의 젊은 나이에 작고하셨다. 뒷줄 좌측부터 이영준 교수(전 대한국제법학회장. 당시는 김찬규 교수의 조교), 허영 교수(헌법학계의 원로로 연대 교수를 거쳐 현 재 헌법재판연구원장), 이형국 교수(형법, 연대 교수 퇴직), 오세덕 교수 등이다.

앞줄 첫째와 둘째는 피고 소송대리인 역할을 맡았던 홍재준, 노동일(현 경희대 교수), 셋째와 넷째는 원고소송대리인을 맡았던 나와 강희원(현 경희대 교수)이다.

당시 민사소송법은 김용철 대법원판사가 맡다가 법원행정처장으로 가시면서 후임으로 이용훈 부장판사님(현 대법원장)이 서부지원장으로 가기 전까지 민사소송법 강의를 맡으셨다. 최근에 발간된 문재인 변호사의 『운명』이라는 책에 나오는 법원행정처장이 바로 김용철 대법원판사이다. 김용철 대법원판사는 후에 대법원장을 역임하셨고 현재는 고령의 나이에도 경희학원장을 맡고 있다. 문재인 선배는 사법연수원 성적이 차석이었음에도 불구하고 시위전력 때문에 판사 임관이 어려워 민사소송법을 가르친 김용철 법원행정처장을 찾아갔더니 김용철 행정처장이 문 선배에게 검사로 임관했다가 판사로 전관하도록 권유했다는 이야기가 나온다. 그러나 문 선배는 바로 부산으로 내려가 변호사 개업을 했고, 노무현을 만나면서 오늘의 문재인이 되는 운명을 맞는다.

내가 대학원 박사과정에 다닐 때 당시 이용훈 서울고법 부장판사님으로부터 민사소송법 강의를 들었다. 독일어 원서인 OTHMAR JAUERNIG의 「ZIVILPROZESSRECHT」를 함께 읽어가면서 강의를 했는데 후에 이용훈 부장판사께서 서부지원장으로 재직 중일 때도 판사들과 위 책을 독회했다고 한다. 이용훈 대법원장님은 독실한 기독교 신자로 술을 한잔도 하지 않으셨던 것으로 기억한다. 이용훈 대법원장님은 대법원장 퇴직 후 현재 고대 로스쿨 석좌교수로 재직 중이다.

[2011. 8. 18]

10. 대법관과 개업

　박시환 대법관과 김지형 대법관이 오는 11월 20일 퇴임을 앞두고 있다. 이 자리에 김용덕 법원행정처 차장과 박보영 변호사가 들어가게 된다. 진보적 입장에서 소수 의견을 함께 쓰며 독수리 5형제로 불리던 대법관 중 이미 퇴직한 이홍훈 대법관과 김영란 대법관에 이어 박시환, 김지형 대법관이 퇴임하고 이제 전수안 대법관만 남았는데 전 대법관도 내년이면 퇴임한다. 우리 사회의 소수의견을 대변하던 이들이 대법원을 떠나면서 대법원이 보수화하는 것이 아니냐 하는 우려가 있다. 대법원이 정책법원으로서의 소임을 다하려면 사회 각 계층과 국민들의 다양한 목소리를 반영할 수 있어야 한다는 지적이 많다.

　김영란 대법관은 퇴임 후 현재 국민권익위원장을 맡고 있고, 이홍훈 대법관은 전북대 로스쿨의 석좌교수로 임용되었고, 김지형 대법관도 모교인 원광대 로스쿨에서 강의를 맡을 것으로 알려져 있다. 박시환 대법관도 "대법관 경력은 개인자산이라기보다 공공재 성격이 있다"며 퇴임 후 로스쿨 등 공적인 영역에서 일하고 싶다고 밝혔다. 매우 바람직한 일이다. 이분들이 앞으로 대법관을 퇴직하는 분들이 가야 할 길을 제시하고 있다.

　대부분의 대법관들은 퇴임 후 대형 로펌 등에서 둥지를 틀고 변호사로 개업하고 있다. 모든 국민은 직업의 자유가 있으므로 이들의 변호사 개업을 막을 방법도 없다. 다만 박준시 전 대법관이 현재 서울중앙지방법원 상임조정위원으로, 조무제 전 대법관이 부산지방법원 상임조정위원으로 일하고 있다. 배기원 전 대법관은 모교인 영남대 로스쿨에서 후학들을 가르치는 것으로 알고 있다.

역대 대법원장 중 생존하고 계신 분으로 김용철(현 경희학원 이사장), 윤관(법무법인 화우 고문변호사), 최종영(법무법인 바른 고문변호사) 전 대법원장이 있고, 최근에 퇴임한 이용훈 전 대법원장이 있다. 이용훈 전 대법원장은 아직 변호사 개업신고를 하지 않은 것으로 알고 있다.

대한민국 건국 이래 현재까지 대법관을 퇴직한 분이 117명이다. 대법관을 지낸 분으로 유명한 분인 이회창 전 대법관은 YS 정권 당시 국무총리를 지내고 대통령에 가까운 거리까지 갔다가 이인재와 김대업이라는 복병을 만나 연거푸 DJ, 노무현에게 고배를 마셨고, 김석수는 DJ 정권 말기에 잠시 국무총리를 지냈으며, 김황식은 현 국무총리이다. 윤영철, 김용준 전 대법관은 헌법재판소장을 지냈고, 이강국 전 대법관은 현 헌법재판소장이다.

우리의 대법관은 종신제를 택하고 있는 미국과 달리 임기 6년으로 연임할 수 있도록 되어 있으나 연임하는 예가 거의 없고, 정년은 65세이다. 대법원장은 연임할 수 없고 정년은 70세이다(2013년 1월 1일부터 대법원장과 대법관의 정년은 70세, 판사의 정년은 65세가 된다). 대법관이라고 하면 법률의 세계에서 일가를 이룬 분들인데 이들이 퇴임 후 로펌으로 가거나 변호사 개업을 하는 것은 아무래도 좋게 보이지 않는다.

일반 법관이나 판사를 영어로 Judge라고 한다면 대법관은 Justice, 정의 그 자체이다. 미 연방대법원을 '정의의 아홉 기둥'이라고 한다(미국 연방대법원의 대법관 수는 대법원장 포함 9명이다). 박시환 대법관이 언급한 바대로 일국의 대법관이라면 공공재로 보아야 한다. 이분들이 염치 불구하고 변호사로서 하급심 법정을 들락거리며 후배 법관들에게 심적 부담을 주거나 로펌에서 상고이유서에 이름을 올려 놓는 대가로 막대한 수임료를 받는 것은 옳지 못하다. 그분들이 대법관이라는 명예를 소중이 여긴다면 변호사로 개업하는 것보다 법원의 조정위원이나 로스쿨의 교수로서 그동안 축적된 법률지식을 사회에 환원할 정도의 심성은 가져야 한다. 대법관까지 하고 더 이상 무엇을 바라겠는가?

목하 전국의 25개 로스쿨에서는 이런 분들의 경험과 역량을 타는 목마름으로 기다리고 있다. 앞으로 로스쿨에 활력을 불어넣을 분들도 대법관 등 법원 고위직이나 법무장관, 검찰총장 등 검찰 고위직에서 퇴직할 분들이다. 이분들이 젊은 로스쿨 학생들에게 중후한 법률적 소양과 찐득한 법조실무의 경험을 전수해줄 수 있다면 우리의 법조의 미래는 밝다고 할 수 있다.

[2011. 11. 16]

[주] 2012. 7. 31. 현재 이용훈 전 대법원상은 고대 법학전문대학원 석좌교수로, 박시환 전 대법관은 인하대 법학전문대학원 교수로 재직중이다.

11. 법관과 정치적 표현의 자유

　법관의 정치적 표현의 자유를 둘러싸고 논란이 뜨겁다. 법관도 인간인 이상 정치적 표현의 자유를 제한할 수 없다는 한겨레나 경향의 논조와 엄정한 중립을 견지해야 할 법관이 함부로 정치적 견해를 표출하는 것은 옳지 않다는 조중동 보수언론의 논조가 극명한 대조를 이루고 있다.

　논쟁의 시발은 인천지법 최은배 부장판사(우리법연구회장)가 자신의 페이스북에 한·미 FTA 국회통과를 두고 "뼛속까지 친미인 이명박 대통령과 관료들이 서민과 나라를 팔아먹었다"라고 쓰면서 시작되었고, 창원지법의 이정렬 부장이 이에 동조하면서 비아냥거리는 투의 글을 올렸다. 서울북부지법의 서 모 판사는 페이스북에서 "방통위는 나의 트윗을 적극 심의하라, 앞으로 분식집 쫄면 메뉴도 사라질 듯, 쫄면 시켰다가는 가카의 빅엿을 먹게 되니"라고 이명박 대통령을 조롱하는 글을 올려 경박함의 극치를 노출하였다. 법관의 글투가 시정잡배의 글과 똑같다. 이어서 인천지법 김하늘 부장판사가 한·미 FTA 협정이 사법주권을 침해하는 불평등 조약이라며 사법부 차원에서 태스크포스(TF)를 구성해 투자자국가소송제도(ISD) 등에 대한 가이드라인을 만들어야 한다고 주장하고 나섰다. 전체 법관 중의 극히 일부이기는 하지만 이곳저곳의 젊은 판사들이 기고만장하여 자기들의 주관을 여과 없이 표출하고 있다.

　대법원은 엉거주춤하기만 할 뿐 이에 대해 제대로 대응을 하지 못하고 있다. 신임 양승태 대법원장의 말발도 먹히지 않고 있다. 전파력이 엄청난 SNS가 일기장과 같은 자기만의 은밀한 사적 공간이 아님은 판사들이 더 잘 알고 있을 것이다. SNS(Social Network Service)의 S는 사회적이라는 뜻으로 SNS라는 말 자체에 '私的'이 아닌 '사회적'인 의미가 함축되어 있다.

법관이라면 불편부당, 엄정중립, 적정과 공평이 생명이다. 자신의 정치적 견해를 여과 없이 드러내는 것은 공정한 재판에 대한 국민들의 오해를 불러일으킬 수 있다. 분쟁해결의 주체인 법관이 분쟁의 한가운데 서 있는 분쟁의 객체가 된다는 것은 본말이 전도된 것이다. 사적 영역에서 법관의 정치적 표현의 자유가 인정되는 경우에도 국가보안법, 전교조 등 특정 사안에 대한 정치적 편향성을 밝힌 법관들은 관련 사건의 재판에서 기피하거나 회피하여야 한다. 국민의 재판에 대한 불신을 자초하는 일은 어떤 식으로든지 억제되어야 한다. 그것이 독립된 사법부의 존재이유이고, 법관으로 하여금 신분보장을 해주는 이유일 것이다.

법관이 검정색의 법복을 입는 이유를 생각해 보아야 한다. 검정색은 다른 색에 함부로 물들지 않는 색이다. 법관이 정치적 편향성에 집착하게 되는 경우 자신들이 서 있는 토대를 스스로 허무는 것이 아닌지 심각하게 생각해보아야 한다. 사법은 누구 편을 드는 것이 아니다. 편을 들기 시작하면 사법은 망가진다.

[2011. 2. 9]

12. 辯護士와 辨理士, 辯과 辨

변호사의 '辯' 자와 변리사의 '辨' 자는 어떠한 차이가 있을까?

왜 변호사의 '변' 자는 辯을 쓰고, 변리사의 '변' 자는 辨을 쓰는가? 辯은 말씀 변이고, 辨은 분별할 변이다. 辯 자는 두 개의 辛(매울 신) 자 사이에 말씀 言이 들어 있다. 辛은 본래 죄수를 문초했던 고문도구의 모습에서 유래된 것이다. 때문에 辛 자는 죄수, 노예의 뜻이었는데 고문이 워낙 고통스러웠으므로 후에는 '맵다', '혹독하다'는 뜻을 내포하게 되었다. 辛辣(신랄), 辛苦(신고), 辛酸(신산), 辛라면이 전부 매운 것에서 나온 말이다. 辯은 바로 두 죄수가 말로 자신의 결백을 주장하는 것이다.

요새는 변호사가 형사뿐만 아니라 민사, 가사, 행정, 특허 등 모든 법률사무를 처리하는 직업이지만 변호사라는 직업은 본래 죄수의 무고함을 밝혀주고 보호해주는 직업이었다.

우리나라는 1908년 光武 변호사법이 제정되기 전에는 代言人, 辯士, 律士 등 용어가 있었으나, 위 변호사법에서 辯護士라는 이름을 쓰기 시작하였다. 일본도 변호사라는 명칭을 쓰고 있으나, 중국은 律師라고 한다.

그러면 변리사의 辨 자는 무슨 뜻인가? 변리사는 1961년 12월 23일 법률 제864호로 제정된 변리사법에서 변호사와 구별되는 산업재산권 전문 법률가를 칭하는 용어로 辨理士라는 용어를 쓰기 시작하였다. 그런데 1956년 상공부가 국회에 제출한 변리사법안에 의하면

辨理士가 아닌 辯理士라는 용어를 썼는데 어떠한 경위로 辯理士가 辨理士로 바뀌게 된 것인지는 당시의 국회심의록을 뒤져보아야 알 수 있을 것이다.

헌법재판소에서는 변리사의 소송대리권을 둘러싼 치열한 공방이 벌어지고 있다. 변리사단체는 "특허 전문가인 변리사와 소송 전문가인 변호사에게 동등한 기회를 줘야 하는데도, 변리사만 기회가 원천봉쇄됐다"는 입장이고, 변호사 단체는 "그런 논리는 의료소송은 의사에게, 건설소송은 건설 전문가에게 소송대리권을 부여하라는 뜻이 된다"고 반박하고 있다.

변리사법은 특허, 실용신안, 디자인, 상표 관련 사안에서 변리사가 소송대리인이 될 수 있다고 규정하고 있지만, 민사소송법은 변호사가 아니면 소송대리권이 없다고 규정하고 있다. 헌법재판소의 결정이 주목된다.

[2011. 11. 15]

13. 대법원의 自招危難(자초위난)

　정봉주 전 의원의 대법원 확정판결 및 구속수감을 둘러싸고 말들이 많다. 대법원판결 선고 직전에 주심 대법관인 이상훈 대법관을 '개념판사'로 치켜세우던 정봉주와 '나꼼수' 지지자들이 판결 후 표변하여 인터넷과 SNS를 중심으로 주심 대법관의 '신상털기'에 나섰다. 이 사태를 보면서 대법원이 스스로 위난을 자초한 것이 아닌가 하는 의구심이 든다.

　정봉주는 2007년 대선 당시 '이명박 주가조작사건 진상규명대책단장'을 지냈던 국회의원이었다. 정봉주는 이명박의 아킬레스건인 비비케이(BBK) 관련 의혹을 집요하게 제기하였다. 공직선거법에 규정한 죄의 공소시효는 당해 선거일 후 6월(선거일 후에 행하여진 범죄는 그 행위가 있는 날부터 6월)을 경과함으로써 완성하도록 되어 있다(다만, 범인이 도피한 때나 범인이 공범 또는 범죄의 증명에 필요한 참고인을 도피시킨 때에는 그 기간은 3년으로 한다. 공직선거법 제268조). 검찰은 대통령선거가 끝나고 공소시효 만료 전인 2008년 2월 정봉주를 공직선거법상의 허위사실공표죄로 기소하여 재판에 넘겼다.

　공직선거법에는 벌칙으로 제230조(매수 및 이해유도죄)에서부터 제259조(선거범죄선동죄)까지 29개의 죄가 매우 다양하고 복잡, 난삽하게 규정되어 있다. 그중에 제250조에 허위사실공표죄도 있고, 제251조에 후보자비방죄도 들어 있다. 정봉주는 공직선거법 제250조의 허위사실공표죄로 재판을 받게 되었다. 당초 검찰은 명예훼손죄도 적용해 기소했으나 2008년 1심 재판 과정에서 이명박 대통령이 처벌을 원치 않으면서, 명예훼손죄는 심판의 대상에서 제외되었다. 명예훼손죄는 반의사불벌죄이므로(형법 제312조 제1항) 피해자의 의사에 반하여 처벌할 수 없다.

그러면 허위사실공표죄를 규정하고 있는 공직선거법 제250조를 보자.

제250조 (허위사실공표죄)

① 당선되거나 되게 할 목적으로 연설·방송·신문·통신·잡지·벽보·선전문서 기타의 방법으로 후보자(후보자가 되고자 하는 자를 포함한다. 이하 이 조에서 같다)에게 유리하도록 후보자, 그의 배우자 또는 직계존·비속이나 형제자매의 출생지·신분·직업·경력등·재산·인격·행위·소속단체 등에 관하여 허위의 사실(학력을 게재하는 경우 제64조 제1항의 규정에 의한 방법으로 게재하지 아니한 경우를 포함한다)을 공표하거나 공표하게 한 자와 허위의 사실을 게재한 선전문서를 배포할 목적으로 소지한 자는 5년 이하의 징역 또는 3천만 원이하의 벌금에 처한다.〈개정 2010.1.25.〉

② 당선되지 못하게 할 목적으로 연설·방송·신문·통신·잡지·벽보·선전문서 기타의 방법으로 후보자에게 불리하도록 후보자, 그의 배우자 또는 직계존·비속이나 형제자매에 관하여 허위의 사실을 공표하거나 공표하게 한 자와 허위의 사실을 게재한 선전문서를 배포할 목적으로 소지한 자는 7년 이하의 징역 또는 500만 원 이상 3천만 원 이하의 벌금에 처한다.〈개정 1997.1.13.〉

③ 당내경선과 관련하여 제1항(제64조 제1항의 규정에 따른 방법으로 학력을 게재하시 아니힌 경우를 제외한다)에 규정된 행위를 한 자는 3년 이하의 징역 또는 6백만 원 이하의 벌금에, 제2항에 규정된 행위를 한 자는 5년 이하의 징역 또는 1천만 원 이하의 벌금에 처한다. 이 경우 '후보자' 또는 '후보자(후보자가 되고자 하는 자를 포함한다)'는 '경선후보자'로 본다.〈신설 2005.8.4.〉

정봉주에게 적용된 법은 공직선거법 제250조 제2항이다. 특정인의 당선을 방해할 목적으로 허위사실을 공표하는 행위는 7년 이하의 징역 또는 500만 원 이상 3,000만 원 이하의 벌금에 처하도록 되어 있다. 선거에서 유권자들의 선택을 오도(誤導)하고 공익을 해치는 결과를 낳게 되는 것을 방지하기 위하여 국회의원들이 위 법조항을 만든 것이다. 검찰이 2007년 대선 과정에서 정봉주가 유포한 허위사실로 기소한 것은 네 가지였다.

첫째, 김경준의 변호인이던 박수종 변호사가 사임한 이유를 정봉주가 "이명박 후보가 기소되거나 구속되는 상황을 고려한 것"이라고 했다는 부분, 둘째, 이명박 후보의 측근이던 김백준은 '주가조작'에 개입한 일이 없는데도 "김백준이 주가조작에 가담했다"고 한 부분, 셋째, "김백준은 김경준과 허위 결별했고, 이명박 후보가 BBK와 관련 없다고 거짓말을 했다"며 허위사실을 유포한 부분, 넷째, 검찰이 BBK 사건을 수사하면서 김경준의 자필 메모를 입수한 적이 없는데도, 고의로 메모를 숨긴 것처럼 발표해 이 후보의 명예를 훼손했다고 한 부분이다.

공직선거법이든 형법상의 명예훼손죄든 헌법상 표현의 자유를 보장하기 위하여 허위사실 유포자가 진실에 접근하려는 노력을 충분히 했다면 처벌할 수 없다. 판례도 이 점을 인정한다. 일반적으로 '소문이 그렇다더라', '누가 그런 의혹을 제기하더라'는 식의 구체성 없는 표현은 법적 책임을 묻기 어렵다.

그러나 법원은 1, 2, 3심 모두 정봉주는 이러한 면책요건에 해당하지 않는다고 판단했다. 정봉주 본인도 자기가 의혹을 제기한 사안들에 의문을 갖고 있었는데도 사실 확인 작업을 거치지 않았고, 그러면서도 '틀림없다', '확인됐다'는 식의 구체적이고 단정적인 표현을 썼으므로 공직선거법상의 허위사실공표죄의 구성요건에 해당한다고 본 것이다. 정봉주의 재판에 관여한 법관은 하급심 판사 6명(1심 3명, 2심 3명, 선거범의 재판관할은 1심도 합의부가 관할한다. 공직 선거법 제269조), 대법관 4명이다. 판사 10명이 정봉주의 행위를 유죄로 판단한 것은 그럴 만한 충분한 이유가 있다고도 볼 수 있다.

그런데 공직선거법은 선거범과 그 공범에 관한 재판은 다른 재판에 우선하여 신속히 하여야 하며, 그 판결의 선고는 제1심에서는 공소가 제기된 날부터 6월 이내에, 제2심 및 제3심에서는 전심의 판결의 선고가 있은 날부터 각각 3월 이내에 반드시 하여야 하도록 되어 있다(제270조). 정해진 기간 안에 '반드시' 선고하도록 되어 있어 강행규정으로 되어 있고, 민소법이나 형소법에 규정되어 있는 판결의 선고기간과 같은 '훈시규정'이 아니다.

2008년 12월까지 2심 재판이 끝났으므로 여기까지는 그럭저럭 하급심법원이 공직선거법에 정한 판결의 선고기간을 지킨 것으로 볼 수 있다. 그러나 상고심인 대법원판결은 2심 판결 선고일로부터 3개월 내에 가부간 결론을 내고 선고를 해야 하는데 그로부터 이 사건 대법원판결이 선고된 2011년 12월 22일까지 장장 3년이라는 세월이 흐르고 말았다. 대법관들과 재판연구관들이 일반 민사사건도 아니고 신속한 재판을 강조하는 공직선거법 규정은 아예 보지도 못했다는 말인가? 그러니 법원이 욕을 먹어도 싸다는 생각이 든다. 이것은 대법원이 스스로 위난을 초래한 자초위난이다. '지체된 정의는 정의가 아니다'라는 말은 법서 안에만 있는 말인가?

이 사건의 대법원 주심 대법관인 이상훈 대법관은 2011년 2월 28일 대법관으로 임용되었으므로 전임 대법관으로부터 이 사건을 인계받아 곤경에 처했을 수도 있다. 전임 주심 대법관으로서도 이런 사건을 후임자에게 밀어놓고 가는 것은 옳지 않다. 그러나 후임 대법

관이라도 이런 사건은 신속하게 처리했어야 하는 것이 마땅한 일이
다. 왜 중간에 선고기일을 지정했다가 연기까지 한 것인지 알 수도
없다. 법원 밖 사람들의 의혹의 눈초리가 빛나지 않을 이유가 없다.
대법원이 사건 위에서 잠을 자다가 정봉주만 영웅으로 만들어준 결
과가 되고 말았다. 판결이 선고되자마자 사면 운운의 소리가 나는
것을 보더라도 그렇다.

양승태 대법원장이 취임한 후 법원은 '가카새끼'와 같은 판사들이
중구난방으로 설치고 있는 등 불안정한 법원의 모습을 보여주고 있
다. 이러한 흐름에 이번 정봉주 판결을 통하여 더 혼란스러운 상황
을 초래하고 있다. 이런 상황에서 국민들은 불안하다. 재판은 어차피
양 당사자를 만족시켜 줄 수 없다. 재판에서 진 사람들이 재판을 재
판이 아니고 '개판'이라고 우기는 사태가 오지 않을까 두렵다. 빨리
사법부가 본연의 모습을 지켜주기를 바란다.

[2011. 12. 28]

14. 내부통신망과 사직의 변

　보통사람들은 외부인의 접근이 엄격히 제한되는 것으로 알고 있는 법원이나 검찰의 내부통신망이 이제는 더 이상 내부통신망이 아니고 외부와 소통하는 외부통신망이 되고 말았다. 왜 이렇게 내부통신망이 외부사람들의 논란의 장으로 변했는지 나같이 어리숙한 사람은 알 수가 없다.

　법원의 내부통신망 '코트넷(scourtnet)'과 검찰의 내부통신망 '이프로스(e‑pros)'는 조직의 내부 갈등이나 사회적으로 민감한 이슈가 있을 때마다 일선 판사와 검사들의 정치적 의견을 표출하는 사회적 매체가 되고 말았다. 최근의 상황은 이를 잘 보여주고 있다. 이러려면 차라리 내부통신망이라는 말을 쓸 이유가 없다. 판사나 검사가 법원이나 검찰을 사직하면서 내부통신망에 올린 '사직의 변'이 순수하게 받아들여지지 않는 이유가 나변에 있는가?

　보도에 따르면 1월 4일 울산지검의 박 모 부장검사가 검찰의 내부통신망에 노무현 수사는 보복수사였고, 이명박 정권 들어 무리한 수사를 벌인 검찰의 자기반성과 편향수사 논란의 중심에 섰던 대검 중수부 폐지를 주장하는 사직의 변을 올리고 검사직을 사직했다고 한다. 얼마 전에는 대구지검의 백 모 여검사가 "검찰이 정치적 중립성과 독립성을 지키고 있지 않다"고 비판하며 내부통신망에 글을 올리고 사직했다. 일부 언론들은 이들의 용기(?)를 미화하기까지 한다.

　과연 이들의 '고언'을 순수하게 볼 수 있는가? 아니 이들의 사직의 변을 말 그대로 '苦哀'이라고 볼 수 있는가? 백 모 여검사는 사직하자마자 법률신문 등에 광고를 내고 자신의 전 근무지인 수원에 변호사사무실을 열었다. 전관예우를 금지하는 개정 변호사법상 자기가 근무하고 퇴직 또는 사직한 곳에서는 1년 내에 사건을 맡을 수 없다. 백 모 여검사가 자신의 전임 근무지인 수원지검 근처에 변호사사무실을 연 것도 순수한 것으로 보이지 않는다. 사직하자마자 변호사사무실을 열 정도라면 몇 달 전부터 이곳에서 사무실을 물색하고 직원을 채용하는 등 만반의 준비를 했다는 것인데 이런 상황에서 올린 사직의 변에 진정성이나 설득력이 있다고 볼 수 있는지 의문이다.

울산지검의 박 모 부장검사는 참여정부하에서 청와대 법무비서관을 지낸 그야말로 정치 지향적인 검사로 보인다. 이 검사가 올린 사직의 변을 읽어보면 단순한 사직의 변이 아니고 출마의 변을 방불케 한다. 미상불 이 검사가 검사직을 사직한 것은 올 4월 총선에 통합민주당의 공천을 받아 서울에서 출마를 준비 중인 때문인 것으로 알려졌다. 조용히 사직하고 출마한다면 말이라도 없었을 텐데 이런 식으로 사직의 변을 올리고 출마한다면 어느 누가 이 검사의 진정성을 신뢰하겠는가? 이런 검사는 애초에 불편부당한 검사로서 적격성이 있는지 의문이 들 정도이다. 정치의 풍향에 민감한 검사가 어떻게 검사직을 제대로 수행할 수 있겠는가?

이들의 변처럼 사실 검찰이 정치적 중립성과 독립성을 의심받고 검사로서의 자부심과 긍지가 무너져 내릴 만도 하다. 그렇다고 이들이 평소 10여 년 이상이나 검사생활을 하면서 이러한 검찰의 개혁을 위해서 미력이라도 다했다고 자신 있게 말할 수 있는가? 이러한 상황하에서도 묵묵히 자신의 길을 지키며 사법정의를 실현하고자 애를 쓰는 다수의 검사들은 무엇이란 말인가? 아무리 생각해도 이들의 변을 용기나 고언으로 보아주기에는 망설여진다.

　백보를 양보하여 우리 검찰이 여러 가지 문제가 있더라도 이들의 행동은 자신이 몸담고 있던 지위를 이용한 처세술 같아 이른 아침부터 씁쓸한 기분이 가시지 않는다.

[2012. 1. 5]

15. 변호사의 법관평가

　서울지방변호사회는 매년 소속 회원들을 대상으로 법관평가를 한 후 그 결과를 발표하고 있다. 올해도 예외 없이 무개념 판사들과 최우수 판사들의 사례가 발표되었다. 그런데 이 법관평가에 참가한 변호사의 숫자가 불과 395명으로 서울지방변호사회 소속 변호사 8,000여 명 중 극히 일부이다. 따라서 이들의 평가결과가 전체 변호사들의 평가와 일치하는 것인지는 논란이 있을 수 있다.

　당사자 한쪽에 치우칠 수밖에 없는 변호사들이 객관적으로 법관을 공정하게 평가할 수 있을 것인가 하는 회의가 없는 것은 아니나, 어떤 법관들이 재판을 잘하는지 못하는지는 법조계에서 어느 정도 평판이나 공감대가 형성되어 있는 것도 사실이다. 각급 법원 판사 등 정원법에 의하면 현재 판사의 정원의 2,844명으로 예전과 달리 판사의 숫자가 많다 보니 이런저런 다채롭고 다양한 판사들도 많다. 열심히 법과 정의를 생각하면서 재판하는 판사가 많겠지만 그중에는 함량미달의 부족한 판사들도 없지 않다.

　법정에 들어가 분위기를 보면 재판을 진행하는 법관들의 능력을 바로 알 수 있다. 온화하고 부드러운 법정이 있는가 하면 짜증스럽고 꽉 막힌 답답한 법정도 있다. 사건의 핵심을 파악하여 깔끔하게 재판을 진행하는 법관도 있고, 기록에 다 있는 내용도 파악하지 못하고(안하고) 법정에서 기록을 뒤적이며 이것저것 물어보는 법관도 있다. 다짜고짜 막무가내로 조정이나 권유하고 요령부득인 법관도 있다. 재판 진행의 요체는 사건을 장악하는 것이다. 사건을 장악하기 위해서는 기록을 정사(精査)하여 사건의 핵심을 정확하게 파악하는 것이 전제가 된다. 변호사나 법관이 사건을 장악하지 못하고서는 제대로 된 재판이 될 수가 없다.

변호사 현업에서 학교로 일터를 옮긴 지 벌써 5년째로 들어선다. 세월이 무상하다. 옛날의 일터였던 법정의 분위기가 지금도 떠오른다. 법정에는 온갖 인간사의 애환이 서려 있는 곳이기도 하다.

1980년대 말만 해도 서울고등법원 같은 법원에는 이른바 '벙커' 판사들도 있었고, 재판장으로 한껏 위엄만 뽐내며 안하무인격으로 변호사나 당사자를 비꼬는 투로 재판을 진행하던 부장판사들이 몇 있었다. 이런 재판장이 진행하는 법정에는 들어가기가 싫어진다. 당시 L 모, Y 모 부장판사들이 이런 분들이었다.

그런데 이분들이 법관직을 사직하고 변호사로 개업하고는 종전의 모습에서 확 바뀌는 것을 보고 놀란 일이 있다. Y 모 부장판사는 개업 후 변호사로 법정에 들어와서는 한참 어린 변호사에게 만면에 웃음을 지으며 "영감! 요새 어떻게 지내십니까?"라고 먼저 말을 건네는 것이었다. 판사 시절에는 감히 상상도 할 수 없는 일이었다. 지금 변호사인 L 모 부장판사(후에 법원상도 지냄)는 지금도 서울에 갔다가 변호사회관에서 만나면 "요새도 산에 많이 다니시지?" 하면서 바둑을 두는 여러 변호사들에게 내가 백두대간도 종주한 철인이라고 과장하여 소개까지 하신다. 이분의 지금 연세가 75세쯤 되었을 것이다. 이 역시 옛날 같으면 상상도 할 수 없는 일이다.

90년대 서울고등법원에는 재판을 빨리 해치우기로 소문난 또 다른 L 부장판사(후에 헌법재판관이 되었다가 중도 사직함)가 있었다. 이 부장판사는 자기 신념이 워낙 강하여 대리인들의 주장이나 증거신청에 거의 신경을 쓰지 아니하였다. 그리고 꽤 실력도 있었다. 워낙 재판을 속전속결로 끝내다 보니 질질 끄는 미제사건이 거의 없었고, 대법원이나 위에서 보면 과연 유능한 판사로 인식될 정도였다. 그런데 이 부장판사가 젊은 변호사에게 당했다. 정의감에 넘치던 S 모 변호사가 어느 날 판사실 문을 박차고 들어가 눈을 부릅뜨고 따지자 혼쭐이 난 이 부장판사는 그 후에 재판진행에서 전과 다른 모습을 보여주었다.

너무나 정확하게 재판을 진행하는 또 다른 L 고법부장판사가 있었다. 이분은 내가 사법연수원 다닐 때 지도교수였는데 분위기가 당시 대쪽으로 소문났던 이회창 대법관 같은 분이었다. 워낙 사건내용을 정확하게 꿰뚫고 있어 대리인들에게 촌철살인 격으로 질문이나 석명을 하시는 바람에 법정에서는 감히 누가 먼저 법대 앞으로 나가려고 하지 않았다. 보통 법정에서는 변호사들이 변론을 빨리 하려고 난리였는데 이분이 재판장으로 들어온 법정에서는 이분의 질문에 바로 대답을 할 수 없는 변호사들이 슬금슬금 눈치를 보기 때문이었다.

이 부장판사는 지금은 서초동의 모 법무법인 소속 변호사로 계시면서 법정에 나갈 때에도 기록을 들고 가지를 않는다. 보통 변호사들이 낑낑대며 기록봉투를 들고 이 법정 저 법정 다니는데 이 분의 봉투에 들어 있는 것은 메모지 한두 장뿐이다. 그 메모지 한 장으로 전체 사건을 파악하고 기록을 보지 않고도 재판장의 석명에 바로 답이 나온다. 깔끔하고 군더더기가 없다.

이제는 법정이나 법관의 모습이 옛날과는 많이 달라졌다. 일부 단독을 제외하고는 그렇게 유별나게 튀거나 안하무인 격의 벙커들은 보기 어렵다. 법원 내부에서도 법정언어 모니터링 등을 실시하여 계속 개선하고 있고, 사법 관련 시민단체들이 법정에서 눈을 부릅뜨고 감시하고 있어 옛날과 같은 막말 판사나 재판 진행 중에 졸거나 꾸벅대는 배석들이 자리를 지키기 어려운 시대가 되었다.

원래 재판은 당사자가 있기 마련이고 재판이 양 당사자를 다 만족시켜 주는 것은 불가능하다. 승자가 있으면 패자가 있는 것이 재판이다. 재판결과에 불복하거나 불만이 있는 당사자가 반드시 있게 되어 있다. 재판에 진 당사자가 승복하는 판결이야말로 제대로 된 법관이 내린 제대로 된 판결이다.

[2012. 1. 19]

16. 공증인의 정년

변호사는 몇 세까지 변호사 업무를 할 수 있는가? 변호사에게 과연 정년이 있는가?

법조 관련 종사자의 정년을 보면 대법원장, 헌법재판소장, 감사원장의 정년은 70세이고, 대법관, 헌법재판관, 검찰총장, 감사위원의 정년은 65세이다. 일반 법관(법원장 포함)과 검사(검사장 포함)의 정년은 63세이다. 내가 젊었을 때는 이 나이들이 참 많은 나이라고 생각했는데 이제 와서 보니 그리 많은 나이가 아니다. 대통령이나 국회의원 등 정치인들에게는 정년이 없다.

변호사는 건강만 유지할 수 있다면 정년이 없다. 그러나 변호사 업무의 스트레스 등으로 다른 직종 종사자들보다 평균수명이 짧은 것으로 보고되고 있다. 모 교수가 1963년부터 2000년 2월까지 37년간 주요 일간지 부음기사에 난 사회 저명인사 2,124명을 대상으로 조사한 '직업별 평균수명에 대한 조사연구'에 의하면 평균수명은 연예인과 정치인이 각 73세로 가장 높았고 교수가 72세, 관료 및 기업인이 71세를 기록했고, 법조인은 평균수명은 70세에 불과했다. 언론인은 65세로 가장 낮았다. 물론 10여 년이 지난 지금은 이보다 수명이 꽤 연장될 것이다. 전문가들은 변호사의 수명이 상대적으로 짧은 이유로 변호사의 불규칙한 생활형태와 재판의 특성에 따른 업무 스트레스를 주요 원인으로 분석하고 있다.

2008년의 대한변협의 자료에 따르면 75세 이상 변호사는 8,920명 중 280명(3.1%)이었고, 90세 이상인 변호사는 모두 21명으로 최고령 변호사는 당시 97세인 金炳斗(1912년생) 변호사였다. 김병두 변호사는 100세까지 사시고 후배 변호사들이 백수연(白壽宴)까지 열어드렸는데, 이때에는 9남매와 며느리·사위·손자·손녀에 증손까지 합하면 100명 가까운 손(孫)이 한자리에 모였다고 한다. 김병두 변호사는 2011년 3월 6일 작고하기 직전까지 강원도 원주시에 있는 법무법인 치악종합법률의 대표변호사로서 100세까지 공증업무에 종사했다. 김병두 변호사야말로 '9988234', 99세까지 88하게 살다가 2일 또는 3일 병으로 누웠다가 저세상으로 가셨으니 실로 복을 많이 받은 분이다. 이분의 건강비결은 "괜한 욕심 안 내고 꾸준하게 자기 일에 충실하면 되는 거지, 뭐"였다.

고 李弘圭 변호사(1905년생)는 2002년 작고할 때까지 평화합동법률사무소의 대표로 공증업무에 종사했다. 우리 나이로 98세까지 사셨는데 80~90대에도 철봉을 할 정도로 강단이 있었던 분이다. 이분의 아들이 두 번씩이나 대통령이 될 뻔하다가 이무기가 되고 만 이회창 전 대법관이다.

내가 아는 분 중에는 또 고 姜錫福 변호사(1904년생)가 있다. 이분도 2002년 작고하셨는데 작고하기 직전까지도 허리는 좀 굽었지만 정정하셨던 것으로 기억하고 있다. 우리 나이로 99세까지 장수하신 분인데 법률신문에 건강칼럼을 연재하면서 성생활의 중요성을 강조하기도 했다. 한번은 서울지방변호사회 회원들이 강 변호사님과 버스를 타고 야유회를 갔는데 버스에서 자기는 주례를 볼 때 신랑, 신부가 예물을 교환할 시 왼손 엄지와 검지로 동그라미를 만들어 오른손 검지로 동그라미 가운데를 찌르면서 신랑에게 "(반지를)끼우라, 끼우라"고 한다는 우스개를 하시던 일이 기억난다.

또 기억나는 분으로 田溶星 변호사(1911년생)가 있다. 이분은 의사 출신 변호사 제1호로 2007년 6월 작고하셨으니 우리 나이로 97세까지 사셨는데 작고 직전까지도 변호사회 야유회에 나오셔서 카랑카랑한 목소리로 말씀을 하시던 일이 생각난다. 이분은 경성제국대학을 거쳐 1953년에 내과전문의를 취득하고, 1955년에 제7회 고등고시사법과에 합격한 후 1965년에 서울대에서 의학박사를 취득한 특이한 이력의 소유자였다. 우리나라 최초의 의사 겸 변호사였다.

내가 보기에는 이런 분들의 공통적인 성격은 대체로 인생을 낙천적으로 사는 분들이었다. 이홍규 변호사와는 직접 대면할 기회가 없었지만 나머지 분들은 대부분 남들과 잘 어울리고 남들에게 웃음을 주시는 분들이었다.

내가 학교로 일터를 옮기기 전까지 근무했던 공증인가 동아합동법률사무소의 구성원 중에 젊은 사람을 빼고, 李在性 전 대법관님은 1927년생이고, 黃桂龍 변호사님은 1935년생, 李圭孝 변호사(전 건설부장관님)는 1933년생, 金種彪 변호사님은 1931년생, 金東煥 변호사님은 1934년생이다. 이분들의 연세가 77세부터 85세까지인데 현재 공증업무는 물론 송무업무도 맡고 계신 것으로 알고 있다. 이분들은 젊었을 때에는 50이 넘으면 변호사 하지 않는다고 했는데 죽을 때까지 변호사를 하고 있다.

공증인은 당사자나 그 밖의 관계인의 촉탁에 따라 법률행위나 그 밖에 사권에 관한 사실에 대한 공정증서의 작성, 사서증서 또는 전자문서 등에 대한 인증 등의 사무를 처리하는 것을 직무로 하고, 공증인은 위 직무에 관하여 공무원의 지위를 가지는 것으로 보도록 되어 있다(공증인법 제2조).

공증인은 법무부장관으로부터 임명을 받은 임명공증인과 공증인가를 받은 인가공증인이 있다. 변호사법에 따라 설립된 법무법인, 법무법인(유한) 또는 법무조합은 인가공증인이 될 수 있다. 종전에 인가를 받은 공증인가 합동법률사무소는 한시적으로 공증사무를 할 수 있다.

지금까지 공증인의 정년에 관한 규정은 없었으나, 2009년 공증인법을 개정하면서(2009.2.6. 법률 제9416호) 공증인의 정년을 75세로 규정하고(제15조 제3항, 제15조의4 제3항), 다만 이 정년에 관한 규정은 공포 후 3년이 경과한 날부터 시행하도록 부칙으로 규정하였다. 이 개정법에 의하면 2012년 2월 7일부터는 공증인의 정년이 75세로 되고, 공증인이 그 정년이 되는 날이 1월에서 6월 사이에 있는 경우에는 6월 30일에, 7월에서 12월 사이에 있는 경우에는 12월 31일에 당연 퇴직하도록 되어 있다.

그런데 2012년 1월 17일 개정 공증인법(법률 제11154호)은 법률 제9416호 공증인법 일부개정법률 부칙에 제3조의 2(정년에 관한 특례)를 신설하여 임명공증인 및 공증담당변호사의 정년은 제15조 제3항 및 제15조의 4 제3항의 개정규정에도 불구하고 2017년 12월 31일까지는 80세로 하도록 규정하였다. 개정취지는 현재 75세가 넘어서도 공증인으로 활동하는 변호사들이 많고, 임명공증인과 공증담당변호사의 퇴직으로 인한 혼란과 문제 발생 방지를 위하여 2017년까지는 정년을 80세로 하려는 것이다.

따라서 최근의 개정 공증인법에 의하면 공증인의 정년은 2017년까지는 80세로 유지된다. 2012년 2월 7일 이미 80세를 넘은 공증인은 개정법에 따라 오는 6월 30일을 퇴직일로 보게 된다(법무부의 해석). 동아합동의 구성원 중에서도 이재성 대법관님과 김종표 변호사님은 이미 80을 넘어 공증인의 업무를 할 수 없게 되었고, 나머지 분들도 조만간 공증업무에서 손을 떼야 할 상황이다.

　서초동에는 이미 공증사무소가 난립되어 있어 예전과 달리 공증수
수료 수입도 시원치 않다. 예전에는 공증수수료만으로도 사무실 유
지비용을 충당하고 배당까지 받기도 했었는데 이제는 상황이 달라졌
다. 80이 넘었다면 젊은 변호사들에게 공증업무도 넘겨주고 덤으로
사는 인생 편히 즐기며 사는 게 상책일지도 모른다.

[2012. 1. 19]

17. 장관급과 차관급

　우리나라 사람들은 누가 장관급이니 차관급이니 하며 급수를 따지는 것을 참으로 좋아한다. 누가 높고 낮은지를 따지고 맞춰 보는 것을 좋아하다 보니 어떤 공식, 비공식 모임에서는 자리배치를 두고 싸움이 벌어지기도 한다. 오름들을 다니다 보면 곳곳에서 묘와 산담을 많이 만나는데 通政大夫가 쓰인 비석을 많이 보게 된다. 나의 고조부 비석에도 통정대부로 되어 있다. 통정대부는 요새로 치면 3급 공무원 수준의 당상관(정3품)인데 시골 곳곳까지 그렇게 많은 당상관이 있을 수는 없다. 이들은 대부분 야미[暗] 통정대부일 것이다.

　행정부 공무원인 경우 장관 – 차관 – 차관보 – 1급(관리관) – 2급(이사관) – 3급(부이사관) – 4급(서기관) – 5급(사무관) – 6급(주사) – 7급(주사보) – 8급(서기) – 9급(서기보)의 직급체계가 있지만, 입법부 국회의원이나 사법부 법관에 관하여 행정부 공무원과 견주어 급수가 정해진 규정은 어디에도 없다. 그러다 보니 장관이나 차관이 아닌 장관'급', 차관'급' 공무원이라는 말이 생겨났다.

　대한민국 국가 의전서열은 1. 대통령, 2. 국회의장, 3. 대법원장, 4. 헌법재판소장, 5. 중앙선거관리위원장, 6. 국무총리, 7. 국회부의장, 8. 감사원장, 9. 부총리, 10. 국무위원(장관), 11. 국회상임위원장, 12. 대법관, 13. 3부의 장관급 인사, 14. 차관급과 국회의원, 15. 검찰총장, 16. 합참의장, 17. 3군 참모총장 순으로 되어 있다.

　위 의전서열에 의하면 국회의원은 차관급 서열로 되어 있는데 국회의원의 직급은 어떻게 되는가? 대법관이나 검사장, 법원장의 직급은 어떻게 되는가? 법에 정해진 기준이 없다 보니 보수를 기준으로 '급'을 가리고 있다.

국회의원은 보수 기준으로는 차관급이나, 실질적으로는 장관급 예우를 받고 있을 정도로 떵떵거린다. 올 4·11 총선에서 국회에 진출하려고 하는 선량후보들은 국회의원이 가진 각종 특권을 흠모한다. 면책특권(헌법 제44조)과 불체포특권(헌법 제45조)은 국회의원에게 부여된 가장 강력한 특권이다. 법적으로 국회의원에게 보장된 특권은 200여 개에 이른다. 비행기를 이용할 경우 1등석이 배정되고, 공항에서도 귀빈실을 이용할 수 있으며, 해외출장을 갈 경우 공관의 영접을 받는 것 등이 그 예이다. KTX와 국유철도를 무료를 탈 수도 있다. 역설적으로 국회의원의 직급을 내리고 예우를 줄여야 국민에게 봉사하는 국회의원이 될 수 있지 않을까 하는 생각을 해본다. 현재 국회의원 정수는 299명이다(다만 19대 국회의원부터 한시적으로 300명이다).

사법부 법관 중 통상 대법관을 장관급으로, 고등법원 부장판사 이상 법원장(지방법원장, 고등법원장)을 차관급으로 분류한다. 현재 우리나라 법원에는 13명의 대법관(1명 법원행정처장 포함)이 있고, 고등법원 부장판사는 120~130명쯤 된다. 지방법원 부장판사들이 차관급인 고등법원 부장판사가 되기 위해서는 동기들 간에 경쟁이 치열하다. 검찰의 경우 검사장(지방검사장, 고등검사장)이 차관급 대우를 받고 검찰총장은 장관급 대우를 받는다. 옛날에는 이런 사람들이 아주 높은 사람으로 보였는데 이제 와서 보니 그렇고 그런 사람들이다. 얼마 전에 차관급 대우를 받는 경찰청장이 직급을 장관급으로 올려 달라고 했다가 비난을 받은 일도 있었다.

고등법원 부장판사나 검사장 등 차관급이 되면 달라지는 것은 기사 딸린 공용차가 배정된다는 점이다. 검찰청법상 검사의 직급은 검찰총장과 검사로만 구분되어 있고(제6조), 검사장이라는 직급은 법적 근거가 없는 호칭인데 실제로 검사장 호칭을 사용하는 것은 공용차 때문이다. 검사장은 '공무원 여비규정'에서 차관과 같은 대우를 받는다는 이유로 차관급임을 내세워 공용차를 받는다. 법무부의 국실장 중 검사장인 검찰국장이나 법무실장 등은 공용차가 나오지만, 검사장이 아닌 교정국장이나 인권국장에게는 공용차가 나오지 않는다. 우리나라 검찰에 54명의 검사장이 있다.

헌법재판소의 헌법재판관은 장관급 대우를 받는다. 헌법재판소장 포함 9명의 헌법재판관이 있다. 헌재 사무처장은 정무직으로 하고, 보수는 국무위원의 보수와 같은 금액으로 하고, 사무차장은 정무직으로 하고, 보수는 차관의 보수와 같은 금액으로 하도록 되어 있다(헌법재판소법 제19조 제1항, 제2항). 전에는 헌재 사무처장이 차관급 대우를 받고 있었는데 장관급으로 격상되었다. 국회 사무총장은 장관급 대우를 받고(국회사무처법 제4조 제2항), 입법차장, 사무차장 및 국회도서관장은 차관급 대우를 받는다. 법원행정처장은 장관급인 대법관이, 법원행정처차장은 차관급인 법원장이 맡고 있다.

가 두지사는 차관급 대우를 받고 서울시장은 장관(국무위원)급 대우를 받는다. 서울시장은 국무위원이 아니면서 국무회의에 참석한다. 국립대학 총장의 직급은 어떻게 될까? 총장들은 자칭 장관급이라 하고 있으나, 외부에서는 차관급 정도로 보아준다. 국립대총장에게도 기사 딸린 공용차가 나온다. 국·공립대총장협의회는 전국 26개 국공립대학(4년제) 총장들의 모임이다. 이들을 장관급이라고 한다면 하나의 정부 부처(교육과학기술부) 산하에 너무 많은 장관급이 있는 것이 된다.

　군인의 경우 대장은 장관급 대우를 받고 중장이 차관급 대우를 받는 것으로 알려져 있다. 우리나라의 대장은 모두 8명(합참의장, 한미연합사부사령관, 육해공군 참모총장, 육군 1, 2, 3군사령관)이다. 국방개혁안이 완성되면 이들 숫자가 변동될 가능성이 있다. 중장은 육해공군을 합하여 약 30명이 있는 것으로 알고 있다. 우리나라의 준장 이상 將官級(長官級이 아님) 장교는 440여 명에 이른다. 군인사법상 원수(종신)라는 계급이 있으나 대한민국에는 아직까지 원수는 없었다. 군 일각에서 백선엽 장군을 명예원수로 추대하려는 움직임이 있었다. 선군국가인 북한은 차수 - 원수 - 대원수까지 있다. 북한은 장성급이 1,200명이 있다.

[2012. 1. 31]

18. 법관의 정년과 평생법관제

　현재 법관의 정년은 대법원장 70세, 대법관 65세, 판사는 63세이다. 검찰의 경우 검찰총장은 65세, 검사는 63세이다. 그런데 2013년 1월 1일부터 대법원장과 대법관의 정년은 70세, 판사의 정년은 65세가 된다(2011.7.18. 개정 법원조직법 제45조 제4항). 대법관의 정년을 5년, 판사의 정년을 2년 늘렸다.

　대법원장의 임기는 6년으로 하며 중임할 수 없고, 대법관의 임기는 6년으로 하며 연임할 수 있다. 판사의 임기는 10년으로 하며 연임할 수 있다(법원조직법 제45조 제1항 내지 제3항). 대법원장은 두 번 할 수 없으나, 대법관과 판사는 연임할 수 있다. 근래에는 대법관을 연임한 예가 없으나, 전에는 연임한 예가 있었다. 대법원장도 조진만 대법원장이 3, 4대, 민복기 대법원장이 5, 6대를 각 연임했다. 판사는 10년 단위로 재임용절차를 거쳐 연임할 수 있는데 지금까지는 특별한 사정이 없는 한 거의 대부분이 재임용이 되었다.

　지금까지 법관으로 정년을 채운 사람은 전체 퇴직 법관의 1% 정도에 불과했다. 1990년 이후 2011년까지 판사는 퇴직자 1,519명 중 20명(1.3%), 검사는 1,353명 중 5명(0.4%)만 정년퇴임했다. 이 중 경력 법관 9명을 제외하면 정년을 채우고 퇴임한 법관은 11명(0.7%)에 불과하다. 정년을 맞는 법관은 거의 천연기념물 수준이다. 법원에서도 군대처럼 기수문화가 작용하여 사법연수원 동기들이 고법부장이나 대법관으로 올라가면 자연스레 옷을 벗는 게 관례처럼 돼 있다.

심지가 곧은 법관도 눈치가 보여 남아 있는 것이 견디기 힘든 상황이 된다. 법원의 피라미드형 법관 인사시스템이나 전관예우 등 내외부적 요인이 법관의 중도퇴직을 불러온 면도 있다. 법원이 거물 변호사 양성소처럼 되어온 것이다.

앞으로 이러한 법관들의 중도퇴직 문화가 바뀌지 않으면 안 될 시대적 상황에 놓여 있다. 법원조직법 개정으로 2013년부터는 검사·변호사 등 법조 경력자를 법관으로 임명하는 '법조 일원화'가 시행되고, 양승태 대법원장이 추진하는 평생법관제의 도입과 법관 임용연령의 상향으로 앞으로는 정년까지 법관으로 근무하는 예가 늘어날 것으로 예상된다.

미국의 경우 판사를 선거로 선출하고 판사의 정년은 따로 없이 종신까지 판사로 근무하는 시스템을 채택한 주가 많다. 지난 1월 23일 1962년 존 F. 케네디 전 대통령 시절 연방 지방판사로 임명된 미국의 최고령 현직 연방판사인 웨슬리 브라운 위치토 지방판사가 104세로 사망했다. 브라운 판사는 죽기 얼마 전까지도 구부정한 몸은 판사석에 묻은 채 재판을 진행했다. 우리나라에서는 상상도 할 수 없는 일이다.

로스쿨 졸업생 배출로 이제 법관 임용시스템도 획기적으로 바뀐다. 올해까지는 기존처럼 사법연수원 수료생 중에서 법관을 선발하나, 2013년부터는 일정한 법조경력자만이 법관이 될 수 있다. 개정 법원조직법상 판사는 10년 이상 변호사의 자격을 갖고 있던 사람 중에서 임용하도록 되어 있고(제42조 제2항), 다만 2013년 1월 1일부터 2017년 12월 31일까지 판사를 임용하는 경우에는 3년 이상 변호사의 자격이 있는 사람 중에서, 2018년 1월 1일부터 2019년 12월 31일까지 판사를 임용하는 경우에는 5년 이상, 2020년 1월 1일부터 2021년 12월 31일까지 판사를 임용하는 경우에는 7년 이상 변호사의 자격이 있는 사람 중에서 임용할 수 있다(개정법 부칙). 재판연구원(로클럭)제도가 도입되어 2012년 로스쿨 졸업생 중 각 고등법원별로 합계 100명의 로클럭을 선발하는 절차가 진행 중이다.

앞으로 10년 이상 변호사로 있던 사람만이 판사가 될 수 있다면 초임 판사의 연령이 적어도 40은 되어야 한다는 이야기이다. 요새 로스쿨생들의 나이가 20대 후반에서 40대까지 분포되어 있는 점을 보면 이들이 로스쿨을 졸업하고 실무연수를 마치고 법조 관련 직업에서 10년의 경력을 쌓게 되면 나이 40은 되어야 한다. 옛날처럼 법정에서 애송이 판사들의 모습을 보기는 쉽지 않게 된다. 옛날 20대의 젊은 판사가 아버지뻘 되는 당사자나 피고인에게 반말 비슷하게 지껄이던 모습은 그야말로 옛날이야기가 된다. 이에 맞추어 판사의 정년도 65세로 연장한 것이다.

대법원은 평생법관제를 추진하고 있다. 평생법관제는 법원장을 비롯한 고위 법관들이 경륜과 능력을 사장시키지 않고 재판 업무를 담당하면서 정년까지 근무할 수 있는 환경을 조성하기 위하여 법원장 순환보직제 및 임기제, 법원장 지원제를 도입하는 것이다. 즉 법원장으로 보임되면 원칙적으로 임기 종료 시까지 다른 법원의 법원장으로 전보되지 아니하고, 임기 동안 법원장으로 근무한 후 다시 재판부로 복귀하게 되는 시스템이다.

2월 정기인사를 앞두고 법원장급 법관 몇 명이 이미 사의를 밝히는 상황이라 평생법관제가 정착될 수 있을지는 두고 볼 일이다. 법원장이라면 재판업무와는 거리가 있는 법원행정가인데 법원장을 하다가 다시 재판업무로 돌아갈 수 있을지도 모르고, 이런 식으로 순환보직을 하게 되면 법원인사의 적체로 법원조직이 활력을 잃을 소지도 다분히 있다. 행정부 인사든 법원 인사든 인사라면 솎아내거나 걸러내는 맛이 있어야 하는데 그 사람이 그 사람이면 조직이 침체에 빠질 우려가 있다.

80년대 후반만 하더라도 초임판사가 소액단독을 맡는 예가 많았고, 몇 년 전까지만 해도 몇 년만 부장판사 밑에서 배석근무를 하면 단독판사로 승진할 수 있었는데, 이제는 '10년 차 배석판사'도 찾아볼 수 있다.

예전에는 6년차 배석판사에게 '6년근 판사'라는 말을 붙였는데 6년근 인삼이 제일 비싼 대신 시간이 지날수록 가격이 떨어지기 때문에 빨리 단독으로 가라는 의미였다. 요즘에는 흔해진 7년차 배석에게 '미운 일곱 살'이란 별명이 붙는다. 단독을 맡았다가 다시 배석으로 돌아가는 '파기환송' 판사들도 있다.

작년 2월부터 지방법원 부장판사가 고등법원의 배석판사가 되는 이른바 '새 재판부'도 운용되고 있다. 처음에는 지방부장급 고법판사가 배치된 재판부를 '대등재판부'라고 불렀으나, 원칙적으로 '모든 합의재판부는 대등재판부인 만큼 적절하지 않은 명칭'이라는 지적에 따라 명칭을 고육책으로 '새 재판부'(새로운 형태의 재판부)로 바꿔서 쓰고 있다.

앞서 본 법원을 둘러싼 시대상황의 변화로 앞으로 법원장 등 관리직 고위법관이 되지 못하고 평생 법관으로 근무하다 퇴직하는 법관이 많을 수밖에 없다. 그리고 법관이라면 눈치 보지 않고 재판업무에만 충실할 수 있어야 하지 않을까. 평생법관도 법원장의 순환보직에 의한 평생법관이 아니라 하급법원의 판사로서 정년까지 근무할 수 있는 환경을 조성하는 것이 더 중요할 것이다. 어떤 방법을 쓰든 경륜 있는 법관들이 하급심을 맡아주어야 한다. 하급심을 강화하는 길만이 대법원으로 가는 사건 수를 줄일 수 있는 길이다.

[2012. 2. 2]

19. 법원과 검찰, 애증의 세월

　형사사법의 운용을 책임지고 있는 법원과 검찰의 관계가 예전과 같지 않다. 최근 곽노현 서울시교육감의 공직선거법위반사건에서 서울중앙지방법원 형사27부(재판장 김형두 부장판사)가 돈을 받은 곽명기 피고인에게는 징역 3년을 선고하고 돈을 준 곽노현 피고인에게는 벌금 3,000만 원을 선고하자, 한 검찰 간부가 "화성인이 내린 것 같은 판결이라 지구인인 나는 이해할 수 없다"는 비난을 하고, 법원은 이에 반발하는 등 법원과 검찰은 갈등과 긴장의 관계를 이어가고 있다. MBC PD수첩의 무죄판결, 한명숙 전 총리 무죄판결, ELW재판에서 증권사 임원들에 대한 잇따른 무죄판결 등 굵직굵직한 대형사건에서 무죄선고가 내려지면서 법원과 검찰은 일촉즉발의 긴장관계를 조성하고 있다.

　김형두 부장판사는 서울지방변호사회 소속 변호사들의 법관평가에서 최우수법관으로 선정된 법관이다. 곽노현 사건 판결문을 보면 A4용지로 목차만 5페이지에 판결문이 188페이지에 이르는 장문의 판결이다. 양형이유를 상세하게 설시하고 있는 이 판결전문은 대법원 사이트에서 볼 수 있다. 이 판결문을 보면 법관들이 판결문 작성에 들이는 노고를 알 수 있다.

　법원과 검찰이 이렇게 긴장관계를 조성하게 된 것은 아마도 영장실질심사제가 큰 영향을 미쳤을 것이다. 옛날에는 검사가 청구한 구속영장을 웬만하면 발부해주던 법원이 불구속수사원칙을 견지하며 영장기각률이 높아졌고, 이용훈 전 대법원장이 공판중심주의를 강조하며 '수사기록을 던져버리라'고 하면서 형사사법에서 법원의 우위는 확고하게 다져진 것으로 보인다.

옛날에는 법원과 검찰이 사이가 좋았다. 80년대만 하더라도 시골 지원 같은 곳에서는 공판검사도 없이 판사가 공판검사 역할까지 하면서 형사재판을 하는 광경도 쉽게 볼 수 있었다. 그때는 지법(또는 지원)과 지검(또는 지청)이 마주 보는 것처럼 판사나 검사가 비슷한 연배에 비슷한 사법연수원 기수여서 상호 간에 우위를 논할 입장도 아니었다. 그때는 매년 연초에는 후배가 선배 방을 찾아다니면서 세배 비슷한 인사를 하러 다녔는데 검사들이 법원에 인사 갈 수 없다고 하면서 검찰청과 법원 사이에서 판사와 검사들이 서로 만나 인사를 나누자고 하는 웃지 못할 일도 있었다.

그런데 이러한 상황이 90년대 말에 들어서면서 바뀌기 시작하였다. 검찰인사는 법원과 같은 서열 위주가 아닌 발탁인사를 하다 보니 동기가 검찰총장이나 법무부장관이 되면 선배 기수인 고참 검사장들은 후배의 지휘권에 부담을 주지 않겠다는 명분으로 대부분 옷을 벗고 용퇴하게 되었고, 검찰의 고위직은 법원에 비해 갈수록 연소화가 진행되었다. 대법관의 임기가 6년이고, 검찰총장의 임기가 2년, 그나마 2년도 못 채우는 검찰총장이 다수 생기고 인사청문회에서 낙마하는 등 사정도 이와 무관하지 않을 것이다.

현재 대법원장은 사법시험 9회 출신인데, 법무부장관은 사법시험 20회, 검찰총장은 23회 출신으로 기수 차이가 너무 벌어지고 말았다. 대법관 중에 박보영 대법관만 빼고 사법시험 21회 출신인 박병대, 김용덕 대법관이 제일 어리다. 서울중앙지법원장(이진성)은 연수원 10기인데, 서울중앙지검장(최교일)은 연수원 15기이다. 제주의 경우만 하더라도 법원장은 연수원 12기인데, 검사장은 17기 출신이다. 법원과 검찰이 대개 5년쯤 차이가 벌어진 것으로 볼 수 있다. 앞으로 검사나 변호사 경력자 중에서 법관을 선발하는 법조일원화가 진행되면 이러한 경향은 더욱더 심화될 것이다.

이러다 보니 요새는 법원과 검찰은 거의 교류가 없다. 제주지역만 하더라도 옛날에는 판사, 검사, 변호사들이 모여 판례연구회 같은 모임도 있었는데 요새는 3자 간 교류를 거의 하지 않는다. 옛날에 지어진 지방법원이나 지방검찰청은 가운데 정문으로 들어가면 좌측에 검찰청이, 우측에 법원청사가 자리 잡고 있는데, 서울중앙지법과 서울중앙지검은 아예 들어가는 문도 다르게 되어 있고, 대법원과 대검찰청도 마찬가지다.

원래 법원과 검찰은 동등한 관계일 수가 없다. 법정의 구조를 보더라도 법대 아래 원고격인 검사와 피고격인 피고인 또는 변호인이 마주 보는 자리에 잡도록 되어 있다. 검사는 공소사실을 증명할 책임이 있고, 법관에게 합리적 의심이 없을 정도로 공소사실을 증명하지 못하면 형사소송법 제325조 후단에 따라 범죄의 증명이 없다는 이유로 무죄판결을 선고하는 것이다.

어느 누가 형법은 무엇이 범죄인지를 밝힘으로써 범죄로부터 선인(善人)을 보호하는 법전이고, 형사소송법은 범죄를 저지른 악인(惡人)이라도 적법 절차에 따라 다룰 것을 보장해주는 악인을 위한 법전이라는 말을 한 적이 있다. 범죄로부터 사회를 방위하여야 할 검사로서는 답답하겠지만 형사소송법은 피고인 또는 악인을 보호하는 법이나. 갈수록 수사환경이 어렵다고 하더라도 검사가 공소사실을 증명하지 못하거나 법관을 설득하지 못하면 무죄선고는 불가피한 것이다.

그동안 법원과 검찰은 애증의 세월이었다. 그러나 법원과 검찰이 긴장관계를 유지해야 국민은 편하다. 검사와 판사가 한통속이라면 누가 형사재판을 신뢰하겠는가? 앞으로도 법원과 검찰이 부딪치는 소

리가 많이 날 것이고 그만큼 국민들은 우리나라의 형사사법 시스템
을 신뢰하게 될 것이다.

[2012. 2. 3]

20. 변호사 단체 회장의 연소화

서울지방변호사회(이하 '서울회'라 함)는 논란 끝에 지난 1월 30일 2012년도 정기총회를 열고 일정 경력 이하 변호사의 회장선거 출마 자격을 제한하는 회칙개정안을 통과시켰다. 이에 따라 개정 회칙이 법무부의 인가를 거쳐 정식 시행되면 이후 등록하는 사법연수원 수료생과 로스쿨 졸업생들은 최소 10년간 서울회의 임원 및 변협의 대의원이 될 수 없게 된다.

지방변호사회들은 2년마다 정기총회를 개최하여 회장 등 집행부 임원을 선출하고 있다. 서울지방변호사회는 매년 1월 마지막 월요일에 정기총회를 여는데 회장 선출이 없는 정기총회는 참석하는 회원들도 얼마 되지 않는다. 회관에서 많지 않은 회원들이 조촐하게 모여 안건을 심의의결하고 기념품이나 받고 간다. 서울회의 경우 회원들이 8,000여 명에 이르다 보니 회장을 선출하는 정기총회는 정기총회 장소를 잡는 것 자체가 힘이 든다. 서울에도 1,000명 이상이 모여서 밥도 먹고 회의도 할 수 있는 장소가 별로 없다. 서울회는 주로 임원선거가 있는 정기총회를 힐튼호텔에서 열어왔다. 앞으로는 임원선거를 위해 잠실체육관을 빌려야 할지도 모른다.

2011년 서울지방변호사회 정기총회에서 회장후보로 나선 30대의 나 모 변호사가 돌풍을 일으켰다. 오욱환 변호사(연수원 15기)가 불과 26표 차이로 아슬아슬하게 서울회 회장이 될 수 있었다. 갈수록 청년변호사들이 늘고 있고 이들이 제대로 자리를 잡지 못하고 있다 보니 이들의 답답함과 좌절감이 회장선거에서 집단적으로 표출된 것으로 볼 수 있다.

청년변호사들의 반란에 서울회는 회원 수 급증으로 인해 다수의 회원이 회장후보로 입후보하는 등 후보자 난립이 예상되고 법조경력이 얼마 되지 않는 회원이 회장으로 선출될 수 있고, 법조 3륜 중 변호사 단체의 대표로 회원들의 이익을 조화롭게 융화하지 못할 우려가 있다는 이유를 들어 회장 입후보자의 출마자격을 법조경력 10년(변호사로서 5년) 이상인 회원으로 제한하는 임원 등 선거규칙을 개정했다.

이 규칙개정에 불만을 품은 청년변호사들이 서울회 회장을 상대로 회장 후보자의 자격을 제한한 임원 등 선거규칙의 개정을 의결한 임시총회결의무효확인소송을 제기하였다. 서울중앙지방법원은 서울회는 그 조직과 운영에 있어서는 상당한 자율성 또는 자치권을 갖고 있고, 피선거권 제한 규정은 개정의 필요성과 합리성이 인정되고 회원들의 총의에도 부합해 자치권의 범위 내에 있다고 판시하면서도 "서울회의 장은 지방변호사회를 대표하고 지방변호사회의 업무를 총괄하는 자로서 이에 관한 피선거권은 회원들이 가지는 가장 중요한 권리 중 하나이므로 그 제한 여부는 지방변호사회 회칙에서 직접 규정해야 한다"며 "회칙에서 정하고 있는 개인회원의 피선거권을 회칙의 위임 없이 그 하위 규칙인 '임원 등 선거규칙'으로써 제한하는 것은 위법하다"는 이유로 원고승소판결을 선고했다(2011가합44134).

서울회의 이번 회칙 개정은 위와 같은 법원 판결에 따른 것이다. 서울회는 '임원 등 선거규칙'에 있던 해당 조항의 내용을 그대로 회칙에 규정했다. 다만, 부칙에서 개정 회칙이 시행되기 전까지 서울회에 가입한 회원들에게는 개정 내용을 적용하지 않도록 했다. 회칙이 확정되면 지난달 수료한 41기 사법연수생들은 개정 회칙이 시행되기 전까지 서울회에 가입할 경우 출마 제한 규정을 적용받지 않으나, 4월에 변호사시험 합격자가 발표되는 로스쿨 1기생들은 서울회에 가입하더라도 회장 선거 출마가 불가능하게 된다.

기존에 서울회에 가입한 청년변호사들은 자신들을 회장 출마 자격 제한 대상에서 제외시킨 회칙 개정에 대하여 별 불만이 없는 모양이다. 결국 청년변호사들도 극히 이기적이라는 비판을 피할 수 없다. 회장후보자의 출마자격을 제한하는 것이라면 올해 전에 서울회에 입회한 청년변호사나 그 후에 서울회에 입회한 로스쿨 졸업생을 차별 대우해야 할 합리적 이유나 근거는 없기 때문이다. 아마도 이들 청년변호사들은 내년 총회에 서울회 회장으로 또 출마할 것이다. 지방변호사회 회장이 변호사 일자리 창출 등 대단한 일을 할 수 있는 것으로 알고 있지만 사실상 알고 보면 할 수 있는 일이 별로 없다.

사실 지방변호사회의 운영에 있어서 젊은 변호사들의 활약이 매우 기대됨에도 불구하고 이들의 변호사 회무에의 참여도는 극히 미미한 실정이다. 서울지방변호사회에는 다양한 위원회와 동호회모임 커뮤니티 등이 있지만 10년 전이나 지금이나 별로 달라진 것이 없다.

근래 들어 청년변호사라고 자처하는 변호사들이 사사건건 로스쿨의 발목을 잡고 있다. 청년변호사들은 사법시험 존치를 요구하며 올해 처음으로 실시된 제1회 변호사시험의 난이도가 너무 낮아 변호시 자격을 평가하기에 부적합했다고 하는 내용의 '제1회 변호사시험에 대한 평가보고서'를 지난달 30일 법무부에 제출했다고 한다. 그들은 변호사시험이 법무사시험 문제, 심지어 수능 '법과 사회' 시험 문제 정도의 난이도밖에 되지 않는 문제들이라고 혹평하고 있다.

그들이 이런 말 막 해도 되는 것인지 모르겠다. 사법연수원 교수

들로부터 사법연수생 중 30%는 도대체 어떻게 사법시험에 합격했는
지 모를 정도로 기본이 안 된 연수생들이라는 말을 들은 적이 있다.
사법시험에 합격하고 사법연수원 출신 변호사라고 우쭐댈 일은 없다.
기본적으로 로스쿨과 사법연수원은 출발점이나 지향점이 다르다는
것을 망각하고 있다.

사법연수원 출신 청년변호사들이 로스쿨 출신 변호사들과 정정당
당하게 경쟁할 생각은 하지 않고 로스쿨을 깎아내리기에 여념이 없
는 것으로 보인다면 이는 철저하게 자기 밥그릇 지키기에 골몰하는
이기주의의 전형이라는 또 다른 비판을 면할 수 없다.

그건 그렇다 치고 지방변호사회장이나 대한변협회장 정도 되려면
어느 정도 법조경륜이 있는 변호사가 맡아야 한다. 서울회 회장이라
면 서울중앙지방법원장이나 서울고등법원장과 맞상대할 수 있어야
하고, 대한변호사협회장이라면 대법원장과 맞장을 뜰 수 있는 경륜
이 있어야 한다. 그런데 변호사 단체의 임원들이 갈수록 연소화되다
보니 법원 앞에 변호사회라는 존재가 한없이 왜소해 보이는 것은 나
만의 느낌이 아닐 것이다.

옛날에 대한변호사협회 회장이나 서울지방변호사회 회장이라면 이
들의 말 한마디가 법원과 검찰에 대해서도 권위를 가질 수 있었다.
김은호 변호사나 문인구 변호사 같은 분들이 대한변협회장을 할 당
시에는 변협은 권위가 있었는데 이제는 그렇고 그런 사회단체의 하
나 정도로 인식되기에 이른 원인 중의 하나는 변호사 단체의 임원의
연소화가 일정 부분 작용한 것으로 볼 수 있다.

[2012. 2. 5]

| 법은 사랑처럼 |

1. 법은 사랑처럼

Law Like Love

-W. K. Auden

Law, say the gardeners, is the sun,
Law is the one
All gardeners obey
To-morrow, yesterday, to-day.

Law is the wisdom of the old,
The impotent grandfathers feebly scold;
The grandchildren put out a treble tongue,
Law is the senses of the young.

Law, says the priest with a priestly look,
Expounding to an unpriestly people,
Law is the words in my priestly book,
Law is my pulpit and my steeple.

Law, says the judge as he looks down his nose,
Speaking clearly and most severely,
Law is as I've told you before,
Law is as you know I suppose,
Law is but let me explain it once more,
Law is The Law.

et law—abiding scholars write:
Law is neither wrong nor right,
Law is only crimes
Punished by places and by times,
Law is the clothes men wear
Anytime, anywhere,
Law is Good morning and Good night.

Others say, Law is our Fate;
Others say, Law is our State;
Others say, others say
Law is no more,
Law has gone away.

And always the loud angry crowd,
Very angry and very loud,
Law is We,
And always the soft idiot softly Me.

If we, dear, know we know no more
Than they about the Law,
If I no more than you
Know what we should and should not do
Except that all agree
Gladly or miserably
That the Law is
And that all know this
If therefore thinking it absurd
To identify Law with some other word,
Unlike so many men
I cannot say Law is again,

No more than they can we suppress
The universal wish to guess
Or slip out of our own position
Into an unconcerned condition.
Although I can at least confine
Your vanity and mine
To stating timidly
A timid similarity,
We shall boast anyvay:
Like love I say.

Like love we don't know where or why,
Like love we can't compel or fly,
Like love we often weep,
Like love we seldom keep.

法은 사랑처럼

- W. H. 오든

농부들은 말하네
법은 태양이라고
법은 우리 모두가 섬겨야 하는 주인
어제도, 오늘도 그리고 내일도.

법은 어른의 지혜
노쇠한 할아버지 잔소리 치네
손자 놈 혀 세 곱 빼물고 대꾸하네
법은 젊은이의 감각.

성자 같은 표정으로 사제는 말하네
속인들이여 들을지어다

법은 내 이 경전 속 주님의 말씀
법은 내 설교단이며 내 첨탑.
으스대며 재판관은 선언하네
가차 없이 딱 잘라 말해
법이란 내 읽었던 판결문
그러니 다시 말할 것도 없지만
한 번 더 되풀이하자면
법은 법이라.

법에 매달려 사는 자들은 말하네
법이란 옳은 것도 그른 것도 아니며
그저 때와 장소에 따라
처벌되는 범죄에 불과한 것.
법은 어느 때 어느 곳에서나
입기 마련인 옷
법은 아침저녁 인사.

어떤 이는 말하네
법은 우리의 운명.
어떤 이는 말하네
법은 우리의 국가.
또 어떤 이는 말하네
법은 이제 없다고
법은 죽어버렸다고.

군중들은 목청 높여 부르짖네
분노의 함성으로
법은 바로 우리라고.
그리고 항상 유순한 바보는
수줍게 말하네
법은 바로 나라고.

사랑하는 이여, 우리가 법에 관하여
그들 이상으로 알지 못함을 우리가 안다면,
만약 법이 존재한다는 것을
기쁘게 혹은 슬프게 모두가 수긍하고
또 모두가 그것을 안다는 것밖에
우리가 해야 할 일과 해서는 안 될 일을
내가 그대처럼 모른다면,
그리하여 만약 법을
어떤 다른 말과 동일시하는 것이
어리석은 일이라 생각하여
그토록 많은 사람들과는 달리
법이 존재한다고 다시 되풀이할 수 없다면,
어림으로 말하는가 혹은
스스로의 입장으로부터 벗어나고 싶은
만인의 공통된 욕망을
그들처럼 우리는 억제 못 하리.

비록 내 적어도
완곡하게 유사점을 말하는 정도로
그대와 나의 허영심을 억제할 수 있다 할지라도,
자랑스럽게 말하리
법은 사랑이라고.

법은 사랑처럼
어디 있는지 왜 있는지 모르는 것
사랑처럼 억지로는 못 하고
벗어날 수도 없는 것
사랑처럼 흔히 울지만
사랑처럼 대개는 못 지키는 것

―안경환 역, 『법과 문학 사이』, 까치, 1995 所收

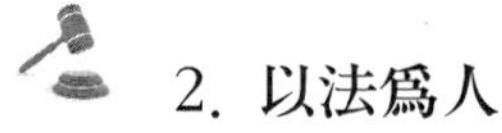 ## 2. 以法爲人

로스쿨 학생들에게 법의 정신을 간략하면서 함축적으로 보여줄 수 있는 말들로 어떠한 것들이 있을까?

'*Suum cuique*(각자에게 그의 몫을)'는 내가 正義를 定義하는 말로 자주 쓰는 말인데 Cicero가 한 말로 알려져 있다. 나의 명함에도 이 말이 들어 있다. 각자에게 그의 몫을 찾아주는 것이 정의라고 하지만 '그의 몫'을 둘러싸고 사람들의 견해가 일치하지 않는다. 요새 정의란 무엇인가에 관한 마이클 샌델의 책이 불티나게 팔릴 정도로 사람들은 정의에 목말라 있다. 그러나 누구나 미소 짓게 하는 정의는 없다.

"자유와 생명을 날마다 쟁취하는 자, 오직 그자만이 자유와 생명에 대한 권리가 있다. " –루돌프 폰 예링

"*Recht ist Wille zur Gerichtigkeit.*"(법은 정의에의 의지이다.)– G. Radbruch

"*Jus est ars boni et aequi.*"(법은 善과 衡平의 기술이다.) "*Pacta sunt servanda.*"(약속은 지켜져야 한다.) 이것도 법학도라면 누구나 알고 있는 말이다.

"*Fiat Justitia Ruat Caelum.*"(Let justice be done, though the heavens fall.)(하늘이 무너져도 정의를 세워라.) 이는 웬만한 법과대학이나 법학도서관 앞에 붙여있는 말이라 좋은 말이지만 우리만의 개성이 없는 것 같아 일단 망설여진다. 칸트가 한 말로 알려졌지만 실제로는 고대 로마의 정

치가이자 율리우스 시저의 장인이었던 피소(Piso)가 한 말이라고 한다.

우리가 동양문화권에 사는 사람들이라면 서구의 법언보다는 동양적 법정신이 들어 있는 **"以法爲人"**이 마땅할 것 같다. 以法爲人은 "법으로 사람을 위한다", "사람을 위한 법"이라는 뜻이다. 법을 위한 법이 아니라 사람을 위한 법이어야 한다.

이참에 법격언 내지 법률격언들을 생각나는 대로 추려본다.

☐ Good people do not need laws to tell them to act responsibly, while bad people will find a way around the laws(착한 사람은 법이 필요 없고 나쁜 사람은 법망을 피해간다). – 플라톤(Plato)

☐ Law is mind without reason(법은 이성 없는 마음). – 아리스토텔레스(Aristotle)

☐ Discourage litigation. Persuade your neighbors to compromise whenever you can. As a peacemaker the lawyer has superior opportunity of being a good man. There will still be business enough(소송은 말리고 합의를 유도하라. 변호사는 쌍방의 평화를 만들어야 좋은 사람). – Abraham Lincoln

☐ A jury consists of twelve persons chosen to decide who has the better lawyer(배심원이 12명이라고 하지만 결국은 어느 쪽이 훌륭한 변호사를 쓰느냐에 달려 있다). – Robert Fros

☐ Nobody has a more sacred obligation to obey the law than those who make the law(법은 만드는 사람이 먼저 지켜야 한다). – Sophocles

□ In law a man is guilty when he violates the rights of others. In ethics he is guilty if he only thinks of doing so(법에서는 남의 권리는 침해하면 유죄이지만 도덕적으로는 그런 생각만 해도 잘못). – Immanuel Kant

□ The life of the law has not been logic; it has been experience (법의 실제 적용은 논리가 아니라 경험) – Oliver Wendell Holmes, Jr.

□ There is a higher court than courts of justice and that is the court of conscience. It supercedes all other courts(법원보다 높은 법원은 양심의 법원). – Mahatma Gandhi

□ Das Recht ist nichts ala der ethische minimum(법은 윤리적 최소한에 지나지 않는다). – G. jellinek

□ Laws are always useful to those who have posessions, and harmful to those who have nothing(법은 소유한 사람들에게는 언제나 유용하고, 아무것도 없는 사람들에게는 언제나 해롭다). – Jean – Jacques Rousseau

□ 인간이 순수하면 법률은 필요 없다. 인간이 부패하면 법률은 위배된다. – B. Disraeli

□ 판결은 번복될 수 있지만 선입견은 번복될 수 없다. – Marie von Ebner – Eschenbach

□ 법률가의 지식이 깊어질수록, 그리고 법학의 공부가 오래되면 될수록, '법이란 무엇인가?'라는 단순한 질문에 더욱 주저하게 된다. – F. pollock

□ 오직 법률가이기만 한 법률가는 불쌍한 물건이다. – Martin luther

□ 법의 극치는 불법의 극치 – Cicero

□ 죽음을 가장 적게 두려워하는 자는 삶을 가장 값있게 산 사람이다. – Kant
□ 목적은 모든 법의 창조자이다. – Jhering

□ 인간은 선량해야 하고 나머지는 기다릴 수밖에 없다. – Kant

□ 아무도 타인에 대하여 공정할 수 있을 만큼 고고하게 설 수는 없다. –
  Marie v. Ebner – Eschenbach

□ 자기편에서 권리라고 느끼는 자는 끝까지 밀고 나가지 않으면 아니 된다.
  정중한 권리란 존재하지 않는다. – 괴테

□ 첫째, 법의 목적은 평화이며 그것을 위한 수단은 투쟁이다. 둘째, 권리주
  구자의 권리주장은 그 자신의 인격주장이다. 셋째, 권리를 위한 투쟁은
  자기 자신에 대한 권리자의 의무이다. 넷째, 권리주장은 사회공동체에 대
  한 의무이기도 하다. 다섯째, 권리를 위한 투쟁은 사적인 생활뿐만 아니
  라 국민생활에까지 미친다. – 예링

□ 30세 이전에 사회주의자가 아닌 사람은 가슴이 없는 사람이고, 나이가
  들어서도 사회주의자인 사람은 머리가 없는 사람이다. – 폴 크루그먼

□ 풍토의 변천에 의하여 성질이 변하지 않는 정의도 부정도 없다. 극에서
  3도 떠나면 전 법률학이 무너진다. 한 줄의 자오선이 진리를 결정하고
  몇 년의 세월이 소유를 결정한다. 근본법규는 변한다. 법은 ㄱ 시대를 기
  진다. 강과 산맥이 경계를 짓는 정의! 피레네 이쪽에서의 진리가 저쪽에
  서는 오류이다! – Pascal

□ 경찰관이 너무 많으면, 자유가 없을 수 있습니다. 군인이 너무 많으면, 평
  화가 없을 수 있습니다. 변호사가 너무 많으면, 정의가 없을 수 있습니다.
  – 임어당(Lin Yutang)

□ 법학은 2000년 이상의 장구한 역사를 가지고 있으면서도 아직 "법이란 무엇인가"라는 가장 기본적인 문제조차 해결하지 못하고 있다. 비행기·기차·자동차 등을 탈 줄을 모르면, 우리는 목적지까지 도보로 걸어가야 한다. 이때의 비행기 등은 우리가 목적지를 향하여 나아감에 있어서 그때 그때에 이용하는 하나의 도구에 지나지 않는다. 그리고 우리가 말하는 '法'도 사실은 이러한 도구 이외에 아무것도 아니다. 다시 말하면, 우리가 사회생활 속에서 자기가 목적한 바를 향하여 나아감에 있어서 남으로부터 부당하게 방해를 받지 않도록 자신을 방어하기 위하여 적시에 이용하는 일종의 '武器'가 되는 것이 다름 아닌 法이다. 그러므로 실정법규를 잘 활용할 줄 알면, 우리는 억울하게 취급되지 않고 편히 살 수가 있다. 이것이 '法'에 관하여 우리가 말할 수 있는 전부다. ― 자동차의 본질을 문제 삼지 않고서도 우리는 자동차를 타고 다닌다. 그리고 자동차에 관하여 우리로서 할 수 있는 일은 또는 해야 할 일은 성능이 더 좋은 자동차를 제작하고 수시로 수리를 하며, 그리고 필요에 따라 그 차에 탑승하는 것이다. 이것이 자동차에 관하여 우리로서 말할 수 있는 전부다. 그리고 法에 있어서도 이 점은 마찬가지다. ― 黃山德

3. 이재성 대법관님

李在性 대법관님은 내가 가장 존경하는 법조인 중의 한 분이다. 내가 이 대법관님을 알게 된 것은 사법연수생시절인 1986년 동아합동법률사무소에서 변호사 시보를 할 때로 거슬러 올라가니 근 25년이 되었다. 남대문 상공회의소회관 사무실에서 이 대법관님을 처음 뵈었을 때 백발에 단아한 모습으로 책상에서 원고지를 메꾸고 계시던 모습을 잊을 수 없다.

이 대법관님은 1927년생이므로 우리 나이로 올해 86세가 되는데 2007년 내가 동아합동법률사무소에서 학교로 일터를 옮길 때까지도 건강한 모습으로 사무실에 출근하셨다. 80을 넘은 나이에 출근은 오금동에서 서초동까지 버스와 지하철을 이용하셨고, 매일 아침 5시에는 비가 오나 눈이 오나 두어 시간 동안 올림픽공원 한 바퀴를 돌았다. 이 대법관님은 골프나 술 등 잡기에는 능하지 아니하였고, 돈에도 초연하였지만 절제와 절도 있는 생활이 몸에 밴 분이시다.

이 대법관님은 정규 대학코스를 밟지 아니하고 무사독학으로 고등고시 사법과에 합격하고 판사생활과 변호사를 거쳐 대법관 자리에까지 오르신 입지전적인 인물이다. 혼자 공부하여 발표하신 논문과 판례평석은 수백 편이고, 주석 민사소송법과 강제집행법 시리즈 등 수십 권의 저서를 출간하셨다. 실무 법조인 중에 이 정도의 책과 논문을 발표한 사람은 거의 없을 것이다.

이 대법관님은 평북 운산 출신으로 해방 후 월남하여 경찰에 입문

하고 서울중부경찰서 순경으로 정문 보초를 서는 것에서 시작하여 6.25 중에 경찰전문학교를 나와 지리산 공비토벌대 소대장으로 근무한다. 한국전쟁이 끝난 후 충남 서산의 지서 주임으로 발령받아 근무하면서 무사독학으로 고등고시 준비를 한다. 드디어 1955년 대망의 고등고시 7회 사법과에 합격한다. 경찰공무원으로 여러 해 근무하였지만 해군법무관으로 지원하고 전역한 후 1960년 초 전주지방법원 판사를 시작으로 법관의 길에 들어선다. 당시 전주지방법원장으로 만났던 이일규 원장과의 인연이 먼훗날 이일규 원장이 대법원장이 되면서 이재성 변호사를 대법관으로 이끄는 계기가 된다.

1960년대 광주고등법원 판사로 제주지방법원에 파견되어 재판을 한 일이 있는데 소송기록을 보니 사건명이 "절간인도"로 되어 있어 '절간(寺) 인도' 사건으로 알았는데 나중에 알고 보니 고구마를 썰어서 말린 주정의 원료였다는 말씀도 하셨다. 옛날 제주도에서 감저로 불리는 고구마를 많이 재배했는데(그 고구마밭이 지금은 전부 귤밭으로 바뀌었다) 고구마를 썰어서 말린 것을 "빼때기"라 부르고 있었다. 그 빼때기가 바로 절간이다. 이 절간이 주정의 원료로 팔렸었다.

이 대법관님은 서울고등법원 판사와 서울형사지방법원 부장판사(직무대리) 시절 심장병으로 고생하는 장남을 위해 법관직을 사직할 수밖에 없었다. 1970년 변호사를 개업하고 동료 변호사들과 함께 동아합동법률사무소를 열었다. 그러나 장남을 앞세워 먼저 보냈고, 결혼한 장녀도 뇌염으로 먼저 보내는 아픔을 맛보셨다. 당시 사위는 강완구 판사(후에 서울고등법원장을 지냄)로 순천지원 초임판사 시절이었다. 이 대법관님은 개업초기에 형님을 사무장으로, 큰딸을 사무원으로 두고 변호사 일을 시작하였는데 당시 사법연수생이던 강완구가 이 대법관님 사무실에 실무수습을 나왔다가 이 대법관님의 장녀와 눈이 맞아 결혼을 한 것이었다.

이 대법관님은 변호사 생활 18년을 보내고 1988년 이일규 대법원장의 제청에 의해 대법관이 되었다. 변호사 업무를 보시면서 대한변협과 서울지방변호사회의 회무에도 많이 관여하시고 대한변협 부회장과 사무총장을 역임하셨다. 1992년 대법관직을 정년퇴직하고 다시 변호사로 돌아와 서초동 동아합동빌딩에서 변호사업무를 다시 이어가게 되었다. 내가 이전오 변호사(현 성대 법전원 교수)와 서초동의 요셉빌딩에서 공동법률사무소를 운영하다가 1993년 10월 건너편의 동아합동법률사무소의 구성원이 되면서 다시 이재성 대법관님과의 인연을 이어가게 되었다.

합동법률사무소의 변호사들은 아침에 출근하면 소장으로 불리는 대표변호사 사무실에서 차를 한 잔 같이 하면서 세상돌아가는 이야기를 하다가 오전 개정시각에 맞추어 각자 법정으로 올라가고 점심시간에는 특별한 약속이나 일이 없으면 구성원 변호들끼리 점심을 같이 하는 것이 통례이다. 나는 변호사 업무를 하면서 이 시간에 이들 선배 변호사님들로부터 책에서 배울 수 없는 많은 것들을 배웠다. 변호사들 이야기라고 하는 것이 자기가 맡은 사건이 돌아가는 이야기가 주를 이룰 수밖에 없고 이런 저런 사건 이야기는 바로 찐득한 실무지식이 되었다.

촌놈인 내가 서울 서초동 한복판에서 그러저럭 변호사 생활을 대과없이 할 수 있었던 것은 이 대법관님과 박철우 변호사 등을 비롯한 동아합동의 구성원 변호사님들의 배려 때문이었다. 모두 인간미가 넘치는 분들이었는데 이 중 박철우 변호사님과 인정헌 변호사님은 지병으로 먼저 세상을 떠났다.

이 대법관님은 기억력이 출중하심에도 불구하고 항상 메모가 습관처럼 되어 있었고, 1998년에는 회고 에세이집으로 한국사법행정학회에서 『被岸』을 발간하셨다. 나는 지금도 메모를 별로 하지도 않고 지난 세월을 반추해도 머리는 굳어가고 정확한 일시가 잘 기억나지 않아 이런 회고 에세이를 쓸래야 쓸 수도 없다. 이 대법관님이 지금까지 살아온 날을 날짜와 시간단위로 까지 셈하시는 것을 보고는 머리가 설레설레 흔들어진다.

이 대법관님은 80이 넘은 나이에도 불구하고 책에서 손을 놓지 않으신다. 조선왕조실록과 연여실기술 등 고서를 원문으로 읽으시고, 로마인이야기 시리즈 등 신간들과 소설책도 계속 읽는 것을 보고 나는 속으로 '이제 얼마 없어 죽을 텐데 저런 책들을 읽어 무엇을 할까'라고 생각하기도 했었다.

이 대법관님은 남한에서 계속 생활하시면서도 고향인 평안북도 운산과 묘향산을 잊지 못하고 언제 고향을 찾아갈 날만 기다리다가 평양방문단으로 한번 평양에 갔다 오시기도 했다. 이 대법관님은 몇 년 전에 사모님을 또 앞세워 보내셨다.

이 대법관님은 말씀하셨다.

"내가 순경으로 시작해서 판사가 되고 변호사가 된 것은 누구처럼 투철한 신념이 있어서도 아니고 또한 그 길만이 나의 길이라고 택한 결과도 아니다. 그저 나의 앞날에 희망이 있을 것이라는 믿음을 버리지 않고 항상 처해있는 자리에서 최선의 노력을 다하는 자세로 살아왔을 뿐인데 운이 좋아 고등고시도 합격하고 판사도 되고 또 사정에 의해 변호사가 되었다가도 말년에는 대법관자리까지 오를 수 있었다.

나의 생활신조를 한마디로 표현하면 '희망을 가지고 꾸준히 노력하라'는 것이다. 희망은 높지 않은 곳에 두고 노력은 중단 없이 계속하라.

인생이란 일엽편주에 몸을 싣고 고해를 건너는 것과 같은 것이므로 당장은 눈앞에 보이지 않지만 저 앞에 피안이 있다는 믿음을 가지고 꾸준이 노를 저어 나가는 사람만이 대망의 피안에 올라갈 수 있다고 믿는다."

부디 이 대법관님의 건강을 빌며 계속 우리 젊은 변호사들의 등대가 되어주시기를 간절히 기원한다.

사진 중간 줄 좌측부터 金鍾彪 변호사님, 金東換 변호사님에 이어 李在性 대법관님이고, 그 우측으로 朴炳岐 변호사님과 朴哲雨 변호사님(작고). 뒷줄 다섯 번째부터 印正憲 변호사님(작고), 李圭孝 변호사님(전 건설부장관), 金時賢 변호사님, 黃桂龍 변호사님(전 서울지방변호사회 회장) 그리고 본인, 나머지는 동아합동법률사무소 남녀직원들. 이제는 이 시절이 아득한 옛날이 되었다.

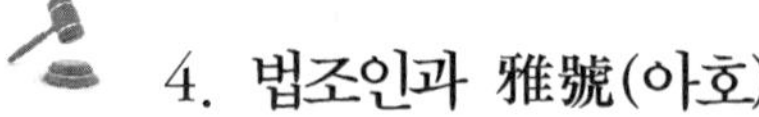

4. 법조인과 雅號(아호)

　유명한 인물 중에 본명보다 號나 雅號로 더 유명한 사람들이 많다. 예컨대 "진달래꽃"으로 유명한 김소월은 본명이 '김정식'이나 사람들은 본명보다 호인 '소월'로 즐겨 부른다. "오감도"의 李 箱도 본명은 김혜경이나 사람들은 아호인 이상을 더 잘 안다. 어떤 사람들은 자신이 거처하는 방이나 집에 특정한 뜻을 담아 堂號(당호)를 붙이기도 한다. 정약용의 호는 다산이었지만 남양주 고택에는 '경거망동하지 말자'는 뜻에서 與猶堂(여유당)이라는 당호를 붙였다. 대부분의 연예인들은 본명을 감추고 藝名을 쓴다.

　법조인들에게도 호 또는 아호가 있는 경우가 있다. 그러나 사람들은 법조인들의 아호를 잘 모른다. 호나 아호는 다른 사람들이 불러주어야 하는데 같은 법조인들도 아호를 잘 모를 뿐만 아니라 그 아호를 잘 불러주지도 않는다.

　법조인의 아호는 회갑(또는 화갑)기념논문집이나 고희기념논문집을 만들면서 창안하기도 한다. 최근에 발간된 화갑기념논문집 중 아호가 들어있지 않은 논문집으로는 김능환 대법관 화갑기념으로 펴낸 『21세기 민사집행법의 현황과 과제』(2011)가 있다. 요새 회갑은 얼마 되지 않은 나이지만 몇 년 전만 하더라도 교수나 법조인 중에서 회갑 또는 화갑을 맞는 분에게 회갑기념논문집을 증정하는 것이 유행처럼 번지기도 했다.

　그러나 평균수명의 연장으로 요새 나이 60 가지고는 어디 가서 행세도 하지 못한다. 그 나이 가지고는 경로당도 가지 못한다. 그러다 보니 정년기념논문집(변호사들은 정년이 없으니 주로 교수가 이에 해당한다)이나 고희기념논문집으로 추세가 옮겨가고 있으나 옛날에는 몰랐는데 70도 그리 대단한 나이가 아니다. 후학들이나 후배들에게 신세지고 싶지 않다고 하면서 끝내 이런 류의 논문집을 만드는 것을 완강히 거절하는 분도 있으나, 대개는 못 이기는 척 하면서 이런 논문집을 받는다. 오히려 돈 없는 제자들에게 이런 논문집 만들기를 은근히 강요하는 사람도 없지는 않다.

1979년 여름 이영섭 대법원장 재직시절 이 대법원장이 회갑을 맞아 후학들이 이 대법원장에게 화갑기념논문집을 증정하려고 하자 꼬장꼬장한 이 대법원장은 화갑논문집은 대학의 선생이나 받는 것이지 실무가들은 받을 것이 못된다고 하면서 거절하는 바람에 순수 '법조인' 최초의 화갑논문집 발간이 무산된 일이 있다. 그때 이 대법원장이 화갑논문집을 받았다면 틀림없이 아호가 생겼을 것이다. 5공이 들어서고 이 대법원장이 대법원장직을 물러나시면서 자신의 대법원 재직기간은 '오욕과 회한'의 시절이었다고 술회하여 파문을 일으키기도 했다.

그 후 방순원 선행이 고희를 맞아 1984년에 민사실무연구회에서 『민사법의 제문제』라고 하는 선생의 고희기념논문집을 만들어 드리면서 선생의 호로 **溫山**(온산)을 썼는데 그 호를 본인이 만드신 것인지 주위에서 붙여준 것인지는 정확히 모른다. 어쨌든 방순원 선생은 아호만큼이나 '따뜻한 산'이었고, 이영섭 대법원장과 함께 대한민국 민사소송법학의 초석을 놓으신 분이다. 방 선생은 서울대 교수로 재직 중 대법원판사에 임명되었으나, 국가배상법 위헌판결로 대법원판사에서 물러났다. 방순원 선생은 돌아가시기 전인 1994년에 『나의 길 나의 선택 법조 반백년』이라는 문집를 내기도 했다. 방순원 선생의 사위가 金光年 변호사님이다. 김 변호사님과는 서울에서 변호사를 할 때 교류를 많이 했다. 방순원 선생의 민사소송법 교재를 김광년 변호사님이 공저 형식으로 이어가고 있다.

고 安二濬 변호사님은 **松軒**(송헌)이라는 아호를 썼다. 松軒은 '소나무 추녀'라는 뜻이다. 호에 추녀 軒자를 붙인 분들이 많다. 우리나라 민법학의 태두 金曾漢 교수의 아호가 靑軒이었다. 경남 함안 출신의 안 변호사님은 김증한 교수의 조카사위. 안 변호사님은 나의 대학시절 은사이기도 했는데(주로 물권법을 가르쳤다) 1986년에 화갑기념논문집으로 제자들이 증정한『민사법과 환경법의 제문제』를 받았다. 안 변호사님은 우리나라 공해소송에 일대전기를 마련한 '개연성이론'을 대법원판례에서 받아들이도록 한 분이다(대법원 1974. 12. 10. 선고 72다1774 판결). 내가 서소문에서 서초동으로 사무실을 이전했을 때 사무장과 함께 축하난을 가져다 주셨는데 얼마 없어 돌아가시고 말았다.

文人龜 변호사님(대한변협회장 역임)은 아호로 **蘇山**(소산)을 썼다. '깨어나는 산'이라는 뜻이다. 문 변호사님이 한국법학원장 시절 1994년 여름 EU연수를 함께 갔는데, 젊은이 이상으로 모든 사물에 대해 호기심으로 넘쳐나는 청년 같은 분이셨다. 당시 법원에서는 장해창, 이성보 판사(현 서울중앙지방법원장), 학계에서는 배재식 교수(서울대, 작고), 이기수 교수(고대 총장 역임)가, 변호사회에서는 문인구 회장 외에 이일규 변호사(전 대법원장) 안병수 변호사(전 대법관), 김두현 변호사(전 대한변협회장), 황계룡 변호사(서울지방변호사회회장) 등이 함께 참가했는데 내가 제일 연소자라 총무를 맡았었다. 벨기에 브뤼셀에 있는 Ｅ Ｕ 집행위원회에서 강의를 듣고 룩셈브르쿠에

있는 EU 법원, 프랑스 스트라스부르에 있는 EU 의회를 참관하였고, EU 의회 근처에 있는 유럽인권재판소도 방문하였다. EU 연수를 마치고 북구팀과 동구팀으로 나뉘어 나는 북구팀으로 덴마크, 스웨덴, 노르웨이, 핀란드 등을 둘러보았다. 그 즈음 한국법학원장실에서 문 변호사님으로부터 1987년 증정된 화갑기념논문집인 『현대 경제법학의 과제』라는 두꺼운 논문집을 직접 받았다. 그 때 문 변호사님의 호가 蘇山이라는 것을 알았다.

李在性 전 대법관님의 아호는 箕民(기민)이다. 기민은 이재성 변호사님의 고향인 평안도 사람을 뜻하고(고향은 평북 운산이다) '기좌한 백성' 즉 '버릇없어 보이는 자유로운 백성'으로 풀이하고 계시다. 이 변호사님의 사무실에는 "箕民長樂"이라는 휘호가 걸려 있었다. 1987년에 회갑을 맞을실 때(1927년생이시다) 나는 동아합동의 박철우 변호사님 사무실에서 일을 배우고 있었는데 소속 변호사 전부가 부부동반으로 이 대법관님의 화갑을 축하하는 저녁모임을 가진 적이 있다. 나는 1년 후 독립하여 명지빌딩에서 사법연수원 동기인 이전오 변호사(현재 성대 법전원 교수)와 함께 공동법률사무소를 개설하였는데, 개업식 때 이 변호사님께서 대법관으로 임명받기 전에 당신의 화갑을 자축하는 의미로 발간한 『이재성판례평석집』 7, 8, 9권을 직접 들고 오셔서 나의 개업기념으로 주시고 가셨다. 그 후 대법관이 되시고 나서 1989년에 민사실무연구회에서 느시막하게 이 대법관님의 화갑을 축하하는 『민사재판의 제문제』 제5권이 발간되었다. 나는 동아합동법률사무소에서 이 변호사님과 오랫동안 변호사업무를 보았기 때문에 이 변호사님에 대하여는 따로 쓸 이야기가 많다. 내가 가장 존경하는 법조인 중의 한 분이다.

尹一泳 전 대법관님의 아호는 公于(공우), 金祥源 전 대법관님의

아호는 **竹堂**(죽당), 朴禹東 전 대법관님의 아호는 **午堂**(오당)이다.
이 분들이 민사실무연구회 회장을 역임한 연유로 화갑기념논문집으
로 1993년과 1994년에 『민사재판의 제문제』(제7권, 제8권)가 발간되
었다. 윤일영 변호사님과는 내가 서소문에서 변호사를 하던 초기에
어떤 대법원 사건을 함께 한 인연이 있고 그 인연으로 윤 변호사님
께서 화갑기념논문집을 주시는 것을 받았다.

상법과 민사소송법에 일가를 이룬 鄭東潤 변호사님의 아호는 **荷**
邨(하촌)이다. 邨자가 '마을 촌'인데 아호로 어려운 한자를 쓰고 있
다. 1993년에 화갑기념논문집으로 『21세기 민사소송법의 전망』과
『21세기 상사법의 전개』가 출간되었고, 2009년에 고희기념논문집으
로 『21세기 상사법민사소송법』의 과제가 출간되었다. 학교에서 제자
를 많이 길러내셨기에 가능한 일일 것이다. 정 변호사님은 고대를
정년퇴직하고 현재 법무법인 충정의 고문변호사로 있다.

李會昌 전 대법관은 아호로 **俓史**(경사)를 썼다. 俓자가 '지름길
경'자이데 '지름길 역사'가 무엇인지, '경사'의 정확한 의미는 모르겠
다. 대법관, 중앙선관위원장, 감사원장, 국무총리를 거쳐 두 번씩이나
대통령에 출마하여 거의 대통령이 될 뻔 하다가 이인제, 김대업, 노
무현이라는 복병을 만나 용의 꿈은 이무기로 바뀌었고, 충청도를 기
반으로 정치적 활로를 모색하려고 했으나, 국민들에게는 이미 흘러
간 물이 되고 말았다. 지름길(俓)이 아니라 진흙탕길이 되고 말았다.
1995년에 화갑기념논문집으로 『법과 정의 - 이회창 대법관 판결의
연구』가 발간되었는데, 나는 이 책을 당시 이회창 후보의 후원조직
인 "경쟁력강화를 위한 변호사모임(대표자 진영 변호사)"으로부터 받
았다. 내가 대학시절 민사모의재판의 재판장이었고, 당시 영등포지원
장실에 가서 이회창 지원장으로부터 직접 지도를 받은 일이 있다.

당시 모의재판의 배석판사는 현 대법원장인 양승태 판사가 우배석, 박일환 대법관이 좌배석 판사였다.

수험계를 석권하고 있는 민사소송법 교재의 저자이며 자타가 공인하는 이 나라 민사소송법학계의 원로인 李時潤 변호사님의 아호는 松泉(송천)이다. 글자 그대로는 '소나무 샘'인데 무슨 깊은 뜻이 있는지는 모르겠다. 법원장, 헌법재판관, 감사원장 등을 거쳤고, 말년에는 경희대에서 학장을 하시면서 민사소송법을 가르치셨다. 1995년에 화갑기념논문집으로 『민사재판의 제문제(상, 하)』가 출간되었다.

법무법인 태평양을 설립한 金仁燮 변호사님의 호는 東泉(동천)이다. '동쪽의 샘'이라는 뜻인데 김 변호사의 고향은 충북 영동이다. 법무법인 태평양에서 김 변호사의 덕을 기려 공익재단인 재단법인 東泉을 설립하고 활발한 공익활동을 하고 있다. 1996년에 화갑기념논문집으로 『법실천의 제문제』가 발간되었다.

상사법학의 원로이시기도 한 金敎昌 변호사님의 호는 度岩(도암)이다. 度자는 '법도 도'자인데 '법도를 지키는 바위'로 새길 수 있을 것이다. 실무 변호사 중에 김 변호사님만큼 글을 잘 쓰시고 법리에 해박한 분을 별로 보지 못했다. 지금도 왕성한 필력을 자랑하고 계신데 김 변호사님이 쓰신 글은 논문이든 판례평석이든 가리지 않고 읽고 있다. 1997년에 화갑기념논문집으로 『기업과 법』이 발간되었는데 당시 나도 그 논문집에 "공정거래법상의 손해배상"에 관한 논문을 기고하였고, 출판기념회에서 논문기고에 대한 보답으로 은수저 한벌을 기념으로 받았다.

金容俊 전 헌법재판소장의 아호는 志松(지송)이다. '뜻 있는 소나무' 아니면 '소나무의 의지'가 될 것이다. 1998년에 화갑기념논문집으로 『재판의 한 길』이 출간되었다. 소아마비에도 불구하고 역경을

극복하여 대법관과 헌재소장까지 지내신 아호에 걸맞는 입지전적 인물이다.

법무부장관을 지낸 李種元 변호사님의 호는 **典岡**(전강), '법의 언덕'? 을지합동을 설립하였다. 1996년에 고희기념논문집으로 『법과 경제』(상, 하)가 발간되었다.

李英俊 변호사님의 아호는 **茂巖**(무암)이다. "무성한 바위"? 법관으로 재직하면서 독일에 유학하여 법률행위론의 체계를 수립하고 중후한 민법총칙과 물권법을 펴내시었다. 인터넷이 보편화되기 전에 이 변호사님이 펴낸 엄청 두꺼운 『판례대전』은 사법연수생들과 법조인들의 필휴서였다. 사법연수원 시절에 당시 지법부장판사였던 이 변호사님으로부터 민사법과 독일법 강의를 들었다. 1999년에 화갑기념논문집으로 『한국민법이론의 발전』이라는 수준높은 논문집이 발간되었다. 이 분 역시 대단한 분이다.

鄭城鎭 변호사님의 호는 **定庵**(정암). 대검 중수부장을 거친 실무가 출신으로는 의외로 학계에서 잘 착근하여 국민대 총장까지 지냈다. 2010년에 고희기념논문집으로 『한국형사법학의 이론과 실천』이 발간되었다.

공안검사 출신으로 헌법재판관을 지낸 鄭京植 변호사님의 호는 **淸庵**(청암), 1997년에 화갑기념논문집으로 『법과 인간의 존엄』과 『법과 행복의 추구』가 출간되었다.

閔建植 변호사님의 호는 **凡集**(범집). 검사로는 거의 천연기념물 수준으로 평검사(의정부지청장)로 정년퇴직을 한 분이다. 법원도 그렇지만 검찰의 경우에는 선배가 총장으로 승진하면 동기들은 옷을 벗는 게 관례인데 이 분은 평검사로 정년을 지켰다. 한국피해자학회 회장을 맡고 있는 것으로 알고 있다. 1991년에 화갑기념논문집으로

『형사학과 법학의 제문제』가 출간되었는데 어떤 경위로 이 책이 내 서가에 꽂혀있는지는 모르겠다.

池益杓 변호사님의 호는 **佑潭**(우담), '돕는 우물'이라는 뜻. 광주에서 오래 변호사를 하시다 서울로 사무실을 옮기고 사할린동포를 위한 법률구조, 대일민족소송을 일본 법원(재판소)에 제기하는 등 노익장을 과시해왔다. 언젠가 지 변호사님의 서초동 정곡빌딩 사무실을 방문한 적이 있는데 그 연세에(1925년생이다) 컴퓨터 자판을 두드리시는 것을 보고 감명을 받은 적이 있다. 1996년에 그의 활동에 걸맞게 고희기념논문집으로 『한일관계의 법사적 고찰』이 발간되었다.

이 이외에 한국법조인대관에서 알만한 원로 법조인들의 아호를 눈에 띄는 대로 들어본다(존칭 생략).

姜淳元 변호사 → 東泉
강철구 변호사(이영섭 전 대법원장 사위) → 法田
강철선 변호사 → 然山
고 강윤호 변호사(제주) → 靑岩
계창업 변호사 → 小山
고원증 변호사(전 법무부장관) → 雲山
곽창욱 변호사 → 靑公
권굉중 변호사(전 사법연수원장) → 沃峰
김기춘 변호사(전 법무부장관) → 海巖(헌법학자인 고 문홍주 교수의 호이기도 하다)
김달식 변호사(전 대법관) → 敬菴
고 김도창 변호사(행정법학의 대가) → 牧村
김두현 변호사(전 대한변협회장) → 嘉松
김양균(전 헌재재판관) → 石泉
김창국 변호사(전 국가인권위원장) → 碧岡

박찬종 변호사 → 愚堂
배기원 변호사(전 대법관) → 淸湖
변정일 변호사(현 JDC이사장) → 石巖
이병호 변호사 → 春亭
이상규 변호사(행정법학의 대가) → 梧堂
고 이일규 변호사(전 대법원장) → 曉庵
이재화 변호사(전 헌재재판관) → 盆雲
이한구 변호사 → 淸谷
한승헌 변호사(전 감사원장) → 山民

위에서 보는 바와 같이 아호에는 堂, 松, 山, 巖, 庵자들이 많이 들어가고 있다. 그런데 묘한 것은 법조인들의 아호라는 것이 본인들만 알 뿐이지 제3자는 잘 모른다는 사실이다. 옛 사람들의 아호는 요새 필명 또는 닉으로 불리며 인터넷에서 아호 역할을 하고 있다. 나도 남들이 알아주지는 않지만 나만이 알고 있는 호를 만들어볼까?

김수환 추기경은 외부에는 공개하지 않은 아호를 가지고 계셨다. '옹기는 박해시대 신앙 선조들이 산 속에서 구워서 내다팔아 생계를 잇고 복음을 전파한 수단이자 좋은 것과 나쁜 것, 심지어 오물까지 다 담을 수 있는 그릇'이라며 마음속으로만 '옹기'라는 아호를 썼다. 그러고 보니 아호로 반드시 한자를 고집할 것은 아니다.

5. '호모'에 관한 단상

내가 오막살이(카페) 이름으로 '호모 비아토르(Homo Viator)'라는 요상한(?) 이름을 쓰고 있는데 '호모'라는 말의 뉘앙스에서 묘한 감을 잡는 사람들이 있다. homo는 원래 '같은'이라는 뜻을 포함하고 있는 경우가 있고, 이 말은 동성애를 뜻하는 'homosexuality'의 줄임말로, 남자 동성애자를 의미하는 말로 받아들여지고 있다. 그러나 대개 남성동성애자는 게이(gay), 여성동성애자는 레즈비언(lesbian)이라는 말이 많이 쓰이고 있다.

우리나라에서는 결혼이라고 하면 남녀간의 異性結合으로 알고 있고 아직 同性結婚이 별로 없으나, 외국 특히 유럽의 경우에는 동성결혼이 늘고 있고 이 동성결혼을 규율하는 법들도 많이 만들어지고 있다. 동성혼을 개인의 성적 취향으로 보든 말든 내가 보기에는 그런 결혼은 재수 없을 것 같다. 나로서는 같은 남자와 같은 이불을 덮고 잔다는 것은 상상도 할 수 없는 일이다.

그건 그렇고 '호모(Homo)'는 '인간'이라는 뜻의 라틴어이다.

각종 인간 유형이 호모라는 말에 붙어 회자되고 있는데 몇 가지만 살펴보자.

최초의 인류는 호모 이렉투스(Homo Erectus 직립인간)였고, 호모 하빌루스(Homo Habilus 손을 쓰는 인간)였다. 인간이 만물의 영장으로 일컬어진 것은 바로 두 발로 설 수 있고, 두 손을 쓸 수 있기 때문이었다. 인간이 다른 동물들처럼 네 발로 기어 다니는 존재였다면 인간도 다른 하등동물과 별로 다르지 않았을 것이다.

요새 다윈 탄생 200주년을 맞아 '진화론'이 인구(人口)에 회자(膾炙)되고 있는데 인간의 진화도 바로 두 손을 쓸 수 있었기 때문에 가능한 것이었다. 인간의 조상이 누구인지에 관하여 말이 많지만 원래는 침팬지류였을 것이다. 그런데 인류의 조상으로 추정되는 침팬지(원숭이)의 뇌의 용적은 예나 지금이나 600cc로 크게 변함이 없지만 유인원(類人猿)인 네안데르탈인이나 크로마뇽인 등의 뇌의 용적은 원숭이와 마찬가지로 600cc인데 현생 인류는 1,500cc 정도로 커졌다. 그만큼 뇌를 많이 쓰고 진화의 원동력이 되었다는 이야기다. 칸트나 아인슈타인은 뇌의 용적이 2,000cc라는 것을 보면 '대가리'가 큰 사람이 머리가 좋다는 속설이 타당성을 가지고 있음을 알 수 있다.

이런 인간이 집단을 형성하고 부족을 형성하면서 고대사회에서 호모 에로티쿠스(Homo Eroticus 성애인)가 되었고, 호모 루덴스(Homo Ludens 놀이하는 인간)가 되었다. 섹스를 즐길 줄 아는 인간의 性能力이 다른 동물에 비하여 탁월하다는 것은 잘 아는 사실이다. 인간은 다른 동물과 달리 암수의 차이가 크지 않다. 오로지 인간만이 서로 마주 보고 性愛(섹스)를 할 수 있는 성행위의 남녀평등성, 동물처럼 발정주기라는 것이 없어 언제든지 수태태세를 갖추고 있는 여성, 암컷이 오르가즘을 느끼는 유일한 동물이 바로 인간이라는 점 등이 다른 동물들과 다른 인간의 성능력이다.

오래전에 아프리카를 여행하다가 어떤 토속마을에 들어가 보니 남자들이 나이 40도 되기 전에 할아버지 모습들을 하고 있어서 도대체 그 연유가 무엇인가 생각해보았더니 그것은 바로 섹스 때문이었다. 밤이면 전기도 들어오지 않고 캄캄한 움막에서 섹스 이외에 달리 특별히 할 일도 없고 그 아프리카 사람들의 유일한 스포츠는 바로 섹스였던 것이다. 그곳의 남자들은 여자들을 보통 10여 명은 거느리고 있었고, 매일 부인을 바꿔가며 그 짓들을 하다 보니 골골하지 않을 남자가 어디 있겠는가.

인간은 섹스뿐만 아니라 슬슬 놀이를 즐기게 되었다. 지금도 세계 각국에서 벌어지는 축제문화라는 것도 결국 인간이 호모 루덴스임을 보여주는 것이다.

중세 봉건시대에 들어서면서 인간은 호모 아베우(Homo Aveu 고백하는 인간)가 된다. 중세를 암흑시대(dark ages)로 부르는 것은 종교 앞에 무력한 인간이었고 종교가 모든 것을 지배했기 때문이었다. 당시 교회는 절대적으로 죄를 범하는 일이 없고, 죄는 오로지 개인만이 범하는 것으로 간주되었다. 이때 인간은 오로지 하느님 앞에 고백하는 인간일 수밖에 없었다.

르네상스와 종교개혁으로 중세가 무너지고 근대로 이행한다. 세계사가 근대로 이행하고 17세기 접어들면서 인간은 호모 사피엔스(Homo Sapiens 생각하는 인간)가 된다. "나는 생각한다. 고로 나는 존재한다!"는 데카르트의 말을 빌릴 것도 없이 생각하는 인간은 바로 이성적인 인간이다. 이제는 하느님의 말씀이 아닌 인간의 이성이 세계를 지배하게 되었다.

18세기에 들어서면서 인간은 호모 에코노미쿠스(Homo Economicus 경제적 인간)가 된다. 이제 인산은 순전히 경제적 계산에만 의거하여 행동하는 인간이 되었다. 개인적 이익을 유일한 행동 동기로 삼는 이러한 인간유형은 18세기 이후의 영국의 고전적 자유주의 경제학이 바탕으로 삼는 인간관이기도 하다. 아담 스미스의 '보이지 않는 손'도 이런 호모 에코노미쿠스를 전제로 한다. 원래 이기적 존재인 인간은 그냥 놔두면 스스로의 경제적 이익을 극대화하기 위해 합리적인 판단을 내리는 존재라는 것을 바탕에 깔고 있다. 그러나 인간이 여러 가지 요인에 의하여 비합리적 의사결정을 하는 것도 사실이다.

산업혁명이 일어나고 19세기에 들어서면서 인간은 호모 파베르(Homo Faber 노동하는 인간)가 된다. 인간의 다수는 자신의 몸뚱이, 노동 외에 팔아먹을 것이 없는 노동자가 된다. 자본가와 노동자가 대립하는 시대가 되고 마르크스(K. Marx)가 설칠 수 있는 공간이 마련된다. 사회는 부익부(富益富) 빈익빈(貧益貧)으로 양극화가 심화된다. 빵빵 부풀어 오른 풍선처럼 언제 터질지 모르는 위기상황으로 치닫는다.

드디어 20세기로 들어서고 세계공황은 전쟁으로 탈출로를 찾으며 인간은 호모 폴리티쿠스(Homo Politicus 권력적 인간)가 된다. 히틀러와 같은 권력의지에 충만한 인간들이 세상을 지배하기 시작한다. 모택동이 중국대륙을 통일한 것도, 김일성 부자가 북한을 요지경으로 통치하는 것도 지배욕으로 충만한 권력의지 때문이다. 박정희도 혁명을 통한 열의로 권력의지를 발산했다. 국회의원선거와 하찮은 지방의회의원선거만 보더라도 어쩌면 권력에의 욕망과 초연한 인간들은 없어 보인다. 이문열의 『우리들의 일그러진 영웅』을 보면 권력은 인간 본성에 내재하고 있음을 알 수 있다. 권력의 허망함을 아는지 모르는지 지금도 권력의 주위를 넘나드는 부나방 같은 존재들이 많다.

이제 우리들이 살고 있는 21세기는 어떠한 유형의 인간들이 똬리를 틀고 있는가? 호모 쥬리티카(Homo Juritica 법률인)도 있을 것이고, 호모 팔락스(Homo Fallax 속이는 인간)도 있을 것이다. 인지과학자인 데이비드 리빙스턴 스미스에 의하면 인간은 하루 200번 거짓말하는 상습 거짓말쟁이라고 한다. 거짓말에는 의도하지 않은 거짓말도 있고 선의의 거짓말(죽음을 앞둔 사람에게 오래 살 수 있다는 등)도 있다, 거짓말이 인간의 진화에 유리했다는 이야기도 있다. 소비를 미덕으로 아는 호모 소비우스(Homo Sobius 소비하는 인간)도 있고, 호모 나랜스(Homo Narrans 이야기하는 사람)도 있다. 미국의 영문학자 존 닐에 의하면 인간은 이야기하려는 본능이 있고 이야기를 통해 사회를 이해한다고 한다.

인간들 모두 개성이 강하고 모래알처럼 흩어지는 세상 같지만 한편으로는 호모 레시프로쿠스(Homo Reciprocus 상호 의존하는 인간)도 있고, 호모 심비우스(Homo Symbious 공생하는 인간)도 있다. 인간은 원래 인간이라는 말이 의미하는 바와 같이(人間＝사람 사이) 필연적으로 공생적 존재이다.

그러나 뭐니 뭐니 해도 이 시대를 징표하는 인간은 바로 호모 비아토르(Homo Viator 떠도는 인간)이고 호모 노마드(Homo Nomad 유목하는 인간)이다. 이제 인간의 보편적 삶의 양식은 바로 떠도는 데 있다. 1980년대 앨빈 토플러는 『제3의 물결』을 이야기했고, 1990년대 리프킨은 『노동의 종말』을 이야기했다. 2000년대 자크 아탈리는 『인류의 노마드화』를 선언했다. 지금 전 세계 지구상에는 10억 명이 자동차나 트럭으로 이동 중에 있고, 매순간 100만 명 이상이 공중에 떠 있는 세계에 살고 있다.

내가 호모 비아토르(Homo Viator)를 내 오막살이 집 이름으로 쓴 것은 이 말이 이 시대의 특징을 가장 잘 보여수는 인간성이고, 니 역시 '떠도는 인간'이기 때문이다. 짐을 줄이고 가볍게 떠나자. 짐도 줄이고, 몸무게도 줄이고, 책도 줄이자. 5년 이내에 들춰보지 않은 책들은 더 이상 볼 일이 없다. 농경족인 한민족과는 어울리지 않는 말일지 모르지만 현대는 유목의 시대이다. 언제든지 가볍게 싸고 떠날 수 있는 준비를 하자.

가히 21세기는 노마드의 세계이다. 유목민적 삶과 자유가 바로 노마디즘이다. 제자리에 앉아서도 특정한 가치와 삶의 방식에 붙박지 않고 끊임없이 탈주선을 그리는 사유의 여행이다. 프랑스 사회학자 자크 아탈리는 "21세기는 디지털 장비로 무장하고 지구를 떠도는 디지털 노마드(Nomad)의 시대"로 규정했다. 노마디즘은 주어진 가치체계와 코드에서 벗어나 새로운 영역으로 계속 옮겨 다니는 노마드의 존재사유방식을 말한다. 그러나 떠도는 자유는 안정된 궤도를 벗어나는 데서 오는 결핍을 견디며 홀로 서야 한다는 점에서 고달픈 여행일 수도 있다.

그렇지만 유목 또는 노마드는 꽤 매력적인 것이다. 이곳저곳 미지의 곳을 찾아 떠도는 방랑자의 즐거움을 누려보자는 의미에서 '호모 비아토르'라는 닉 내지 필명을 쓰게 된 것이다.

[2009. 3. 4]

6. 量刑의 딜레마

형사재판실무를 하다 보면 법관을 가장 곤혹스럽게 하는 것이 바로 양형이다. 사실 고시공부를 하면서 머리를 싸매며 죽게 공부한 형법총론상의 금지착오나 공범과 신분 등에 관한 골치 아픈 이론이나 학설이 실무에 적용되는 예는 거의 없다. 형사실무는 형법책을 거의 보지 않아도 사건의 해결에 별 어려움이 없을 정도로 행해지고 있다고 해도 과언이 아닐 정도이다.

전에는 법원에서 법관들이 민사부에서 형사부로 사무분담이 바뀌는 경우 널널한 기분을 느끼며 좀 쉬게 되었다고 여기는 경우도 많았다. 형사실무는 범죄론보다는 주로 죄수론과 양형론에 그 포인트가 놓여 있다고 해도 과언이 아니다. 그러나 죄수론도 형법에 정해진 대로 하면 그만인데 양형론은 그렇지 않다.

어떤 피고인이 살인죄를 범했다고 해도 법정형은 사형, 무기 또는 5년 이상의 유기징역에 처하도록 되어 있어(형법 제250조 제1항) 공소사실이 유죄로 인정되는 경우에도 법률상 감경이나 작량감경을 할 경우 처단형은 극형인 사형에서부터 징역 2년 6월에 집행유예까지 선고할 수 있어 그 선고형의 진폭이 매우 넓게 되어 있다. 판사는 살인범에게 집행유예로 석방할 수도 있고, 무기형이나 극형인 사형까지 선고할 수 있으므로 판사는 형사재판에서 피고인에게 어떠한 형을 선고할 것인지에 관하여 이런저런 양형인자를 따지며 심각한 고민에 빠질 수밖에 없다.

오죽하면 형을 선고하는 판사마다 형이 들쭉날쭉하여 재판에 대한 신뢰 확보를 위하여 대법원이 양형위원회까지 설치하여 양형기준을 만드는 지경까지 이르렀을까? 물론 그런 양형기준을 만든다고 법관이 이에 구속되는 것은 아니지만 이 양형기준을 벗어난 형을 선고할 경우에는 그에 관한 근거를 설시해야 한다.

최근에 '나영이 사건'으로 회자되는 성폭력사건의 양형을 두고 여론이 들끓고 있다. 이미 대법원확정판결이 난 후 대통령까지 아쉬움을 토로하는 지경에 이르렀으니 법원이나 검찰은 난감할 것이다.

보도되는 바로는 사건은 57세의 강간 전과가 있는 피고인이 8세의 여아를 차마 입으로 표현할 수 없는 짓거리로 피해자를 평생불구를 만들어놓고도 고작 징역 12년형을 받았다는 것이고, 피해자가 평생 고통으로 살아가는 것에 비해 피고인이 받은 형은 너무 경하다는 것이다. 차마 인간으로서는 할 수 없는 이런 범행을 하는 자에게 인권 운운하는 것은 사치로 여겨질 정도이다.

보도를 보면 사건은 상습범이나 누범 경합범도 아니고 어쩌면 양형은 단순하게 여겨질 수도 있는 사건이다. 다음에서 보는 바와 같이 13세 미만 여자에 대하여 강간의 죄를 범한 자가 사람을 상해에 이르게 한 때에는 법정형이 무기징역 또는 7년 이상의 유기징역이다.

☞ **형법**

제297조 (강간) 폭행 또는 협박으로 부녀를 강간한 자는 3년 이상의 유기징역에 처한다.

제301조 (강간 등 상해·치상) 제297조 내지 제300조의 죄를 범한 자가 사람을 상해하거나 상해에 이르게 한 때에는 무기 또는 5년 이상의 징역에 처한다.

☞ 성폭력범죄의 처벌 및 피해자보호 등에 관한 법률

제8조의 2 (13세 미만의 미성년자에 대한 강간, 강제추행 등)

① 13세 미만의 여자에 대하여 「형법」 제297조(강간)의 죄를 범한 자는 7년 이상의 유기징역에 처한다.

② 13세 미만의 사람에 대하여 폭행이나 협박으로 다음 각 호의 어느 하나에 해당하는 행위를 한 자는 5년 이상의 유기징역에 처한다.

1. 구강·항문 등 신체(성기는 제외한다)의 내부에 성기를 넣는 행위

2. 성기·항문에 손가락 등 신체(성기는 제외한다)의 일부나 도구를 넣는 행위

③ 13세 미만의 사람에 대하여 형법 제298조(강제추행)의 죄를 범한 자는 3년 이상의 유기징역 또는 1천만 원 이상 3천만 원 이하의 벌금에 처한다.

④ 13세 미만의 사람에 대하여 형법 제299조(준강간, 준강제추행)의 죄를 범한 자는 제1항부터 제3항까지의 규정의 예에 따라 처벌한다.

⑤ 위계 또는 위력으로써 13세 미만의 여자를 간음하거나 13세 미만의 사람에 대하여 추행을 한 자는 제1항부터 제3항까지의 규정의 예에 따라 처벌한다.

제9조 (강간 등 상해·치상)

① 제5조 제1항, 제6조, 제8조의 2 또는 제12조(제5조 제1항, 제6조 또는 제8조의 2의 미수범만 해당한다)의 죄를 범한 자가 사람을 상해하거나 상해에 이르게 한 때에는 무기징역 또는 7년 이상의 징역에 처한다

② 제7조, 제8조 또는 제12조(제7조 또는 제8조의 미수범에 한한다)의 죄를 범한 자가 사람을 상해하거나 상해에 이르게 한 때에는 무기 또는 5년 이상의 징역에 처한다.〈개정 1997.8.22.〉

그린데 위와 같은 법정형 중에서 판사는 형의 종류를 선택하고 처단형을 정하여야 한다. 즉 무기징역을 선택하거나 7년 이상의 유기징역을 선택하여야 한다. 유기징역의 최대한은 15년 형이고, 가중하는 경우 25년까지 선고가 가능하다(형법 제42조). 이 사건의 경우는 누범이나 가중사유가 없으므로 징역 7년에서 15년까지 선고할 수 있다. 그리고 형을 감경하는 경우 다음과 같이 무기징역은 7년 이상의 징역으로, 유기징역은 그 형기의 1/2로 한다.

☞ **형법 제55조 (법률상의 감경)**

① 법률상의 감경은 다음과 같다.

1. 사형을 감경할 때에는 무기 또는 10년 이상의 징역 또는 금고로 한다.
2. 무기징역 또는 무기금고를 감경할 때에는 7년 이상의 징역 또는 금고로 한다.
3. 유기징역 또는 유기금고를 감경할 때에는 그 형기의 2분의 1로 한다.
4. 자격상실을 감경할 때에는 7년 이상의 자격정지로 한다.
5. 자격정지를 감경할 때에는 그 형기의 2분의 1로 한다.
6. 벌금을 감경할 때에는 그 다액의 2분의 1로 한다.
7. 구류를 감경할 때에는 그 장기의 2분의 1로 한다.
8. 과료를 감경할 때에는 그 다액의 2분의 1로 한다.

② 법률상 감경할 사유가 수개 있는 때에는 거듭 감경할 수 있다.

그러면 이 사건 피고인에게 형의 감경사유가 있는가이다. 피고인은 주취로 인한 심신미약 항변을 했고, 1심 재판부는 피고인의 심신미약 항변을 받아들여 피고인에게 무기징역형을 선택하고 심신미약사유를 법률상 감경사유로 삼아 7년 이상의 징역으로 감경했다는 사실이다.

사실 그동안 형사피고사건에서 음주만취하여 심신상실이나 심신미약 주장을 하더라도 받아들여지는 예는 흔치 않았다. 술에 취해 필름이 끊기는 상태가 되더라도 심신미약이나 심신상실 주장을 무시하는 예도 있었다. 국선변호를 하면서 생리 중에 절도습벽이 있는 아줌마들을 변호하면서 심신미약 또는 심신상실 주장을 숱하게 해도 생리경험이 없는 재판부는 마이동풍이었다.

그런데 이 사건에서 1심 재판부는 피고인의 심신미약 주장을 받아들여 법률상 감경을 해준 것이다. 그리하여 징역 12년으로 처단형을 정하고 판결을 선고한 것인데 이는 양형위원회의 양형기준을 벗어난 것도 아니고 피고인에게 무기징역을 구형한 검찰도 통상의 예에 비

추어 양형이 그리 가벼운 것이 아니라는 판단하에 항소도 하지 아니
하였다. 피고인의 나이가 57세이니 69세까지 복역하고 그 후 다시 7
년간 전자발찌를 착용하여야 하니 76세까지는 피고인에게 족쇄를 채
운 것으로 만족한 것이다. 결국 피고인만 항소하고 상고한 사건에서
상급심 법원은 불이익변경금지의 원칙에 따라 피고인의 항소나 상고
를 기각하는 외에 달리 방도가 없었다.

만일 1심 판결 후에 여론이 이와 같이 들끓었다면 검찰은 당연히
항소를 했을 것이고, 항소심 재판부도 피고인에게 보다 엄한 형을
선고했을 것이다. 1심법원이 무기징역이라는 중한 형을 선택하면서
심신미약 감경을 함으로써 법원의 판결이 국민의 법 감정과 괴리를
노출하고 만 것이다.

내가 보기에는 피고인의 성향이나 전력 그리고 범행 전후의 사정
등을 고려하면 피고인이 주취한 것은 '원인에 있어서 자유로운 행위'
일지언정 심신미약 주장을 받아들이기는 곤란한 사건으로 보인다.
원래 성폭력사건은 술에 취해야 행해질 수 있다는 속성을 망각한 것
이다. 제정신으로 이런 범죄는 행해질 수 없다. 그리고 아동에 대한
성폭력범행에 대해서는 엄중한 형의 선고가 불가피하다는 것을 인식
하여야 하는 검찰은 의당 1심 판결에 불복하여 양형부당을 이유로
항소를 제기했어야 한다.

항소를 하지 말아야 할 사건에 '무대뽀' 항소를 남발하는 검찰이
왜 이 사건에 대해서는 항소를 포기한 것인지 이해할 수 없다. 이제
와서 법무부장관이 피고인에게 가석방을 허가하지 말고 형을 엄중히
집행하라는 지시를 내린다고 하여 그것이 무슨 의미가 있을까?

[2009. 10. 2]

7. 책도둑도 도둑인가?

중앙일보 2009. 12. 29. 박상익 교수의 '그때 오늘' 난에 다음과
같은 기사가 실렸다.

희대의 책 도둑 블룸버그, "책 자체가 좋아서 훔쳤다"

스티븐 블룸버그(1948~)는 20세기 최대의 책 도둑이다. 그는 1980년대
내내 북아메리카 전역의 268개 도서관을 훑으며 모두 2만 3,600여 권의
책을 훔쳤다. 그가 거쳐 간 도서관은 하버드 대학, UCLA, 듀크 대학, 미네소
타 대학, 뉴멕시코 대학, 코네티컷 주립도서관, 워싱턴 주립대학, 미시간 대
학, 위스콘신 대학 등이었다. 훔친 책의 무게는 무려 19t에 달했다.

블룸버그는 미네소타 대학 도서관에서 그 대학 교수의 신분증을 훔친 다음
전문 연구자를 사칭해 다른 도서관들을 자유롭게 이용했다. 품이 넉넉한 옷
을 입고 도서관에 들어가 옷 안쪽에 붙인 큼직한 주머니에 책을 숨겨 나오는
수법을 썼다. 일단 책을 고르면 대출카드 봉투를 떼고, 장정 안쪽에 있는 도
서관 스티커도 떼어냈다. 책 속에 경보장치가 있는지 확인한 다음 도서관 인
장 표시를 지우기 위해 책 모서리를 사포로 문질렀다. 빼돌린 책은 엘리베이
터에 싣고 아래층으로 내려와 트럭으로 실어 날랐다.

아무 책이나 마구잡이로 훔친 것이 아니다. 특정 주제들을 정해 놓고, 그 주
제와 관련된 '모든 책'을 완벽하게 수집했다. '블룸버그 컬렉션(!)'이라고 해
도 좋을 만큼 완벽한 자료 컬렉션을 만든 것이다. 그는 1990년 3월 20일
동업자의 고발로 경찰에 체포되었다. 훔친 책은 시가로 무려 2,000만 달러
에 달했지만 책을 훔친 목적은 돈이 아니었다. 체포된 뒤 정신감정을 받기
위해 의료시설에 감금당했을 때 같은 시설에 갇혀 있던 마피아 두목이 물었

다. "솜씨도 좋은 녀석이 왜 보석도 아니고 겨우 책 따위를 훔쳤나?" 블룸버그는 대답했다. "팔아먹기 위해 책을 훔친 게 결코 아닙니다. 오직 책을 갖고 싶었을 뿐입니다."

그는 친구에게 보낸 편지에서 '도저히 다스릴 수 없고 채워지지도 않는 욕망 하나'를 갖고 있다고 고백했다. 다름 아닌 '책을 향한 욕망'이었다. 책 도둑은 물론 범죄행위다. 하지만 책을 향한 '열망' 그 자체는 역사 창조의 원동력임을 잊지 말자. 세계사 교과서에도 나오는 '최초의 근대인' 페트라르카(1304~1374)에게 책을 향한 욕망이 없었다면, 그리고 그리스 고전 필사본을 찾아내기 위해 유럽 각지의 수도원 도서관을 샅샅이 찾아다니던 열정이 없었다면 르네상스 휴머니즘은 결코 태동할 수 없었을 것이다. 한 해가 저물어 간다. 활짝 피어 보지도 못한 채 시들어가는 활자문화를 생각하면서, 우리에겐 책을 향한 열정과 욕망이 얼마나 남아 있을지 궁금해진다.

박상익 우석대 역사교육과 교수・서양사

중앙일보 2009. 12. 29. 01:17 입력 / 2009. 12. 29. 01:32 수정

- -

위 기사를 읽다 보니 오래전에 국선변호를 맡았던 한 사건이 기억난다.

법원종합청사가 서초동으로 이전하기 전 서소문에 있는 서울고등법원으로부터 어떤 사건의 국선변호인 선임통지를 받았는데 상습절도(특가법 위반)로 구속되어 1심에서 징역 3년의 실형을 선고받고 항소한 사건이었다.

피고인은 60대 남자로 모 대학 법학과를 졸업한 사람이었고, 피고인은 종로서적 등 서울시대 중심가의 서점에서 책을 훔친 죄로 재판을 받고 있었다. 이 피고인의 죄책이 절도죄라고는 하지만 책밖에 훔친 것은 없었고, 훔친 책들은 대부분 일본 등 외국 법률서적 아니면 천문・사상・과학서들이었다.

그런데 종로서적, 교보문고 등에서는 이상하게 비싼 외서들이 없

어지는 것을 알고 직원들이 특별감시를 하고 있었다. 교보문고 감시
직원이 어느 날 어떤 사람이 책을 몰래 양복 안에 넣고 나가는 것을
쫓아가 택시를 타는 것을 붙잡았다. 실랑이를 하다가 같이 택시를
타고 이 사람이 사는 일산 자택으로 들이닥쳐 보니 집 방 안 시렁에
는 도서관처럼 책들로 가득했다. 물론 책 표지에는 책을 구입할 때
찍혀 있어야 하는 도장이 찍혀 있지 않았고, 대부분의 책들은 교보
문고와 종로서적, 을지서적에서 도난당한 책들로 수백 권이 진열되
어 있었다.

알고 보니 이 피고인은 책만을 훔쳐다 책 속에서 살면서 위안을
삼고 있는 사람이었다. 이미 책을 훔친 절도 전과가 여러 차례 있어
서 특가법위반(상습절도)으로 기소되어 있었다. 서울구치소에서 이
피고인을 접견했는데 피고인은 책을 훔쳐 나온 사실에 대해서는 다
투지 않고 구치소로 이감되면서 교도관으로부터 가혹행위를 당했으
니 진실을 밝혀달라는 것이었다.

첫 공판기일에 피고인의 입장을 개진하고 피고인의 요구대로 구치
소 입감 당시의 교도관과 구치소 의무관까지 증인으로 신청하였다.
사건의 쟁점과는 벗어난 것이었지만 피고인이 극구 주장하는 데는 다
른 도리가 없어 재판부도 증인을 채택하여 증인신문절차까지 마쳤다.

피고인은 국선변호인에게 별별 주문을 다 하면서 나에게 계속 접
견을 와달라는 요구를 하였고, 구치소에서 깨알같이 쓰인 엽서가 수
차례 날아왔다. "존경하는 변호사님, 지난번 보낸 서신을 잘 받았으
리라 믿습니다…"로 시작되는 엽서는 일련번호까지 매겨가면서 나의
사무실로 배달되고 있었다. 참으로 따분하고 야속한 피고인이었다.

당시는 국선변호 1건의 보수가 5만 원인가 하던 시절이었는데 어
쩔 수 없이 대여섯 번이나 서울구치소로 접견을 가야 하는 고충을

겪고 있었다. 돈이 문제가 아니라 서소문 사무실에서 의왕의 서울구
치소로 지하철도 아닌 승용차로 이동하여 접견을 한 번 하려면 한나
절 시간은 그냥 날아가 버리는 것이 너무나 아까웠다.

공판절차도 구속만기까지 계속되면서 별의별 증거신청을 다 하다
보니 재판장도 지쳤다고 하면서 25년 동안 재판을 하면서 이렇게 자
세하게 재판을 해보는 것은 처음이라고 토로하는 지경에 이르렀다.
법정구속기간 때문에 판사도 더 이상 재판을 할 수 있는 권한이 없
다고 하면서 결심(結審)을 하였고 결국은 항소기각판결이 선고되었
다. 결과가 어떻든 국선변호인인 나는 지겨운 사건에서 해방되었다.

나는 일상에 파묻혀 이 사건을 잊고 열심히 법원을 오가며 변호사
업무에 열중하고 있었다. 그런데 세월이 한참 흐른 후 걸려온 다음
과 같은 한 통의 전화를 받고 깜짝 놀랐다. "안녕하십니까? 옛날에
변호사님께서 국선변호해주신 아무개입니다. 오늘 출소하고 변호사님
을 찾아뵙고 싶습니다."

나로서는 두렵기도 하고 놀랍기도 하여 "찾아오실 필요가 없다"고
하고는 전화를 끊었다. 그러고는 법정에 갔다가는 사무실로 돌아가
지 못하고 변호사공실에서 사무실로 전화를 하면서 예의 그 사람을
주시하고 있었다. 사무실로 들어갔다가 그 피고인과 만나 봉변을 당
할지도 알 수 없는 노릇이었다. 공실에서 변호사들과 이런저런 사건
이야기와 세상 돌아가는 이야기를 하면서 시간을 때우나 보니 사무
실 여직원으로부터 전화가 왔다.

그 피고인이 사무실로 찾아오자 직원들이 변호사님이 출장을 가서
서 오늘은 들어오지 않을 것이라고 하니 그 사람은 그냥 나갔다는
것이다. 긴 한숨을 쉬고 사무실로 들어가 보니 책상 위에는 어떤 선
물꾸러미와 편지가 놓여 있었다. 그 피고인이 놓고 간 것이었다. 편

지의 내용은 그때 국선변호인이면서 그렇게 열심히 잘해준 것에 대하여 고마웠다는 말과 함께 아이들에게 주라는 초콜릿세트가 포장되어 있었다.

지금 생각하니 그때의 피고인도 블룸버그와 같이 '도저히 다스릴 수 없고 채워지지도 않는 욕망 하나'를 갖고 있었고, 그것은 다름 아닌 '책을 향한 욕망'이었을 것 같다는 생각에 너무 형식적인 변론만 한 것이 아닌가 하는 생각이 든다. 지금 그 피고인을 변론하라면 그때와는 다른 각도에서 변론을 할 수 있을 것 같다. "팔아먹기 위해 책을 훔친 게 결코 아니라 오직 책을 갖고 싶었을 뿐"이라는 피고인의 심리를 파고들었어야 했다. 역시 법조직역은 경험과 연륜이 필요한 것이다. 알량한 법률지식에만 기대는 법률기술자가 아니라 인간에 대한 깊은 탐구와 주변상황에 대한 예리한 통찰로 무장한 법률의 聖者가 될 수 있으면 얼마나 좋을까?

[2009. 12. 30]

8. Warm Judge but Cool Justice

경제학자 알프레드 마샬은 케임브리지 대학에서 경제학도들에게는 '냉철한 머리와 따뜻한 가슴(*Cool head but warm heart*)'이 필요하다고 했다. 이 말은 특히 법률가들에게도 그대로 적용되는 말이다. 사회현실을 분석하는 데는 냉철한 이성이 필요하지만 한편으로는 그 현실 문제를 해결하는 데는 따뜻한 가슴도 필요하다는 이야기이다.

그러나 법률실무에 종사하다 보면 냉철한 머리와 뜨거운 가슴 사이에서, 법적 안정성과 구체적 타당성 사이에서 갈등하며 우왕좌왕 갈피를 잡지 못하고 방황하는 경우가 있다. 과연 법이 추구하는 이상은 법적 안정성일까, 구체적 타당성일까? 법은 따뜻한 것일까, 차가운 것일까?

일전에 언론에서 '아름다운 판결'로 칭송받은 판결의 사례를 통해 이 문제를 풀어갈 단서를 끄집어보기로 하자.

먼저 언론에 보도된 이야기 박철 부장판사의 아름다운 판결 이야기를 보사.

가슴으로 내린 판결문

시비가 엇갈린 사건을 해결하는 재판장 분위기는 차갑고도 엄숙하다. 재판관들에게 필요한 것은 무엇보다도 냉철한 이성이며, 법을 집행하는 데 칼날같이 정확하고 흔들림이 없어야 한다. 하지만 재판관에게도 사람에 대한 따뜻한 마음은 기본이다. 어디까지나 법은 사람을 위해 존재해야 하는 게 아닐까. 충남 연기군에 사는 일흔다섯 살의 할아버지는 1999년 부인과 딸의 명의로 된 임대 아파트에 들어갔다. 할아버지는 대소변조차 가리지 못하는 부인을 간호하느라 자리를 뜰 수 없었고, 딸 역시 먼 거리에서 서류를 떼러 다니기가 불편해 자기 이름으로 임대 계약하고 아버지가 살도록 한 것이다. 하지만 임대 아파트의 계약자와 실 거주자가 다른 것은 위법이므로 주택공사는 퇴거 명령을 내렸다. 결국 사건은 소송에 들어갔고 원심에서 주택공사가 승소했다.

하지만 항소심에서 대전고법 박철 판사는 원고 패소 판결을 내렸다. 75세 노인이 계약 체결 과정에서 있었던 작은 실수 때문에 살아온 주거 공간에서 계속 살지 못한다는 것은 균형을 잃은 것으로, 법 절차를 몰라 딸 명의로 임대주택을 얻어 살아온 노인에게 우선 분양권이 있다는 것이었다. 그는 판결문에 다음과 같은 말을 덧붙였다.

"칠십 노인을 집에서 쫓아내 달라고 요구하는 원고 소장에서는 찬바람이 일고, 엄동설한에 길가에 나앉을 노인을 상상하는 이들 눈가에는 물기가 맺힌다. 우리 모두 차가운 머리만을 가진 사회보다 따뜻한 가슴을 함께 가진 사회에서 살기 원하기 때문에 법 해석과 집행도 차가운 머리만이 아닌 따뜻한 가슴도 함께 갖고 해야 한다고 믿는다."

한 편의 수필을 읽는 듯한 이 판결문은 딱딱하고 어려운 판결문만을 생각한 사람들에게 잔잔한 감동을 주었다. 따뜻한 가슴으로 약자를 보듬는 판결에 모두 고개를 끄덕였다.

– 월간 좋은생각 3월호(2007년) –

이 사건의 사실관계는 다음과 같다.

대한주택공사(현재는 한국토지공사와 합병하여 한국토지주택공사가 되었고, LH공사로 상호를 쓰고 있다. 이하 '주공'이라 함) 충남 조치원에서 임대주택을 신축하고 1999년 2월 19일 A와 임대차기간을 5년으로 정하여 임대주택에 대한 임대차계약을 체결하였다. B는 A의 아버지로서 1999년 6월 1일 위 임대주택에 입주하여 그 임대주택에서 홀로 살고 있다. A는 B의 둘째 딸로서 1988년 9월 16일 혼인한 후 따로 살고 있으며 위 임대주택에 입주하지 않았다.

임대주택법상의 임대의무기간이 경과하자 주공은 임대주택 전부를 분양전환하기로 결정하였는데 임대주택법 제15조 제1항 제1호는 우선분양권리자로 '입주일 이후부터 분양전환 당시까지 당해 임대주택에 거주한 무주택자인 임차인'으로 규정하고 있다. 그런데 위 임대주택의 임차인인 A 부부는 다른 주택을 소유하고 있기 때문에 그 임대주택을 분양받을 수 없었다. B는 주공에게 임대차계약의 명의자는 형식상 딸로 되어 있을 뿐이고 실제로는 자신의 거주를 위하여 임차한 것이며 자신이 혼자서 계속하여 그 임대주택에 거주하였으므로 자신 명의로 분양해줄 것을 요청하였으나 주공은 B가 계약서상의 임차인이 아니라는 이유로 그 요청을 거절하고 A, B에 대하여 임대주택의 명도를 요구하였다.

A, B가 주공의 명도 요구에 따르지 않자 주공은 임대차계약상의 임차인인 A에 대하여 그 임대주택의 명도를, 임대주택에 거주하고 있는 B에 대하여 그 임대주택에서의 퇴거를 청구하는 이 사건 소송을 제기하였다. 피고들은, 임대주택에 대한 임대차계약 명의인을 피고 A로 한 것은 원고 공사의 담당직원으로부터 잘못된 설명을 듣고 실수한 것일 뿐이고 피고 B가 임대차계약의 실질적인 당사자인데 무

주택자로서 그 임대주택을 분양받을 권리를 갖고 있으므로 원고 공사가 분양을 거절하고 피고들에 대하여 명도와 퇴거를 청구하는 것은 허용될 수 없다고 주장하고, 원고 공사는, 임대주택법 제15조에 의하여 우선분양을 받을 권리는 무주택자인 임차인에게만 주어지는 것인데 피고 B는 임차인이 아니어서 우선분양을 받을 권리를 갖지 못하므로 피고들의 주장은 부당한 것이라고 주장하였다.

이 사건의 쟁점은, 피고 B가 임대주택법 제15조에 의하여 임대주택을 우선분양받을 권리가 있는가 하는 것이고, 좀 더 구체적으로 본다면 위 법 제15조 제1항 제1호가 우선분양자로 규정하고 있는 '입주일 이후부터 분양전환 당시까지 당해 임대주택에 거주한 무주택자인 임차인'이라는 권리발생요건 중 '임차인'의 요건을 갖추고 있는가 하는 것이다. 1심인 대전지방법원이 원고 공사의 청구를 인용하자, 피고들은 이에 불복하여 항소하였고, 이에 따라 대전고등법원이 항소사건을 재판하게 되었다.

항소심 법원(대전고법 2006.11.1. 선고 2006나1846 판결)이 심리한 결과, 피고 B가 거주할 주택을 본인 명의로 구하지 아니하고 둘째 딸인 피고 A의 명의로 구하게 된 이유와 경위는 다음과 같음이 밝혀졌다.

(1) 피고 B는 1931.4.15. 출생하여 현재 만 75세에 이르는 노인이다. 그는 1955.1.13. C와 혼인하여 딸 둘과 아들 둘을 낳아 길렀다. 그의 처인 C는 1991년경 뇌경색이 발병한 후 대소변을 가리지 못할 정도로 심한 후유증이 남았기 때문에 그 무렵부터 그는 처 곁에 붙어 병수발을 하느라 다른 일은 제대로 할 수 없었다. 1999년 초 처의 병세는 거동이 전혀 불가능할 정도로 악화되었기 때문에 그는 잠시도 처의 곁을 떠나지 못하고 수발을 들어야만 했다. 이 때문에 그는 자신의 돈을 비교적 가까

운 곳에 거주하면서 자신을 도와주던 둘째 딸 피고 A에게 맡겨두고 딸에게 경제적 문제의 처리를 위임하였다. 이 사건 임대차계약이 체결된 후인 1999.9.14. 피고 B의 처 C가 사망하였고, 그 후부터 지금까지 피고 B는 혼자서 임대주택에서 생활해 왔다. 자녀들의 형편도 넉넉하지 않은 터라 우리 사회의 많은 노인들이 그러하듯이 그도 자녀, 손자들과 함께 살지 못하고 혼자서 노년을 보내고 있다.

(2) 처의 병세가 악화되어 잠시도 처 곁을 떠나지 못하고 병수발을 들고 있던 1999년 초에, 피고 B는 원고 공사가 인근 지역에 임대주택을 건축하여 임대한다는 소식을 듣고 자신의 돈을 관리하고 있던 둘째 딸 피고 A에게 임대차계약을 체결해 줄 것을 부탁하였다. 피고 B는 거의 평생을 충남 연기군 조치원읍에서 살아왔고 당시에도 조치원읍 침산리에 거주하고 있었던 반면, 그의 딸인 피고 A는 가족과 함께 청주시에서 거주하고 있었다.

(3) 아버지의 부탁으로 피고 A가 원고 공사의 사무실로 찾아가 아버지가 살 임대주택에 관한 임대차계약을 체결하였다. 피고 A는 자신의 명의로 임대차계약을 체결한 경위에 관하여 다음과 같이 설명하고 있다. 그녀가 원고 공사의 직원에게 사정을 설명하고 아버지와 자신의 명의 중 누구 명의로 임대차계약을 체결하여야 하는지를 물었고 원고 직원으로부터 누구 명의로 하든 상관없다는 답변을 들었다는 것이다. 많은 시간이 흘렀기 때문에 지금 와서 피고 A가 원고 공사의 직원으로부터 과연 그러한 설명을 들었는지, 그런 설명을 한 직원이 누구인지, 그리고 그 직원이 한 설명이 정확하게 어떤 것이었는지를 밝히는 것은 불가능해 보인다. 그러나 피고 A가 아버지인 피고 B를 대리하여 그 명의로 임대차계약서를 작성하기 위해서 갖추어야 했을 서류의 양과 법적 지식이 부족한 그녀가 그 서류를 모두 갖추는 데 필요한 시간과 노력의 양, 특히 그녀가 거주하던 청주와 아버지가 거주하던 조치원읍 사이의 거리가 결코 가깝지 않고 서류를 갖추기 위해서 여러 차례 왕복하는 것이 쉬운 일이 아닌 점을 참작해 보면 아버지가 임대주택에 거주한다는 목적에 아무런 지장이 없는 한 아버지를 대리하여 계약서를 작성하기보다는 자신 명의로 계약서를 작성하는 편을 선호했을 것임을 쉽게 추측해 볼 수 있다. 그리고 당시 원고 공사는 임대주택에 대한 임차 희망자가 적어 3차 청약까지 임대

업무가 지연되었던 사정을 참작해 보면, 원고 공사의 직원이 신속하고 간편한 업무처리를 위해 사무실로 찾아 온 피고 A에게 그녀 명의로 계약을 체결할 것을 권유했을 가능성도 없지 않은 것으로 보인다. 상세한 경위가 모두 밝혀진 것은 아니지만, 피고 A는 아버지인 피고 B를 위하여 위 임대차계약을 체결하였던 것은 분명하고, 충분한 법적 지식이 없어 장래 발생할 법적 분쟁을 예견하지 못했기 때문에 수고와 번잡함을 피할 생각에서 아버지 명의가 아닌 자신의 명의로 임대차 계약을 체결하였던 것이지 법적으로 허용되지 않는 어떤 이익을 얻거나 법적 규제를 회피하기 위하여 자신의 명의로 임대차 계약을 체결한 것은 아닌 것으로 보인다.

위와 같은 사실관계하에서 대전고등법원은 다음과 같이 판시하였다.

(1) 입법부가 임대주택법을 제정하여 임대주택사업을 지원하는 한편 일정한 규제를 가하고 있는 것은, 임대주택 건설을 촉진하고 국민주거생활의 안정을 도모하기 위한 것이다(위 법 제1조). 우리 사회에는 개인의 다양한 사정에 의하여 주택을 임차하려는 상당한 수요가 있는 반면에 투자금액 회수에 오랜 시간이 걸리는 등의 사정으로 임대주택의 공급은 항상 부족한 문제점이 있다. 또한 경제적, 관행적 이유에서 보증금(전세금)이 비싸기 때문에 목돈이 없는 사람들은 주택을 임차하기 어렵고 장기임대주택을 구하기도 어려운 것이 실정이다. 그래서 입법부는 임대주택법을 통하여 장기주택임대를 영업으로 하는 주택임대업자를 지원하여 임대주택의 공급을 늘리는 한편 부족한 임대주택이 실수요자에게 제공되도록 하기 위한 여러 제도적 장치를 마련하였다. 그래서 우리는 이 법률을 해석하고 적용함에 있어서 이 법률이 달성하고자 하는 위와 같은 공익적 목적을 충분히 참작하여야 마땅하다고 믿는다. 게다가 우리 사회에서 임대주택의 건설과 임대사업 영위에 가장 큰 몫을 차지하고 있는 원고 대한주택공사의 존재 이유가 바로 국민생활의 안정과 공공복리의 증진이라는 공익적 이유에 있음(대한주택공사법 제1조)도 간과할 수 없다.

(2) 임대주택법은 주택임대업자가 임대의무기간 후 임대주택을 분양전환하여 투자자금을 일시에 회수할 수 있는 길을 열어주면서도 일정한 요건을 갖춘 자에게 우선분양의 권리를 보장함으로써 주거와 생활의 안정을 도모

하고 있다. 임대주택법 제15조 제1항 제1호가 우선분양 권리의 발생요
건으로 '입주일 이후부터 분양전환 당시까지 당해 임대주택에 거주한 무
주택자인 임차인'으로 규정하고 있는데, 이 법이 무주택자를 요건으로 정
하고 있는 것은 임대주택이라는 한정된 자원의 분양에 있어서 아직 주택
을 소유하고 있지 못한 서민을 배려하기 위한 것이고, 실제 거주한 임차
인을 요건으로 정하고 있는 것은 한정된 자원의 분양에 있어서 실수요자
를 우선 배려하기 위한 목적 때문일 것이다. 따라서 위 규정에서 말하는
'임차인'의 의미를 밝히고, 이 사건에서 피고 B가 그 '임차인'에 해당하
는지를 판단함에 있어서 위 규정의 목적을 충분히 고려하여야 한다.

(3) 이 사건의 구체적 사안을 다시 한 번 돌이켜 보건대, 이 사건 임대주택
의 임차목적은 분명히 피고 B의 주거공간을 구하는 것이었지 피고 A의
주거공간을 구하는 것이 아니었다. 이 사건 임대주택을 임차하여 그곳에
거주하겠다는 결정을 한 자는 피고 B이었고 보증금으로 지급된 자금 역
시 그의 것이었다. 다만, 피고 B가 처의 병수발로 자리를 뜰 수 없었던
절박한 사정이 있었기 때문에 직접 원고 공사의 사무실을 찾아가 자신의
명의로 임대차계약을 체결하지 못하고 둘째 딸인 피고 A에게 임대차계약
의 체결을 부탁하였다. 이 사건에서 피고 A가 자신의 명의로 아버지의
주거에 관한 임대차계약을 체결하면서 법적으로 허용되지 않는 어떠한
이익을 얻거나 법적 규제를 회피하려 하였던 것은 아니다. 이러한 사정
에 비추어 볼 때 피고 A가 아버지의 이름이 아닌 자신의 이름으로 원고
와 임대차계약을 체결한 것은 법적 권리에 관하여 정확한 지식과 정보를
갖지 못하였기 때문에 저지른 실수였던 것으로 보인다. 만일 위와 같은
실수가 개입되지 않았더라면 피고 B가 임대주택을 우선분양받을 권리를
갖게 되었을 것이라는 점에 대해서는 의문의 여지가 없다. 피고 B는 현
재 75세의 고령에 홀로 살고 있는 노인이다. 경제적 활동을 할 능력을
잃었고 넉넉한 재정능력도 갖고 있지 못하다. 이런 사정에 놓여 있는 피
고 B에 대하여 임대차계약 체결과정에서 있었던 작은 실수 때문에 이제
와 그 주거공간에서 계속 거주할 권리를 갖지 못한다고 하기에는, 원인
이 된 피고들 측의 잘못과 그 결과 사이에 균형을 잃었다는 느낌을 지울
수 없다.

(4) 법률용어로서의 '임차인'이라는 단어가 임대차계약의 양 당사자 중 부동

산을 빌리는 측 당사자를 의미한다는 사실은 굳이 법률가가 아니더라도 잘 알고 있다. 그러나 법률 문언의 올바른 의미를 밝히기 위해서는 법률 용어로서의 의미만이 아니라 그 법률이 달성하고자 한 정책목표와 우리 사회가 법 체제 전체를 통하여 달성하고자 하는 가치를 아울러 고려하여야 한다. 위 법률의 문언만이 아니라 위 법률이 달성하고자 한 정책적 목표와 위 법률이 의도한 계획의 관점에서 보면, 피고 B의 주거안정은 당초부터 위 정책목표와 계획상의 보호범위 내에 있었던 것이지 그 바깥에 있었다고 생각되지 않는다. 정책적 목적과 계획을 분명하게 하기 위하여 사용된 언어가 그 정책적 목적과 계획의 실행을 제한하고 억제하는 방향으로 해석되고 집행되는 것은 옳은 일이 아니다. 이러한 법해석학의 관점에서 볼 때, 이 사건에서 피고 B가 무주택자이고 이 사건 임대주택에 대한 실수요자였음에도 불구하고 위에서 본 특별한 사정 때문에 임대차계약상의 임차명의인이 아니라고 하여 그의 권리를 부정하는 것이 이 법의 공익적 목적과 계획에 부합한다고 생각되지 않는다. 오히려 이 법상의 임차인의 요건을 그렇게까지 문언적, 법형식적으로 해석할 것이 아니라 이 사건과 같은 특별한 사정이 있는 예외적 사안에서 임대차계약의 목적과 재정적 부담과 실제 거주자라는 실질적 측면에서 사회적 통념상 임차인으로 충분히 관념될 수 있는 피고 B가 위 법상의 임차인 요건을 갖추었다고 보는 것이 위 법의 공익적 목적과 계획에 부합하는 해석이라고 생각한다.

(5) 가장 세심하고 사려 깊은 사람도 세상사 모두를 예상하고 대비할 수는 없는 법이다. 가장 사려 깊고 조심스럽게 만들어진 법도 세상사 모든 사안에서 명확한 정의의 지침을 제공하기는 어려운 법이다. 법은 장래 발생 가능한 다양한 사안을 예상하고 미리 만들어두는 일종의 기성복 같은 것이어서 아무리 다양한 치수의 옷을 만들어 두어도 예상을 넘어 팔이 더 길거나 짧은 사람이 나오게 된다. 미리 만들어 둔 옷 치수에 맞지 않다고 하여 당신의 팔이 너무 길거나 짧은 것은 당신의 잘못이니 당신에게 줄 옷은 없다고 말할 것인가? 아니면 다소 번거롭더라도 옷의 길이를 조금 늘이거나 줄여 수선해 줄 것인가? 우리는 입법부가 만든 법률을 최종적으로 해석하고 집행하는 법원이 어느 정도 수선의 의무와 권한을 갖고 있다고 생각한다. 이는 의회가 만든 법률을 법원이 제멋대로 수정하는 것이

아니라 그 법률이 의도된 본래의 의미를 갖도록 보완하는 것이고 대한민국헌법이 예정하고 있는 우리 헌법체제의 일부라고 생각한다.

이상과 같은 점을 참작하여 이 법원을 구성하고 있는 세 명의 판사는, 임대주택법 제15조 제1항 제1호의 '임차인'의 의미를 해석함에 있어서 이 사건 사안과 같은 특별하고도 예외적인 사정을 참작하는 실질적 의미의 임차인으로 해석하여야 한다는 점과 피고 B가 그 실질적 의미의 임차인 요건을 갖추었다는 점과 그리하여 피고 B가 이 사건 임대주택에 관하여 우선분양을 받을 권리를 가진다는 점에 대하여 의견의 일치를 보았다. 이 사건 심리과정에 이 법원이 양측에 조정 가능성을 문의하였을 때, 원고 공사는, 피고 B 측의 특별하고 딱한 사정을 참작하여 임대주택을 분양해 줄 경우 향후 유사 사정이 있는 자가 근거 없는 분양을 주장하는 나쁜 선례가 될 수 있다는 점을 들어 조정에 응할 수 없다는 견해를 밝혔다. 우리는 이 견해에 결코 동의할 수 없다. 이 판결은 원고 공사가 염려하듯 임대주택법이 달성하고자 하는 공익적 정책목표를 가로막는 나쁜 선례가 되는 것이 아니라, 임대주택법이 사용한 용어에 실질적이고도 살아 있는 의미를 부여함으로써 예외적이고 특별한 사안에서까지 임대주택법의 정책적 목표와 계획을 달성할 수 있도록 하는 좋은 선례가 된다고 생각한다. 오히려 위 법이 사용한 용어의 의미를 형식적으로만 이해할 경우 위 법의 정책적 목표와 계획은 통상적인 사안에서만 달성될 수 있을 뿐이고 우리 사회에서 장래 언제든지 발생할 수 있는 다양한 예외적 사안에서 정책목표와 계획의 달성을 포기하여야 하는 나쁜 선례가 된다고 생각한다.

가을 들녘에는 황금물결이 일고, 집집마다 감나무엔 빨간 감이 익어 간다. 가을걷이에 나선 농부의 입가엔 노랫가락이 흘러나오고, 바라보는 아낙의 얼굴엔 웃음꽃이 폈다. 홀로 사는 칠십 노인을 집에서 쫓아내 달라고 요구하는 원고의 소장에서는 찬바람이 일고, 엄동설한에 길가에 나앉을 노인을 상상하는 이들의 눈가엔 물기가 맺힌다.

우리 모두는 차가운 머리만을 가진 사회보다 차가운 머리와 따뜻한 가슴을 함께 가진 사회에서 살기 원하기 때문에 법의 해석과 집행도 차가운 머리만이 아니라 따뜻한 가슴도 함께 갖고 하여야 한다고 믿는다. 이 사건에서 따뜻한 가슴만이 피고들의 편에 서 있는 것이 아니라 차가운 머

따라서 피고 B는 이 사건 임대주택을 우선분양받을 권리가 있고 그가 그 권리를 행사하여 원고 공사에게 분양을 요청하고 있는 이상 원고가 그 요청을 거부하고 임대차계약 기간 만료를 이유로 피고들에게 명도와 퇴거를 청구하는 것은 법상 허용되지 않는다.

과연 언론에서 아름다운 판결로 칭송될 만한 명판결이다. 재판장인 박철 부장판사는 "감성은 이성에 반하는 가치가 아니며 아름다운 판결문은 모두 판결의 설득력을 높이기 위한 것"이라고 말했다. 박철 부장판사는 이미 "법률의 문언을 넘은 해석과 법률의 문언에 반하는 해석"이라는 주제의 글을 『법철학연구(제6권 제1호)』(2003)에 발표한 바 있다. 박철 부장판사는 지법부장판사시절 동아합동법률사무소로 친척 지간인 黃桂龍 변호사님을 찾아뵈러 왔을 때 인사를 나눈 적이 있다. 박 부장판사의 부친도 대구에서 변호사를 하고 있었다.

그러나 이 아름다운 판결은 상고심에서 홀라당 뒤집히고 만다. 언론은 이에 대하여 일언반구 보도가 없었다. 사람들은 아름다운 판결만 기억하지 이 판결이 대법원에서 파기환송된 사실은 모르고 알려고도 하지 않는다. 언론인들에게 개가 사람을 물면 뉴스가 되지 않지만 사람이 개를 물면 뉴스가 되는 것은 초등학생들도 다 안다. 개가 사람을 무는 것처럼 법률가의 냉철한 이성은 뉴스가 되지 않고, 사람이 개를 무는 것처럼 법률가의 따뜻한 가슴은 뉴스거리가 되는 것이다.

하급심 판사(Judge)는 따뜻한 가슴으로 판결을 선고했는데 대법원의 대법관(Justice)은 냉철한 머리로 판결을 선고했다. 언론이나 국민들에게는 차가운 머리보다는 따뜻한 가슴을 더 선호하는 것이다. 그러면 여기서 대법원 2009.4.23. 선고 2006다81035 판결의 판시를 보자. 대법원이 원심법원과 법률해석의 본질과 원칙에 관한 법철학 논쟁을 펼치는 것 같은 느낌을 갖게 된다. 보통의 민사판결에서 볼 수 없는 법철학적 소재가 담겨 있는 판결이다.

1. 법은 원칙적으로 불특정 다수인에 대하여 동일한 구속력을 갖는 사회의 보편타당한 규범이므로 이를 해석함에 있어서는 법의 표준적 의미를 밝혀 객관적 타당성이 있도록 하여야 하고, 가급적 모든 사람이 수긍할 수 있는 일관성을 유지함으로써 **법적 안정성**이 손상되지 않도록 하여야 한다. 그리고 실정법이란 보편적이고 전형적인 사안을 염두에 두고 규정되기 마련이므로 사회현실에서 일어나는 다양한 사안에서 그 법을 적용함에 있어서는 구체적 사안에 맞는 가장 타당한 해결이 될 수 있도록, 즉 **구체적 타당성**을 가지도록 해석할 것도 또한 요구된다. 요컨대, 법해석의 목표는 어디까지나 법적 안정성을 저해하지 않는 범위 내에서 구체적 타당성을 찾는 데에 두어야 할 것이다. 그리고 그 과정에서 가능한 한 법률에 사용된 문언의 통상적인 의미에 충실하게 해석하는 것을 원칙으로 하고, 나아가 법률의 입법 취지와 목적, 그 제·개정 연혁, 법질서 전체와의 조화, 다른 법령과의 관계 등을 고려하는 체계적·논리적 해석방법을 추가적으로 동원함으로써, 앞서 본 법 해석의 요청에 부응하는 타당한 해석이 되도록 하여야 할 것이다.
한편, 법률의 문언 자체가 비교적 명확한 개념으로 구성되어 있다면 원칙적으로 더 이상 다른 해석방법은 활용할 필요가 없거나 제한될 수밖에 없고, 어떠한 법률의 규정에서 사용된 용어에 관하여 그 법률 및 규정의 입법 취지와 목적을 중시하여 문언의 통상적 의미와 다르게 해석하려 하더라도 당해 법률 내의 다른 규정들 및 다른 법률과의 체계적 관련성 내지 전체 법체계와의 조화를 무시할 수 없으므로, 거기에는 일정한 한계가 있을 수밖에 없다.
2. 앞서 본 법리에 비추어 볼 때, 원심의 위 판단은 다음과 같은 이유에서 수긍하기 어렵다.
이 사건에서 문제되는 임대주택법 제15조 제1항 및 그에 따른 이 사건

임대차계약서의 계약특수조건 제9조 제2항에서 사용된 '임차인'의 개념
은, 임대주택을 건설하여 임대의무기간 동안 임차·사용하게 하다가 그
기간이 경과하면 무주택 등 일정한 자격요건을 갖춘 임차인에게 우선 분
양함으로써 임대주택의 건설을 촉진하고 국민주거생활의 안정을 도모하려
는 임대주택법과 이 사건 임대차계약의 근간이 되는 중심개념으로서, 그
것이 객관적으로 명확하게 해석되지 않으면 임대사업자와 임차인 등이 법
과 계약에서 정한 의무를 이행하고 권리를 실현함에 있어서 상당한 혼란
과 지장이 초래될 것이다.

그런데 임대주택법상 임대주택의 '임차인'에 관하여 특별한 해석규정은
없고, 원심이 말하는 이른바 '실질적 의미의 임차인'을 포함한다는 취지의
규정도 없다. 다만, 같은 법 제3조에서 "임대주택의 건설·공급 및 관리
에 관하여 이 법에서 정하지 아니한 사항에 대해서는 주택법 및 주택임대
차보호법을 적용한다"고 규정하고 있을 뿐인데, 주택법은 물론이고 주거
용 건물의 임대차에 관하여 민법에 대한 특례를 규정한 주택임대차보호법
에서도 특별히 '임차인'이라는 용어에 관한 해석규정은 보이지 않는다(다
만, 주택임대차보호법 제3조의 2 제1항에서 일정한 법인을 임차인에 포
함시키고, 제9조에서 일정한 경우 사망한 임차인의 권리의무를 사실상의
혼인관계에 있는 자 등이 승계하도록 규정하고 있을 뿐이다).

결국, 임대주택법상의 임차인이라는 용어는 임대차에 관한 일반법인 민법
의 규정 그리고 사회에서 통상적으로 이해되는 '임차인'의 의미로 돌아가
해석할 수밖에 없는바, 그것은 민법 제618조가 규정하는 바와 같이 임대
차계약에서 목적물의 사용수익권을 가짐과 동시에 차임지급의무를 부담하
는 측의 일방당사자를 의미한다고 보는 것이 문언에 충실하면서도 가장
보편타당한 해석이라고 할 것이다.

그런데 여기에서 임대차의 일방당사자라는 것은 위와 같은 사용수익 및
차임지급을 약정하여 임대차계약을 체결한 당사자를 말하는 것이지, 목적
물을 실제로 사용·수익하거나 보증금·차임 등을 실제 출연하는 자의
의미가 아니다. 이는 임대주택법의 다른 규정들의 취지에 비추어 보아도
알 수 있다. 즉, 임대주택법은 건설임대주택의 임차인의 자격·선정방법·
임대보증금·임대료 등 임대조건에 관한 기준을 법정하는 한편(제14조),
특별한 경우를 제외하고는 임대주택의 임차인은 임차권을 다른 사람에게

양도하거나 임대주택을 다른 사람에게 전대할 수 없다고 규정하며(제13조), 사위(詐僞) 기타 부정한 방법으로 임대주택을 임대받은 자나 법에 위반하여 임대주택의 임차권을 양도하거나 전대한 자를 형사처벌하도록 규정하고 있다(제22조). 또한, 임대주택에 대하여 임대차계약을 체결할 때에는 법령이 정하는 사항이 포함된 표준임대차계약서를 사용하도록 하고 임대사업자와 임차인은 위와 같이 체결된 임대차계약을 준수하여야 한다고 규정하고(제18조), 임대사업자와 임차인이 위 법 또는 법에 의한 명령이나 처분에 위반한 경우에는 소관청이 시정명령 등 필요한 조치를 할 수 있도록 하는 등(제19조) 엄격한 규제와 감독을 하고 있다. 그렇다면 임대주택법은 일정한 자격요건을 갖추고 선정절차를 거친 자로서 일정한 형식의 계약서 작성을 통하여 임대차계약을 체결한 자를 임차인으로 취급하면서, 그로 하여금 임대차계약의 내용을 준수할 것, 특히 무단 임차권양도나 주택의 전대를 금지하도록 함으로써, 계약체결 당사자로서의 임차인과 그 임대주택에 실제로 거주하는 자가 함부로 분리되는 것을 불허하는 취지임이 분명하다.

따라서 임대주택법에서 말하는 '임차인'이란 임대주택법에 따라 임대차계약을 체결하고, 그 법의 규율을 받으면서 권리를 행사하고 의무를 이행하여야 할 당사자로서의 임차인이라고 하여야 한다. 그런데 이와 달리 원심과 같이, 임대차를 통하여 달성하려는 목적, 재정적 부담 또는 실제 거주자와 같은 실질적 측면에서 사회통념상 임차인으로 여겨지는 자를 '실질적 의미의 임차인'이라 하여 위 법상 임차인의 의미를 확대하거나 변경하여 해석하는 것은, 우선 '실질적 의미의 임차인'이라는 개념 자체가 모호한데다가, 그 판단 기준으로 거론되는 것들이 임대차계약 이면(裏面)의 사정 또는 임대주택에 대한 다양한 사용·수익의 방식 등에 불과하다는 점, 그러한 해석은 위에서 본 임대주택법의 취지와 전제 법 세계, 법률용어의 일반적 의미에 반할 뿐만 아니라 상대방 당사자인 임대사업자 측의 의사와 신뢰에 반하는 것인 점, 나아가 임대주택법에 따른 임대주택의 공급 및 관리에도 혼란을 초래할 우려가 있다는 점에서 그대로 받아들일 수 없다.

특히 이 사건에서 문제가 되는 임대주택법 제15조는, 임대주택의 임대의 무기간이 경과한 후 기존 임차인 중에서 무주택 등 일정한 자격요건을 갖춘 자에게 우선분양전환권이라는 특혜를 부여하는 규정인데, 여기에서의

임차인을 위와 같이 '실질적 의미의 임차인'이라고 해석한다면, 당초 임대
주택법이 정한 요건과 절차에 따라 임차인으로 선정되어 임대차계약을 체
결한 당사자로서의 임차인이 아니더라도 따로 실질적 측면에서 임차인이
라고 해야 할 자가 있으면 그를 임차인으로 인정하고 그에게 우선분양전
환권을 부여하게 되어 임대주택법의 기본 취지에 반하는 결과를 초래할
뿐만 아니라, 나아가 임대차계약을 체결하였던 임차인이 중도에 우선분양
전환권자로서의 자격요건을 상실한 후 무주택자인 친·인척 등을 입주시
키고 그를 내세워 임대주택을 분양받는 등 다양한 방법으로 임대주택법의
취지를 몰각시킬 우려마저 있다. 이는 임대주택법을 포함하여 법질서의
규범성과 안정성을 크게 해치는 결과가 될 뿐이다.

한편, 원심은 이 사건에서의 특별한 사정에 대한 구체적 타당성 때문에
위와 같은 법적 안정성의 요청이 후퇴되어야 한다고 판단한 것으로도 보
인다. 하지만 특별한 사정이 있는 예외적 사안을 구체적 타당성 있게 해
결한다는 명분으로 위와 같은 법률 해석의 본질과 원칙을 뛰어넘을 수는
없다. 무엇이 구체적 타당성 있는 해결인가 하는 문제는 차치하고서라도,
법률 해석의 본질과 원칙에서 벗어나 당해 사건에서의 구체적 타당성 확
보라는 명분으로 1회적이고 예외적인 해석이 허용된다면, 법원이 언제 그
와 같은 해석의 잣대를 들이댈지 알 수 없는 국민은 법관이 법률에 의한
재판이 아닌 자의적인 재판을 한다는 의심을 떨치지 못할 것이며, 이는
법원의 재판에 대한 국민의 신뢰를 크게 해칠 뿐만 아니라 모든 분쟁을
법원에 가져가 보지 않고서는 해결할 수 없게 함으로써 법적 안정성을 심
히 훼손하게 될 것이기 때문이다. 임대주택법 제15조 제1항이 국민의 주
거생활의 안정을 도모하고 임대주택이 피고 B와 같은 실수요자에게 우선
공급되도록 하려는 공익적 목적을 가진다고 하더라도 위와 같은 법리는
마찬가지로 적용되어야 한다.

결론적으로, 임대주택법 제15조 제1항에서 규정하는 '임차인'이란 어디까
지나 위 법률이 정한 요건과 절차에 따라 임대주택에 관하여 임대사업자
와 임대차계약을 체결한 당사자 본인으로서의 임차인을 의미한다고 할 수
밖에 없고, 이와 달리 당사자 일방의 계약목적, 경제적 부담이나 실제 거
주사실 등을 고려한 '실질적 의미의 임차인'까지 포함한다고 변경, 확장
해석하는 것은 앞서 본 법률 해석의 원칙과 기준에 어긋나는 것으로서 받

이들일 수 없다.

3. 나아가 원심에는, 피고 A가 피고 B를 위하여 이 사건 임대차계약을 체결하는 과정에서 단지 수고와 번잡함을 피할 생각으로 자신 명의로 임대차계약을 체결한 것이므로, 피고 B가 이 사건 임대차계약의 당사자 본인으로서의 임차인에 해당된다는 판단이 포함되었다고 볼 여지도 있다.

일반적으로 계약의 당사자가 누구인지는 그 계약에 관여한 당사자의 의사해석의 문제에 해당한다. 의사표시의 해석은 당사자가 그 표시행위에 부여한 객관적인 의미를 명백하게 확정하는 것으로서, 계약당사자 사이에 어떠한 계약내용을 처분문서인 서면으로 작성한 경우에는 그 서면에 사용된 문구에 구애받는 것은 아니지만 어디까지나 당사자의 내심적 의사의 여하에 관계없이 그 서면의 기재 내용에 의하여 당사자가 그 표시행위에 부여한 객관적 의미를 합리적으로 해석하여야 하며, 이 경우 문언의 객관적인 의미가 명확하다면, 특별한 사정이 없는 한 문언대로의 의사표시의 존재와 내용을 인정하여야 한다.

원심 판결의 이유와 기록을 종합해 보면, ① 원고와 임대차계약을 체결하는 행위를 한 자는 피고 A이고 그 임대차계약서상 임차인 명의도 피고 A로 되어 있으며, 그것이 특별히 타인을 위한 '대리행위'라든지 '제3자를 위한 계약'으로서 체결되는 것이라는 등의 사정은 전혀 나타나 있지 않은 점, ② 이 사건 임대차계약은 임대주택법이 규율하는 바대로 일정한 자격요건과 필요한 구비서류들을 갖추어 체결되었을 터인데 그러한 것들도 모두 피고 A를 기준으로 구비되었을 것으로 추정되는 점, ③ 피고 B가 자신의 주거를 마련하기 위하여 피고 A에게 임대차계약 체결을 부탁하였음에도 피고 A가 계약 과정에서 단지 '실수로' 업무를 잘못 처리한 것에 불과한 것인지에 관해서는, 이에 부합하는 증거로 원심이 채용한 을 제3호증이 있기는 하나 이는 피고 A 본인의 인증자술서에 불과하여 그대로 믿기는 어렵고, 오히려 피고 A가 원심 변론기일에 출석하여 "피고 B의 보증채무를 피하기 위하여 피고 A가 피고 B의 돈을 보관하고 있다가… 피고 A 명의로 계약을 체결하게 되었다"고 진술한 것에 의하면 피고들은 대외적인 법률행위는 피고 B의 명의로는 하지 않을 의도였다고 추측되는 점, ④ 피고 측이 주장하는 특수한 사정들이란 모두 그들 내부의 문제에 불과할 뿐이고, 계약 당시 원고 측도 그러한 사정을 잘 알면서 계약의 명의와 관계없이 계약당사자를 피고 B로 한다거나 계약에 따른 법률효과를 아예 직접 피고 B에게 귀속시키기로 한다는 의사의 합치가 있었다는 등의 특별한 사정에 관한 증거자료는 전혀 보이지 않는 점, ⑤ 이 사건 임대차계약을 위한 보증금이 피고 B의 자금이었다는 주장에 부합하는 증거로는 앞서 본 대로 피고 A의 자술서인 을 제3호증이 있을 뿐 금융자료 등의 객관적인 자료는 제출되지 않은 점, ⑥ 피고 B가 이 사건 임대주택에 주민등록을 하고 계속 거주하였다고는 하나, 피고 A 역시 이 사건 임대차계약상의 입주일 무렵인 1999.6.4. 이 사건 임대주택으로 주민등록 전입신고를 한 이래 중간에 합계 약 1년 6개월 정도를 제외하고는 이 사건 임대주택의 분양전환 무렵까지 계속 그곳에 주민등록을 하고 있었던 사실 등을 알 수 있다.

위와 같은 여러 사정들을 앞서 본 계약당사자의 확정 등에 관한 법리에 비추어 볼 때, 이 사건 임대차계약의 당사자 본인으로서의 임차인은 계약 체결행위를 실제로 하였고 또한 계약서상으로도 임차인으로 표시되어 있는 피고 A라고 볼 수밖에 없다.

4. 그럼에도 불구하고, 원심은 그 판시와 같은 이유만을 내세워 임대주택법 제15조 제1항 소정의 임차인의 의미를 이 사건과 같은 특별하고도 예외적인 사정을 참작하는 실질적 의미의 임차인으로 해석하고 이 사건 임대주택에 있어서 피고 B가 그러한 임차인에 해당한다고 보아 원고의 이 사건 청구를 배척하고 말았으니, 이러한 원심의 판단에는 앞에서 본바와 같은 임대주택법상 임차인 개념의 해석에 관한 법리, 임대차계약 당사자의 확정 내지 계약의 해석에 관한 법리, 처분문서의 증명력 등 증거법칙 등을 오해하여 판결에 영향을 미친 법령 위반의 위법이 있다. 이 점을 지적하는 상고 이유 주장은 이유 있다.

5. 그러므로 원심 판결을 파기하고, 사건을 다시 심리·판단하게 하기 위하여 원심법원에 환송하기로 하여 관여 대법관의 일치된 의견으로 주문과 같이 판결한다(주심 차한성 대법관).

대법원 판결을 읽고 보니 과연 따뜻한 가슴보다 차가운 이성에 입각한 판결이다. 대법원은 법률 해석에 있어서 법적 안정성과 구체적 타당성이 충돌하는 경우 법적 안정성을 깨뜨려서는 안 된다고 경고

하고 있다. 그리고 법 해석의 방법은 문언 해석이 원칙이고 추가적으로 입법 취지나 목적 등 여러 가지 요소를 고려하여야 함을 명백히 밝히고 있다. 쉽게 말하면 자기 명의로 계약체결행위를 한 사람이 계약의 당사자로 인정된다는 기본적 법리를 간명하게 판시한 것이다.

이와 같은 대법원의 입장은 예금계약의 당사자에 관한 판단기준에 관하여 밝힌 대법원 2009.3.19. 선고 2008다45828 전원합의체판결과 궤를 같이하는 것으로 계약당사자를 판단할 때 명의인이 중요한 기준이 된다는 점을 다시금 강조하는 것으로 새길 수 있다.

부동산실명법과 금융실명법이 시행되고 있음에도 우리의 거래실제에 있어서는 명의와 실질이 일치하지 않는 경우가 너무나 많다. 앞으로 우리 사회가 투명해지고 예측 가능한 법치사회가 되려면 요리조리 명의와 실질을 악용하는 폐해를 과감하게 척결해나가지 않으면 안 된다. 대법원이 지향하는 위와 같은 방향은 일단 옳다고 생각한다.

대법원이 "법해석의 목표는 어디까지나 법적 안정성을 저해하지 않는 범위 내에서 구체적 타당성을 찾는 데 두어야 할 것"이라고 한 판시는 정곡을 찌른 것이다. 역시 법률가의 따뜻한 감성은 차가운 이성의 틀 안에서 소임을 다해야 한다. 앞으로 따뜻한 가슴으로 쓴 아름다운 판결뿐만 아니라 차가운 머리로 쓴 예지의 판결도 뉴스기리가 되고 일반국민들이 관심을 가지는 시대가 오기를 바란다.

[2010. 2. 25]

9. '영원한 청춘' 김찬규 교수님

2010년 10월 21일부터 22일까지 양일간 제주대학교 법학전문대학원에서 2010년 한국국제법학자대회가 열렸다. 전국 각지에서 100여 명의 국제법 교수들이 참석하여 대성황을 이루었다. 동문인 이영준 교수(전 대한국제법학회회장)와 이원갑 박사(한국해양수산개발원 본부장), 박언경 사무국장(경희대교수), 이병오(방위사업청 법무지원팀), 이용희 교수(한국해양대) 등과 토평마을 출신의 오선영 교수(연세대)와 여러 교수님들을 제주에서 뵐 수 있었다. 지난번 캐나다 연수 시 도움을 준 밴쿠버 UBC 백태웅 교수도 만날 수 있었다. 백 교수는 연말까지만 UBC에서 근무하고 내년부터는 하와이대 로스쿨로 자리를 옮길 것이라고 한다.

무엇보다 큰 즐거움은 이 자리에서 오랜만에 대학시절의 스승인 김찬규 교수님을 만나 뵐 수 있었다는 사실이다. 교수님은 1931년생으로 나의 부친과 같은 연세로 기억하고 있는데 지금도 젊은 학자 못지않은 정열로 국제법 분야에서 맹활약을 하고 계신다. 이번 대회에서도 '해적행위와 해상테러의 차이'에 관하여 주제발표도 하시고 마지막 날에는 '2010년 독도해양영토 정책토론회' 사회까지 보시는 것을 보고, 참으로 놀라왔다. 김 교수님께서 'old boy'로 영원한 현역을 구가하고 계시는 것을 보고 그리 많지 않은 나이에 만사가 귀찮아지고 있는 나 자신이 한없이 부끄러웠다.

　교수님은 네덜란드 헤이그에 있는 상설중재재판소(Permanent Court of Arbitration, 이하 PCA)의 재판관으로 활동을 하고 계시기도 하다. PCA는 국가 간 분쟁을 평화적으로 해결하려는 국제사회의 첫 시도로 제1차 만국평화회의(World Peace Conference) 후 탄생했다. 네덜란드 헤이그에 헤이그협약이 체결된 후 1907년 제2차 만국평화회의에서 PCA 설립을 확정했는데 고종 황제가 이 만국평화회의에 이준 열사 등 특사 3명을 파견해 을사늑약(1905년)의 무효를 국제사회에 호소했으나 약소국의 비애만이 있었음을 우리는 익히 알고 있다.

　남들은 은퇴하여 뒷방을 차지하거나 저세상으로 떠날 나이에 교수님은 국제해양법학회 회장도 맡고 계시면서 강의도 하고 계시고, 또한 일간지 등에 국제법 관련 평론도 활발히 발표하고 계시다.

　교수님과 나의 인연은 지금부터 35년 전인 1975년으로 거슬러 간다. 지금 보니 40대 당시의 교수님이나 지금의 교수님이나 별 차이가 없는 듯하다. 사법시험을 준비하면서도 공부하기 쉬운 국제사법을 선택한 탓에 국제법 공부를 제대로 해보지는 못했으나, 교수님의 국제법 강의는 열심히 들었던 것으로 기억한다. 오랜 세월이 흘렀지만 그 당시의 기억이 뚜렷하게 남아 있다.

강의 중에 실존철학을 빌려 인간이라고 하는 존재는 'Sein zum Tode(죽음으로의 존재)'라고 설파하시면서 우리들이 사는 것은 죽음을 향해 치닫는 것이라고 하신 것이 지금도 기억되는데 아마도 교수님은 죽음에서 점점 멀어지는 것은 아닌지 모르겠다.

[2010. 10. 23]

10. 휴대폰 斷想

자고로
인간에게 실망하거나 소외된 사람들은
동물에게 정을 붙인다.
물화된 사회일수록 불어나는
애견인구.

그러나 동물에게서조차 정에 굶주려
물건에 집착하는 사람들.
인간 공동체 시대를 넘어서,
애완동물의 시대를 넘어서…

애견도 때에 따라서는 심술을 부릴 줄 알고
주인의 명령에 반항할 때도 있으니
절대 순종,
절대 성실
절대 신뢰의 기쁨이 기특한 기계야말로
우리들의 기쁨이 아닌가.

지하철 전동차 객석에 앉은
젊은이들을 한번 살펴보아라.
저마다 손에 손에 든 휴대폰
혹자는 열심히 통화를 하고,
혹자는 오불관언 문자판을 두들기고,
혹자는 애견을 안듯 품에 끼고서
오매불망 따뜻한 손길로 그 잔등을 쓰다듬고 있나니.

— 오세영, "휴대폰 4"

우리나라 사람들은 사람들 손에 전화기를 들고 다닌다고 해서 '핸드폰'이라는 말을 쓰고 있지만 영어에 hand phone이라는 말은 없다. 핸드폰은 '화이팅'과 같은 한국식 영어다. 영어로는 cellular phone 또는 mobile phone이다. 알 만한 사람이나 대학교수의 명함에도 휴대전화번호로 hand phone의 약어인 h.p.를 쓰는 사람이 있다. 우리말로는 '휴대용 전화'가 정확하겠지만 여기서는 편의상 '휴대폰'으로 쓴다.

어쨌든 이제는 어린이부터 노인까지 휴대폰이 만인의 필수품이 되었다. 휴대폰의 진화가 스마트폰으로 이어지면서 휴대폰이 없는 생활은 상상할 수 없게 되었다. 휴대폰만큼 편리한 문명의 이기가 있는지 의문이 들 정도로 휴대폰 하나로 모든 것을 해결할 수 있는 세상이 되었다. 휴대폰만이 아니다. 내비게이션이나 GPS도 이제는 생활인의 필수품이 되었다.

이제 인간들은 휴대폰에 갇혀 살고 있다. 휴대폰은 나만의 은밀한 비밀창고이면서 블랙박스이다. 휴대폰의 통화내역을 조회하면 그 사람의 불륜이나 사생활이 내밀한 부분까지 여지없이 까발려진다. 이 블랙박스는 언젠가는 폭발하여 수류탄이 될지도 모른다. 디지털 지문은 영원히 지워지지 않는다.

그러나 과연 휴대폰이 인간의 생활을 편리하게만 해주고 다른 문제는 없는 것일까? 얼마 전에 휴대폰을 집에 두고 출근했다가 마누라 전화번호도 기억해내지 못하는 내 처지가 한심스러웠다. 요새는 휴대폰에 모든 전화번호가 저장되어 있어 전화번호를 적은 수첩을 가지고 다닐 필요도 없고 전화번호 외울 필요도 없다. 그런데 그 휴대폰이 없게 되면 모든 것이 깡통이 된다. 머리에 든 것이 없다. 사람들은 더 이상 기억하거나 외우려고 하지 않는다. 내비게이션이 편리하다고 하지만 내비게이션에 모든 것을 의존하게 되면 오히려 '길치'가 된다.

요새는 등산을 하면서도 GPS에 의존하는 사람들이 많다. 그러나 너무 GPS에 의존하게 되면 산의 본 모습을 제대로 보지 못한다. 이러한 문명의 이기들이 사람들을 멍청하게 만들고 있다. 오히려 이러한 문명의 이기가 인간을 위험으로 빠뜨리기도 한다.

운전 중 휴대폰을 사용한다는 것은 음주운전을 하는 것과 같을 정도로 위험하다는 연구결과가 있다. 운전 중 휴대폰 사용이 위험하다는 경고에도 불구하고 사람들은 늘 운전 중에 휴대폰을 꺼내든다. 운전 중 휴대폰 사용으로 집중력이 떨어지고 사물인지능력이 떨어져 교통사고의 원인이 되기 쉽다는 것은 불문가지다. 자동차를 몰다 보면 휴대폰에 정신을 파느라 교통의 흐름을 끊는 경우를 자주 목격하고 있다.

먼저 도로교통법 관련 규정을 보자.

☞ **도로교통법 제49조 (모든 운전자의 준수사항 등)**
① 모든 자의 운전자는 다음 각 호의 사항을 지켜야 한다.
10. 운전자는 자동차 등의 운전 중에는 휴대용 전화(자동차용 전화를 포함한다)를 사용하지 아니할 것. 다만, 다음 각 목의 어느 하나에 해당하는 경우에는 그러하지 아니하다.
가. 자동차 등이 정지하고 있는 경우
나. 긴급자동차를 운전하는 경우
다. 각종 범죄 및 재해 신고 등 긴급한 필요가 있는 경우
라. 안전운전에 장애를 주지 아니하는 장치로서 대통령령이 정하는 장치를

※ **도로교통법시행령 제29조(안전운전에 장애를 주지 아니하는 장치)**
법 제49조 제1항 제10호 라목에서 "안전운전에 장애를 주지 아니하는 장치로서 대통령령이 정하는 장치"라 함은 손으로 잡지 아니하고도 휴대용 전화(자동차용 전화를 포함한다)를 사용할 수 있도록 해 주는 장치를 말한다.

도로교통법 시행령 별표[7]에 의하면 운전 중 휴대전화 사용은 승합자동차 등은 범칙금 7만 원, 승용자동차 등은 6만 원, 이륜자동차 등 4만 원, 자전거 등은 3만 원이 부과된다. 여기서 자전거 등이라 함은 자전거, 손수레, 경운기, 우마차를 말한다. 리어카를 끌면서도 휴대폰을 사용해서는 안 된다.

어느 정도를 휴대전화 사용하는 것으로 볼 것인지에 대해 경찰청은 "손에 들고 전화를 받거나 거는 행위, 핸즈프리라도 원터치가 아니고 일일이 번호를 눌러서 발신하는 행위, 마이크가 달린 이어폰이라도 마이크를 손으로 잡고 운전하는 행위 등"으로 해석하고 있다.

전화를 걸거나 받는 것만 그 사용이 아니고 손으로 휴대폰을 만지기만 하여도 그 사용이 된다. 만지기만 한 것을 가지고 사용으로 볼 수 있느냐는 반론이 있을 수 있으나, 지나가는 여자 엉덩이를 잠깐만 만져보시라. 별반 차이가 없는 이야기이다.

그렇다면 운전자가 아닌 보행자는 보행 중이거나 뛰면서 휴대폰을 사용해도 무방한 것인가?

엊그제 뉴욕타임즈 보도에 의하면 뉴욕에서는 보행자들도 earbuds(이어폰)를 사용하여 음악을 듣거나 보행이나 조깅 중에 그 사용을 금하는 법안을 추진 중이라고 한다. 앞으로 우리나라에서도 보행 중 음악을 듣거나 휴대폰 사용을 금하는 법이 만들어지지 말라는 법이 없다.

관심 있는 사람은 다음과 같은 뉴욕타임즈 2011.1.25. 기사를 보시라.

The New York Times

Lawmakers Turn Attention to the Dangers of Distracted Pedestrians
(http://www.nytimes.com/2011/01/26/us/26runners.html?_r=3&scp=
2&sq=Carl%20Kruger&st=cse)

아무리 디지털 시대라고는 하지만 아날로그가 필요할 때도 있다. 공부도 디지털보다는 아날로그 식으로 해야 한다. 책에 줄을 치면서 책장이 뜯겨나가도록 책을 보고, 소리 내어 읽어보아야 한다. 동영상 강의라는 것도 마찬가지다. 책을 보면서 읽고 생각하고 써보아야 한다. 공부는 원래 혼자 하는 것이다. 그래야 찐득한 자신의 지식이 된다. 생각은 없이 단지 들은 것만으로는 허공을 맴돌기만 하고 아련하기만 하고 실체가 없다. 별 의미가 없다.

요새 교수법으로 각광받는 파워포인트가 오히려 학습효과가 떨어진다는 연구결과가 발표되고 있다. 파워포인트는 100여 명의 관중을 모아놓고 대단위 강연을 하는 경우 필요할지는 모르나 몇십 명짜리 강의에서는 별반 효과가 없다는 것이다. 사람들은 현란한 파워포인트 앞에서 다 아는 것 같지만 덮어버리면 깡통이 된다. TV를 바보상자라고 하는 것노 같은 밀이다. 사람을 바보로 만든다는 말이다.

아무리 휴대폰 세상이고 디지털 세상이라고 하지만 지켜야 할 아날로그도 있다는 사실을 잊지 말아야 한다. 어쩌면 21세기에 19세기식 사랑을 하는 것이 진정한 사랑일 수가 있다.

[2011. 1. 28]

11. '부러진 화살'을 생각한다

1) 사건의 개요

2012년 설 연휴 마지막 날인 1월 24일 저녁 제주에 내려와서 5년 여 만에 처음으로 극장을 찾았다. 노형동에 있는 한 극장에서 영화 <부러진 화살>을 상영하고 있는데 저녁 시간대였는데도 극장은 만원이었다. 제주도 촌 동네가 이 모양이니 서울은 난리가 났을 것이다. 도가니 영화로 한바탕 사법부에 대한 화살을 날렸던 마당에 이 영화로 이 나라의 사법부와 사법체계에 대한 정조준을 하고 석궁을 날리고 있는 셈이다. 이미 도하 언론에서 김명호 교수의 석궁사건을 소재로 한 이 영화에 대하여 왈가왈부가 소란한 편이라 명색이 로스쿨에서 미래의 법조인을 양성하는 직책에 있는 자로서 이 영화를 보지 않을 수 없었다. 차제에 이 사건과 영화에 대하여 나의 견해를 밝혀 두고자 한다.

나는 현업에 있을 때 서초동 법원 청사를 드나들면서 영화에서는 김경호로 나오는 김명호 교수가 대법원장 이하 각급 법원판사의 실명을 들며 비난하는 판때기를 법원 동문 앞에 걸어두고 외롭게 1인 시위를 하는 모습을 자주 목격했었다. 김명호 교수는 이미 보도된 대로 자신의 민사사건 항소심 재판장에게 석궁을 발사한 혐의로 징역 4년의 실형 확정되어 만기 복역 후 출소하였고, 정지영 감독에 의해 당시의 공판기록과 변호인이었던 박훈 변호사의 진술 등을 토대로 영화 <부러진 화살>이 만들어졌다.

다소 장황하지만 사건의 이해를 위해 먼저 김명호 교수 사건의 경과를 보기로 한다.

김명호 교수(이하 민사사건에서는 원고)는 미국 미시간 대학교에서 1988년 박사학위를 받은 후, 1991년 3월 1일 성대 수학과 조교수로 신규 임용되었고, 1993년 3월 1일에 이르러 임기를 3년간으로 정하여 재임용되어 1996년 2월 29일까지 6년간 위 대학교에서 조교수로 근무하였는데, 원고는 위 재임용 기간 중인 1995년 4월 및 1995년 10월 성균관 대학교의 부교수 승진대상자로서 피고에 대하여 부교수 승진임용을 신청하였으나, 성대는 원고의 연구실적이 승진평정 기준을 충족시키지 못한다는 이유로 불합격 판정을 하였고, 원고를 승진임용 대상에서 제외하는 결정을 하였다. 또한, 성대는 1996년 3월 1일 원고가 재임용 심사에서 탈락하였음을 이유로 원고를 조교수에서 재임용하지 아니하기로 결정(이하 '이 사건 재임용 거부 결정')하였다.

원고는 1995년 성대가 이 사건 재임용거부결정을 하게 된 동기는 원고가 1995년도 대학입시 문제의 오류를 지적한 데 대한 보복을 하기 위한 것이라는 이유로 서울중앙지방법원에 성대가 원고를 부교수 승진임용 대상에서 제외한 조처가 무효라고 주장하면서, 부교수 지위확인을 구하는 소를 제기하였으나 원고 청구를 기각하는 판결을 선고받았고(서울중앙지방법원 1996.7.5. 선고 95가합96142판결. 재판장 장준철 부장판사), 이에 항소하였으나 1997년 5월 27일 서울고등법원으로부터 항소 및 항소심에서 추가한 임금 상당의 손해배상청구를 모두 기각한다는 판결을 선고받았으며(서울고등법원 96나31439판결. 재판장 양승태 부장판사, 현 대법원장), 1997년 12월 23일 대법

원으로부터 원고의 상고를 기각한다는 판결을 선고받았다(대법원 97
다25477. 주심 서성 대법관). 원고는 1, 2, 3심 모두 민변 소속 변호
사들을 대리인으로 선임하여 위 각 소송을 수행하였다. 위 각 판결
원문들은 인터넷에서 전부 검색할 수 있다.

위와 같이 원고패소판결이 확정된 뒤 김명호 교수는 미국으로 간
듯하다. 그 사이에 교원재임용을 둘러싼 법적 상황이 많이 바뀌게
된다. 종전에는 재임용에서 탈락된 사립대학 교원들이 교수지위확인
의 소 내지 재임용거부처분무효확인의 소의 형태로 불복하는 경우
법원은 사립대학 교원이 제기한 민사소송의 경우에는 무효확인을 구
할 소의 이익이 없다는 이유로 본안에 관한 판단에 이르지도 않고
소를 각하하여 왔고, 국공립대학 교원의 경우에는 재임용거부가 처
분성이 없다는 이유로 소를 각하하여 왔다. 재임용제가 특히 사립대
학에서 악용되는 면이 없지 않았고, 국공립대학에서도 정부에 비판
적인 교수들을 솎아내는 제도로 이용된 면이 없지 않았다. 그런데
판례에 의하면 재임용 탈락교원들은 법원의 심사도 받아보지 못하고
문전박대를 당하는 실정이었다.

재임용 탈락교원들의 집요한 문제제기에 헌법재판소는 2003년 2월
27일 "사립대학 교원에 대한 기간임용제를 규정한 구 사립학교법 제
53조의 2 제3항에 대하여, 임용기간이 만료되는 교원을 별다른 하자
가 없는 한 다시 임용하여야 하는지의 여부 및 재임용 대상으로부터
배제하는 기준이나 요건, 그 사유의 사전 통지 절차, 부당한 재임용
거부의 구제에 관한 절차에 관하여 아무런 규정을 두고 있지 않다"는
이유로 헌법불합치 결정을 하였다(헌법재판소 2000헌바26결정).

대법원도 서울대 김민수 교수 사건의 상고심에서 종래의 입장을
변경하여 기간제로 임용되어 임용기간이 만료된 국공립대학의 조교

수는 교원으로서의 능력과 자질에 관하여 합리적인 기준에 의한 공정한 심사를 받아 위 기준에 부합되면 특별한 사정이 없는 한 재임용되리라는 기대를 가지고 재임용 여부에 관하여 합리적인 기준에 의한 공정한 심사를 요구할 법규상 또는 조리상 신청권을 가진다고 판시하였다(대법원 전원합의체 2004.4.22. 선고 2000두7735 판결).

헌법재판소의 헌법불합치결정에 따라 2005.1.27. 법률 제7352호로 사립학교법이 개정되었고, 법률 제7354호로 「교원지위향상을 위한 특별법」이 개정되었다. 그리고 위 개정법 시행 전에 재임용이 거부되었던 교원을 구제하기 위하여 2005.7.13. 법률 제7583호로 「대학교원 기간임용제 탈락자 구제를 위한 특별법」이 제정되어 2005년 10월 4일부터 시행되게 되었다.

위와 같은 법률환경의 변화에 따라 김명호 교수는 귀국하여 2005년 3월 3일 서울중앙지방법원에 교수지위확인의 소를 제기하였다. 김 교수는 이때에는 대리인을 선임하지 아니하였다. 서울중앙지방법원 민사 23부(재판장 이혁우 부장판사)는 2005년 9월 21일 사립학교 교원 재임용 계약의 성격, 헌법재판소가 한 헌법불합치 결정의 취지 및 현행 사립학교법 규정에 비추어 보면, 사립대학으로서는 기간제로 임용된 교원의 재임용 여부를 결정함에 있어서, 정년보장으로 인한 대학교원의 무사안일을 타파하고 연구 분위기를 제고하는 동시에 대학교원의 질도 향상시킨다는 기간 임용제 본연의 입법 목적에 따른 합리적인 기준에 따른 범위 내에서는, 당해 교원이 임용기간 내에 이루어 놓은 학생교육, 학문연구, 학생지도에 관한 사항을 평가함과 아울러, 교육 관계 법령상 대학교수에게 요구되는 고도의 전문적인 학식과 교수 능력 및 인격 등 제반사정을 고려하여 재임용 여부를 합목적적으로 판단할 수 있는 재량을 가지므로 피고가 한 이 사건 재임용 거부 결정은 피고에게 주어진 재량권의 범위 내에서 이루어진 적법한 것이라는 이유로 원고패소판결을 선고하였다(서울중앙지방법원 2005가합17421판결). 이 사건의 재판장인 이혁우 부장판사가 성대 출신이라는 이유로 이 판결이 성대에게 유리한 판결이라는 의혹이 제기되었다.

김명호 교수가 위 1심 판결에 불복하여 선고 다음 날 바로 서울고등법원에 항소를 제기하였다. 처음에는 민사14부(재판장 이상훈 부장판사, 현 대법관)에 배당되었으나 그 후 조관행, 강영호 부장판사에 재배당되었다가 조관행 부장은 법조비리사건으로, 강영호 부장은 같은 성대 출신이라는 이유로 기피신청이 됨에 따라 민사2부(재판장 박홍우 부장판사, 현 의정부지방법원장)로 재배당되었다. 서울고등법원 민사2부는 2007년 1월 12일 원고가 대학교 교수로서의 재임용기준 중, '전 임용기간 중의 연구실적 및 전문영역의 학회활동'이라는 기준에는 적합한 요건을 갖추고 있었으나, '학생의 교수·연구 및 생활지도에 대한 능력과 실적, 교육관계법령의 준수 및 기타 교원으로서의 품위유지'라는 기준에는 현저하게 미달된다 할 것이어서, 이들을 종합하면 원고가 위 재임용기준에 적합하지 아니하다고 판단되어, 피고가 원고에 대하여 한 이 사건 재임용거부결정은 피고의 재량권 범위 내에서 이루어진 것으로서 적법·유효하다는 이유로 원고의 항소를 기각하였다. 공교롭게도 이 사건의 주심판사는 최근에 '가카새끼 판사'로 알려진 이정렬 창원지법 부장판사였다(서울고등법원 2007.1.12. 선고 2005나84701 판결). 원고는 이 사건 판결선고기일에 출석하지 아니하였다.

민사나 행정, 가사 등 통상 판결이 선고되면 판결정본이 송달되는데 2주 내외가 걸린다(형사는 판결정본을 송달하지 않는다). 그런데 판결정본이 송달되기도 전에, 판결선고 후 3일이 되는 **2007년 1월 15일** 이 사건 재판장인 박홍우 부장판사가 재판을 받던 김명호 교수에 의해 피습되는 이 사건 석궁피습사건이 발생한다. 급기야 사건은 민사사건에서 형사사건으로 비화한다.

여기서부터 사건의 핵심에 관하여 김명호 교수의 주장과 법원의 입장이 배치되기 시작한다. 먼저 법원의 판결문을 보자(김명호 교수 http://seokgung.org/에는 관련 사건 자료가 망라되어 있다). 김 교수는 자기에게 불리한 판결은 전부 판결테러로 몰아붙이고 있다. 이곳에는 김 교수에게 조금이라도 불리한 판결을 하였거나 관련된 법관들은 지위 고하를 막론하고 인신공격성 내지 명예훼손성 비난을 하고 있다.

제1심(판사 김용호)인 서울동부지방법원 **2007. 10. 15.** 선고 2007고단203등(병합)판결은 공소사실 중 폭력행위 등 처벌에 관한 법률 위반(집단·흉기 등 상해), 총포·도검·화약류 등 단속법위반, 피해자 양승태, 이광범, 이상훈, 이혁우의 명예를 훼손한 점을 유죄로 인정하고 피고인에게 징역 4년을 선고하였다.

피고인이 위 판결에 불복하여 항소심 계속 중 관련 민사사건인 교수지위확인사건의 상고심인 대법원 **2008. 2. 1.** 선고 2007다9009판결(주심 박시환 대법관)은 원고의 상고를 기각하였다. 1, 2, 3심 모두 원고가 대학교원으로서 갖추고 있어야 할 품성과 사질을 지니고 있지 못한 것으로 판단하였다. 사건이 석궁사건으로 비화한 이상 이제 더 이상 민사사건은 관심의 대상에서 멀어졌지만 이와 같은 민사사건의 실체를 외면해서는 안 된다.

위 형사사건의 항소심인 형사1부 재판장인 이회기 부장판사의 사직으로 신태길 부장판사(현 변호사)가 재판장이 되었고, 서울동부지방법원 2008.3.14. 선고 2007노1610판결도 피고인에게 징역 4년을 선고하였다.

피고인의 상고로 대법원 제3부(주심 이홍훈 대법관)는 2008.6.12. 선고 2008도2621판결로 피고인의 상고를 기각함으로써 원심의 형은 확정되었다. 공교롭게도 민사사건이나 형사사건 상고심의 주심 대법관들은 '독수리5형제'로 불리던 진보적 성향의 대법관들이었다.

이 사건의 쟁점인 흉기휴대 상해의 점과 관련하여 대법원의 판단을 보기로 하자.

원심 판결 및 원심이 적법하게 조사한 증거들에 의하여 인정되는 사실과 정황들은 다음과 같다.

가) 목격자의 진술, 물적 증거 등 객관적 또는 직접적인 증거의 존재피고인은 2007.1.15. 18:30경 흉기 휴대 상해 및 총포·도검·화약류 등 단속법 위반 범행(이하 '이 사건 범행'이라 한다)의 현장에서 체포된 현행범이고, 범행 직후 피해자 공소 외 박홍우의 비명을 듣고 범행 현장으로 달려온 목격자도 2명 있으며, 피고인은 체포 당시에 석궁과 화살 3개를 가지고 있었고, 석궁가방 안에 화살 6개, 회칼, 노끈 4개를 가지고 있다가 압수되었다(변호인은 압수된 물품 중에서 위 피해자의 몸에 박혔다고 주장하는 부러진 화살 1개가 증발하는 등 이 사건 범행에 대한 증거물이 조작되었으므로 원심의 판단에 법령위반이 있다는 취지로 주장하나, 수사기관이 범행현장에서 증거물을 제대로 확보하지 못하였다고 볼 여지는 있지만 피고인에게 불리한 결정적인 증거물을 수사기관이 일부러 폐기 또는 은닉할 이유가 없으므로 이를 증거조작이라고 단정하기 어렵고, 이러한 경우 위 화살 1개라는 증거물이 없는 상태에서 나머지 검사 제출의 증거에 의하여 범죄의 증명이 있는가를 판단하면 되는 것이다).

위 피해자의 비명을 듣고 현장에 바로 온 목격자들은 서로 몸싸움하던 피고인을 위 피해자로부터 격리시킨 다음 위 피해자의 옷을 들추니까 시뻘겋게 피가 묻어 있어서 경찰과 소방서에 바로 신고했다는 것이고, 출동한 소방관의 진술에 의하면 당시 위 피해자는 배꼽부위에 상처가 있었고

출혈로 인하여 속옷이 빨갛게 물들어 있었다(그 사이에 피고인 주장처럼 위 피해자가 스스로 자해를 할 시간이나 기회를 갖기는 불가능했을 것으로 보인다).

위 피해자를 진료하고 진단서를 작성한 의사의 증언과 진단서 등에 의하면 위 피해자는 복부 배꼽 좌측 부분에 길이 2cm 정도, 깊이는 근육층까지 뚫고 들어가 있는 상태의 창상이 발견되었다.

국립과학수사연구소의 유전자분석 감정결과 위 피해자가 입고 있었던 검정색 조끼, 흰색 속옷 상의, 연하늘색 내의, 흰색 와이셔츠 등에서 혈흔이 발견되었고, 유전자형 분석 결과 모두 동일한 남성의 유전자형이 검출되었다(피고인은 조끼와 속옷에 모두 혈흔이 발견되었는데 중간에 입은 와이셔츠에 혈흔이 없기 때문에 수사기관에서 증거를 조작한 것이라고 주장하나, 압수된 증거물에 의하면 속옷과 내의에는 복부 부위에 다량의 출혈흔적이 육안으로 확인되지만 조끼에는 육안으로 혈흔인지 여부를 확인하기 어려운 소량의 흔적만 보이는 점, 처음 위 피해자를 목격한 경비원은 위 피해자의 옷을 들추니 다량의 혈흔이 보였다고 진술하고 있는 점 등에 비추어 보면 와이셔츠의 혈흔이 육안으로 잘 확인되지 않는다는 사실보다는 속옷과 내의에서 다량의 출혈흔적이 확인된다는 사실의 증명력이 훨씬 우월한 것으로 보인다).

나) 피해자 공소 외 박홍우의 진술과 피고인 진술의 신빙성 검토 위 피해자는 이 사건 범행 시각에 아파트 1층 현관에서 엘리베이터 단추를 누르고 기다리는데 2층 계단 중간쯤 어둠 속에서 피고인이 활같이 생긴 무언가를 들고 나타나 '그게 판결이냐'는 등 질문을 한 사실, 그 후 피고인이 위 피해자가 있던 현관까지 내려왔고 피고인이 어느 위치에서 화살을 발사했는지는 기억나지 않지만 위 피해자는 화살에 맞은 것을 순간적으로 발견하고 화살을 빼냈으며, 피고인과 몸싸움을 하면서 현관 바깥쪽으로 탈출 시도를 하고 '사람 살려'라고 외치며 구조요청을 한 사실, 피고인과 위 피해자가 아파트 입구 바깥 계단에서 함께 굴러 넘어졌는데 그 후에 피고인이 위 피해자 배 위에 올라타 죽여버리겠다고 말을 한 사실, 그 후 목격자들이 나타나 피고인을 떼어 놓았고, 위 피해자는 처음에는 신고를 망설였으나 아파트 경비원이 옷 속에 피가 묻어 있다고 하여 비로소 배에서 피가 나는 사실을 발견하고 위 경비원에게 신고를 부탁한 사실 등을 비교

적 일관성 있게 진술하고 있다(이 사건 범행이 어둠 속에서 순간적으로 일어났고 위 피해자가 상당히 충격을 받은 사정을 고려하면, 피고인이 석궁을 발사한 정확한 지점이나 위 피해자와의 거리, 위 피해자가 피고인의 어느 부위나 물건을 붙잡고 몸싸움을 하였는가에 대한 진술이 다소 일관되지 못하다고 하여 위 피해자의 진술에 신빙성이 없다고 단정하기 어렵다). 또한, 위 피해자는 이 사건 범행 직후에는 피고인을 경찰에 신고하여 공론화하는 것을 망설였다고 진술하고 있고, 증인으로 출석하여 재판부에 대하여 피고인에게 종국적으로 관대한 처벌을 하여 달라고 진술하고 있는 사정에 비추어 보면, 일부러 허위 진술로 사실을 과대 포장하여 피고인에게 엄벌을 받도록 할 의도나 동기도 엿보이지 않는다.

한편, 피고인은 이 사건 범행 직후 목격자들에 의하여 제지당할 당시나 출동한 경찰관에 의하여 현행범으로 체포당할 당시에 범행사실을 부정하지 않았고, 오히려 국민의 이름으로 판사를 처단하려 했다는 식의 이야기를 하였으며, 이 사건 범행 직후 고등학교 동창인 언론사 친구에게 전화를 걸어 국민의 이름으로 담당판사를 상대로 일을 저질렀으니 이를 보도해달라고 통화를 하였다.

그 후 피고인은 구금되어 수사기관에서 조사를 받으면서부터 위 피해자에게 석궁을 고의로 발사할 생각은 없었고 위협만 할 생각이었는데 몸싸움 과정에서 실수로 석궁이 발사되어 위 피해자가 상해를 입게 되었다고 진술을 바꾸고 있다. 나아가 원심에서 피고인과 변호인은 위 피해자가 복부에 화살을 맞은 적이 없으면서도 영웅심리 등으로 자해하였을 것이라는 주장까지 제기하고 있다.

피고인은 또한 2007.1.8. 일반인들은 잘 사용하지 않는 전문요리사용 회칼 1개를 81,000원에 구입하여 범행 현장에 노끈과 함께 가지고 갔다가 압수되었는데, 이에 대하여 피고인은 2007.1.27. 노량진수산시장 근처로 이사할 예정이었기 때문에 회칼을 미리 구입하여 석궁 가방에 노끈과 함께 우연히 보관하였을 뿐 범행 당시 회칼을 일부러 소지한 것은 아니라고 주장하나, 압수된 석궁 가방의 모양이나 구조에 비추어 석궁 이외의 다른 물건을 보관하거나 운반하는 용도로 사용하기에는 부적절해 보이고 피고인이 별다른 조리 경력도 없으면서 이사하기 20일 전에 전문요리사용 회칼을 미리 구입하여 소지한다는 것은 이례적이어서 피고인의 진술을 선뜻 믿기 어렵다.

나아가 공판 과정에서 피고인은 증거물을 압수한 경찰관의 증언이나 국립과학수사연구소의 유전자형 분석결과에도 불구하고, 그 증거물이 범행 현장에서 사용된 석궁 또는 화살이나 피해자의 옷이라고 믿을 수 없다는 취지로 부인하고 있고, 위 피해자의 혈흔이 묻은 옷, 위 피해자의 상해 진단서, 진단서를 작성한 의사의 증언 등 위 피해자의 상해사실을 증명하는 객관적인 증거도 부정하는 취지로 진술하는 등 전반적으로 자신에게 불리한 모든 증거나 정황을 부인하고 있는 점에 비추어 보더라도 피고인의 진술은 신빙성이 부족하다.

다) 피고인의 이 사건 범행을 추단케 하는 사정들피고인은 2006.11.10.경 석궁을 구입한 다음 1주일에 1회 정도 60, 70여 발씩 석궁을 발사하는 연습을 하였고, 2006.12.28.부터 이 사건 범행일까지 사이에 약 7회에 걸쳐 위 피해자의 거주지 부근을 찾아가 거주지 및 귀가시각을 확인하였는데, 피고인 주장처럼 단지 위 피해자에게 겁을 주려고 하였을 뿐이라면 위와 같이 수많은 발사 연습을 하고 범행현장을 답사하는 등 치밀한 계획을 세울 필요는 없었을 것으로 보인다.

이 사건 석궁은 시위를 당겨 걸면 자동적으로 안전장치가 잠겨 이를 풀기 전에는 화살이 발사되지 않는데 피고인은 이 사건 범행 당시 석궁에 화살을 장전하고 아파트에 숨어서 위 피해자를 기다렸고, 손가락을 방아쇠울에 넣은 채로 위 피해자에게 다가갔고 석궁이 발사되었는데, 피고인 주장대로 단지 위 피해자를 위협만 할 생각이었다면 굳이 석궁이 발사되도록 안전장치를 풀어 놓은 이유를 납득하기 어렵다.

피고인은 이 사건 범행 직후에 목격자들에 의하여 위 피해자로부터 격리된 상황에서 다시 한 번 석궁에 화살을 장전하려고 시도하였다가 목격자들에 의하여 제지당하고 석궁을 빼앗긴 사실이 있고, 또한 인터넷사이트 등에 국민은 법을 위반한 판사를 처단할 권리가 있다는 내용의 글을 올리는 등 공공연하게 판사를 처단하겠다는 의지를 표명하여 왔다.

라) 소결론위 사실과 정황들을 앞에서 본 법리에 비추어 살펴보면, 피고인의 이 사건 범행은 합리적인 의심을 할 여지가 없을 정도의 증명에 이르렀다고 판단되므로, 같은 취지의 원심의 판단은 정당하고, 거기에 심리미진 또는 채증법칙과 관련한 법령위반 등의 위법이 없다.

김명호 교수에 대한 민사사건 및 형사사건의 확정 및 형 집행으로 사건은 사람들의 뇌리에서 떠나가는 것 같았다. 그러나 교도소에서도 자신은 사법테러의 희생자임을 주장하며 끊임없이 석궁의 방아쇠를 잡아당겼고, 영화 <부러진 화살>로 김명호 교수는 흡사 항일운동을 하는 투사의 면모로 다시 대중 앞에 나왔다.

2) Fiction(허구)인가, Fact(사실)인가?

영화가 전달하는 메시지는 사뭇 강렬하다. 직접 보지는 못했지만 작년에 엄청난 파장을 일으켰던 영화 <도가니>가 사법부나 입법부가 하지 못한 가해자 처벌과 관련법 개정 등을 이루어낼 정도로 영화의 힘은 스크린을 넘어 사회현실을 뒤바꿀 수 있다. 이형호 군 유괴 사건을 다룬 영화 <그놈 목소리>는 사형죄의 공소시효를 15년에서 25년으로 늘리는 데 결정적 역할을 했다. 1997년 발생한 '이태원 햄버거가게 살인사건'을 소재로 한 영화 <이태원 살인 사건>도 흥행은 미수에 그쳤지만, 영화를 본 시민들의 빗발치는 미국인 범인 송환요구에 법무부는 뒤늦게 미국에 범죄인 인도를 청구할 수밖에 없었다.

이러다 보면 Fiction과 Fact를 혼동하게 된다. 석궁테러사건을 소재로 한 영화 <부러진 화살>도 그러한 조짐이 보인다. 그만큼 우리 사회에는 사법과 재판에 대한 불신이 팽배해 있다. 영화에서 보는 형사재판의 일그러진 모습은 현실의 재판과정과 거의 흡사하다. 이 영화는 당시 민사사건 항소심 판결에 불만을 품고 박홍우 부장판사 집에 석궁을 들고 찾아가 상해를 입힌 김명호 교수와 박훈 변호사가 주인공이다. 영화가 당시의 공판기록을 토대로 했다고는 하지만 제한된 시간 내에 영상으로 의도하는 메시지를 전달하기 위해서는 결국 각색과정을 거치지 않을 수 없고 실체적 진실과 일정한 괴리가 없을 수 없다. 이게 영화의 본질이다.

과거에 일어난 사건을 두고 수년간 재판을 해도 사실 확정이 어려운 경우가 참으로 많다. 많은 경우 재판은 법리다툼이라기보다는 사실 인정 다툼이다. 사실관계는 시간이 흐름에 따라 모호해지고, 증인들은 시각에 따라 다 다른 말들을 하지 참으로 답답할 때가 많다. 그렇다고 재판을 안 할 수는 없는 노릇이고 불완전한 인간이 재판을 함에 있어서 지켜야 할 준칙으로 증거재판주의나 자유심증주의, 증명책임 같은 장치들을 마련해두고 있는 것이다.

원래 법학은 수학처럼 $1+1=2$가 되는 것이 아니라 $1+1=1$이 될 수도 있는 것이다. 수학과 달리 A회사와 B회사 2개의 회사가 합병하여 1개의 회사가 될 수도 있는 것이 사회이고 법이다. 사정이 그러할진대 영화에서 사실의 진위를 밝히거나 다툼 있는 사실의 확정을 전제한다는 것이 참으로 무모한 일이다. 김명호 교수는 어느 인터뷰에서 "법은 아름다운 겁니다. 법은 수학하고 똑같아요. 문제가 정확하면 답도 정확하죠"라고 말하고 있는데 이는 자신의 전공인 수학과 비전공인 법학을 혼동하고 있는 것이다. 수학의 정답은 오류가 없이 정확하여야 하지만 법은 그렇지 않다. 답이 여러 개인 문제도 있고, 답을 알기 어려운 문제도 있다. 도무지가 정확하지가 않은 것이 법이다. 김 교수는 이를 오해하고 있다. 세상을 너무 단선적으로만 보고 있다. 세상은 선악으로 정확하게 나눠져 있는 것이 아니다. 내가 옳으면 상대방이 그른 것이 아니라 나도 옳고 상대방도 옳을 수도 있으며, 내가 그른데 상대방이 옳을 수도 있다.

법이 수학처럼 정답이 하나밖에 없다면 재판을 2심, 3심, 두 번 세 번 할 리가 없는 것이다. 사회현상을 보는 눈도 다양해서 이 說,

저 說 학설이 난무하고 판례도 바뀔 수 있고, 법도 바뀔 수 있는 상대주의에 기초하고 있는 것이 바로 법학이다. 세상살이에 만고불변의 정답은 없다는 이야기이다. 그렇게 때문에 인생은 살아볼 만한 것이다. 수학상의 진리나 정답은 변하지 않지만 사회나 법은 가변성이 있다. 김 교수의 입장에서는 자신이 주관적으로 신봉하고 있는 절대적인 정확한 답 이외의 것들은 아무것도 믿지 못하고 있으나 이는 자신이 의식하지 못하는 오류의 함정에 빠져 있는 것이다. 절대주의, 교조주의에 깊이 함몰되지 않고는 있을 수 없는 일이다.

영화에서는 이 사건 관련자들의 이름을 살짝 바꾸었지만 누가 누구인지는 다 알게 되어 있다. 김명호 교수는 김경호로, 박홍우 부장판사는 박봉주로, 박훈 변호사는 박준이 되었다. 영화 초장에 민사사건과 형사사건을 헷갈렸는지 피고와 피고인을 헷갈리는 장면도 나온다. 영화에서 피고인은 혼자 법전을 공부하며 불의를 고발하는 심지가 곧은 정의파로 그려진 반면 판사와 검사는 요령부득의 답답한 친구로 그려지고 있다. 이 나라의 재판현실을 신랄하게 까 보이고 조롱거리로 만들고 있다. 이 영화가 로스쿨생들의 형사재판실무 사례로도 쓸 수도 있겠다.

이 사건의 주된 쟁점은 과연 피고인이 석궁으로 발사한 화살에 피해자가 맞았는지에 있다. 영화에서 피고인과 변호인은 왜 피해자의 조끼와 속옷엔 핏자국이 있는데 와이셔츠엔 없는지, 도대체 피해자가 맞았다는 부러진 화살은 어디로 사라졌는지에 대한 심리가 미흡한 점이 클로즈업된다. 그렇지만 1, 2, 3심 법원은 극히 상식적인 판단을 했다.

석궁을 고의로 쏘았는지에 관하여 피고인은 석궁으로 위협만 하려고 석궁을 가져갔다가 몸싸움 과정에서 우발적으로 발사된 것일 뿐

고의가 없었다고 주장했으나, 법원은 피고인이 범행 두 달 전부터 석궁발사를 연습했고, 2주 전부터 피해자 판사 집에 일곱 차례나 찾아가 사전답사를 했으며, 범행 당시 석궁의 안전장치가 풀려 있었고, 들고 간 가방 속에는 회칼도 들어 있었던 점을 들어 피고인의 주장을 믿지 않았다. 사건 직후 목격자들에게 붙잡힌 상황에서도 석궁에 화살을 장전하려고 시도한 점도 참작되었다. 피고인은 회칼을 소지하게 된 경위에 관하여 노량진 수산시장 부근으로 이사 갈 예정이라서 회칼을 구입하였다고 하는데 보통 사람들이 아무리 수산시장 부근으로 이사를 하거나 생선회를 좋아한다고 하여 회칼을 구입하거나 소지하는 것은 있을 수 없는 일이다.

피고인은 증거로 제출된 화살 9개 중에 부러진 화살이 없으므로 증거가 조작됐다고 주장했으나, 법원은 수사시관이 증거물을 제대로 확보하지 못했지만 일부러 폐기, 은닉할 이유가 없고, 부러진 화살이 증거로 제출되지 않았다는 이유만으로 증거조작이라고 볼 수 없다고 판단했다.

또 피고인은 속옷과 조끼에는 혈흔이 있는데 와이셔츠에는 혈흔이 없으므로 복부에 화살을 맞지 않았다는 의미이고 수사기관이 증거를 조작했거나 피해자가 자해한 것이라고 주장했으나, 법원은 목격자들이 피해자의 옷에 시뻘건 피가 묻었다고 증언하고 있고, 와이셔츠에 혈흔이 없다고 하여 피해자가 화살을 맞은 사실을 부인할 수 없다고 판단했다. 민·형사사건을 관통하는 피고인의 행태를 보면 피고인이 사법피해자로서 영웅이 될 수 없다. 법치주의하에서 자기에게 불리한 판결을 내렸다고 석궁을 구입하여 발사연습을 하거나 회칼을 구입하여 소지하는 것은 어떠한 경우에도 정당화될 수 없는 일이다.

영화는 이러한 사실관계를 捨象하고 순전히 피고인의 입장에서만 그렸다. 영화에서 재판부는 피고인과 변호인의 혈흔감정과 피해자에 대한 증인신청을 기각할 뿐 관객들에게 속 시원한 해답을 주지 못한다. 답답할 뿐이다. 이러다 보니 "이게 재판입니까? 개판이지"라는 피고인의 힐난이 관객들에게 들어 먹힌다. 관객들도 재판을 개판으로 알게 되고 이 사건에서 피고인이 석궁과 회칼을 들고 재판장의 집을 찾아가 위협을 주려고 했든, 화살을 쏘려고 했든 이 중차대한 피고인의 범죄행위를 망각의 숲으로 밀어버리고 만다. 급기야 재판장인 피해자가 화살을 맞지 않았는데도 헐리우드액션 식으로 자해한 것으로까지 몰아가고 있다. 박훈 변호사는 인터뷰에서 "고위법관인 피해자 판사가 화살에 맞지 않았는데 맞았다고 거짓말한 것이 이 사건의 본질"이라고 반박하고 있다. 여기서 Fact와 Fiction이 뒤범벅이 되고 뒤죽박죽된다.

영화에서 피고인은 선한 피해자일 뿐이다. 피고인이 법정에서 독학으로 법전 몇 줄 읽었다고 '재판장의 직무유기'니 뭐니 하면서 터무니없는 주장을 하고, 재판 진행에 사사건건 시비를 거는 모습도 용기 있는 모습으로 그려진다. 법률을 독학으로 공부하는 경우 자칫하면 독선에 빠지기 쉽다. 선무당이 사람을 잡을 수 있다. 법학을 법학부나 로스쿨에서 수년간 공부해도 감이 와 닿지도 않는데 독학으로 법서나 법전을 몇 줄 읽었다고 쉽게 깨우칠 수 있을 만치 법학이 그리 만만한 학문이 아니다.

이 영화에 거론되는 인사들이 영화상영금지가처분이나 손해배상청구, 명예훼손죄로 고소를 하는 경우 영화사나 감독의 책임이 없다고는 할 수 없는 지경이다. 그러나 딜레마이다. 이들이 이런 유의 소송이나 고소를 한다고 하여도 결국은 법원이 재판을 하여야 하니 이 영화를 본 관객들이 또 '짜고 치는 고스톱'이라고 비난할 것이 뻔하다.

그렇다고 안으로만 삭여야 한다는 것도 이들에게는 고통일 것이다.

이 영화에서 '시팔시팔' 쌍말을 입에 달고 다니며 주정뱅이 변호사로 의리파로 그려진 박훈 변호사는 소기의 성과를 거두었다. 박 변호사는 4·11 총선을 앞두고 창원에 무소속으로 국회의원 예비후보자 등록을 했는데 이 영화의 기세로 국회에 입성할 가능성도 있다. 이 영화를 통해 박 변호사가 창원으로 법률사무소를 옮긴 것도 알았다.

그러니 이 영화를 그냥 영화로만 보면 된다. 그러나 이 영화가 전하는 메시지처럼 우리 법원이 반성할 부분도 많다. 엘리트 의식에 빠져 있는 일부 법관들이 당사자나 변호인 또는 대리인이 하는 말을 도통 들으려고 하지 않는 경우를 종종 경험하게 된다. 재판을 오래 하다 보면 당사자들이 뻔한 것을 가지고 이리저리 주장하는 것에 진절머리가 날 수도 있다. 그러나 법관들은 평생 재판을 직업으로 하는 사람들이지만 대부분의 당사자들은 자신의 평생에 법정이라는 곳을 처음으로 경험하는 사람도 많다는 사실을 잊어서는 안 된다. 당사자들은 판사에게 하고 싶은 말이라도 한번 해보기를 바라는 경우가 많다. 법관으로서는 이런저런 선입감을 전부 배제하고 백지상태에서 당사자의 주장과 증거신청에 귀를 기울이는 자세가 필요한 것이다. 영화에서 문성근이 분한 재판장처럼 당사자의 말을 들으려고도 하지 않고 '기각'만을 일삼다가는 영화에서처럼 계란세례를 받거나 또 다른 석궁사건이 발생하는 것을 막을 수는 없나.

재판이라는 것은 결과 못지않게 과정도 중요한 것이다. 適正(Justice)과 공평(Fairness)이야말로 재판의 알파요 오메가이다. 이 사건 형사재판에서 피고인의 혈흔감정신청을 받아주고 피해자를 다시 증인으로 불러 물어보는 것이 뭐가 어려운 일이었는지 나로서는 이해가 되지 않는다. 1심에서 증인으로 신문했다고 하더라도 2심에서 다시 불러서 물어볼 수 있는 것이다. 중복된 신문이나 인신모욕적인 신문을 제한하면 그만이다. 2심에서 피해자 증인신문신청을 기각한 것은 피해자가 차관급인 고법부장판사라는 점을 고려한 것이라고 볼 수밖에 없는 일이다. 그렇다면 이는 적정과 공평을 해치는 일이다. 피해자가 고법부장판사이든 대통령이든 사건의 심리를 위해 필요하고 특히 이 사건에서처럼 피고인 측에서 변호사도 바꾸고 강한 의혹을 제기하는 경우에는 차별 없이 증거조사를 했어야 했다.

이 영화가 형사재판실무의 살아 있는 교재로서, 법원이 국민들과 진정으로 소통하는 계기가 되고 우리 국민들에게 법 생활의 영상자료로서 유익하게 활용될 수 있다면 이 영화 나름대로 성과는 충분히 거두고 있다고 생각한다. 많은 판사들이 이 영화를 보고 우리 사법부가 나아갈 방향을 진단해주길 바란다.

[2012. 1. 26]

12. 아이돌봄 지원법과 아이'돌보미'

작년 연말에 제·개정 법률들이 무더기로 국회를 통과하였다. 최근에 공포된 법령들을 살펴보다 보니 우리말 법률 이름인 「아이돌봄 지원법」이 눈에 띈다. 2012년 2월 1일 공포된 아이돌돔 지원법(법률 제11288호)은 6개월 후인 2012년 8월 2일부터 시행된다. '아이돌봄'이라는 순 우리말을 쓴 것은 좋은데 '아이돌보미'까지 쓴 것은 너무 오버하고 말았다.

이 법은 부모의 다양한 자녀 양육 수요를 충족시킬 수 있는 가정 내 개별 돌봄 서비스를 활성화하기 위하여 일정수준 이상의 돌봄 인력과 서비스 질을 관리하기 위한 법적 체계를 구축함으로써 취업부모들의 양육부담 경감 및 개별 양육을 희망하는 수요에 탄력적으로 대응하고, 경력단절 중장년 여성의 고용증진, 취약 계층의 육아 역량 강화 등을 도모하기 위해 제정되었다.

이 법은 만 12세 이하 아동을 대상으로 아동의 주거지 등에서 개별적으로 보호 및 양육 등의 서비스를 제공하는 경우에 적용하도록 하고, 아이돌보미의 업무를 아이의 질병·사고 발생 시 의료기관에의 이송, 안전하고 균형 있는 영양의 급식 및 간식 제공 등으로 규정하고 있다.

그런데 이 법은 아이돌봄 서비스를 제공하는 사람을 '**아이돌보미**'로 규정하고 있다. 각종 행사의 도우미도 있고, 가정에서 가사를 도와주는 가사도우미도 있다. 술집 등에서 술을 따라 주는 사람도 도우미이고, 노래방에서 같이 노래를 불러주는 사람도 도우미이다 보니 도와주는 사람을 '도우미'라고 하는 말이 일반화되었다. 내비게이션을 '길도우미'라고도 하고 있다. 그렇다고 돌봐주는 사람을 '돌보미'로 법령에서까지 쓰고 있는데 이게 맞는 것인지 따져볼 필요가 있다.

이와 같이 접미사 '미'자만 붙이면 어떠어떠한 일을 하는 사람으로 볼 수 있는가? 제주의 오름들을 오르는 사람들의 동호회 사이트에 '오름오르미들'이라는 것이 있다. 아마도 '오름을 오르는 사람'들이라는 의미로 오름오르미를 썼을 것이다. 그러다 보니 '노인 돌보미' 서비스, '문화 지키미', '초등학생 지키미', '이끄미', '알리미', '배우미', '비추미' 등 소리 나는 대로 막 쓰고 있다. 한라산지키미일까, 한라산지킴이일까?

우리말에서 '미'가 접미사로 쓰이는 경우는 '군량미' '정부미' '일반미'처럼 쌀을 나타낼 때뿐이라고 한다. 사람·사물의 뜻을 더할 때는 '옷걸＋이' '젖먹＋이' '똑똑＋이'처럼 접미사 '이'를 붙인다. 따라서 '오름이' '돌봄이' '지킴이' 등으로 쓰는 것이 맞다. '젖먹이'이지 '젖머기'가 아니다. '때밀이'이지 '때미리'가 아니다. '어린이'이지 '어리니'가 아니다. 국회는 통법부니 그렇다 치고, 보건복지부에서 위 법률안을 만들면서 국어학자들의 자문을 받지도 않고 담당 주무과에서 관련 단체의 의견만 간단히 조회하고 이 법을 만든 것이라는 혐의가 짙다.

우리 법령에서 순수 한글화 법률을 만든 것은 2002년의 개정 민사소송법이 처음이었다. 민사소송법을 전면개정하면서 법률가뿐만 아니라 국어학자도 함께 참여하였다. 그러다 보니 그냥 두어도 될 訴價(소송물가액)가 '소송목적의 값'으로까지 둔갑하기도 하였지만 10여 년 이 법을 쓰다 보니 법률용어가 많이 순화되었다.

[2012. 2. 5]

13. 者와 人

최근 이명박 후보가 대통령선
거에서 당선되자 대통령직인수위
원회가 이명박 당선자에 대한 호
칭을 대통령당선자가 아닌 대통
령당선인으로 불러줄 것을 언론
에 협조를 구하면서 언론들이 혼
란을 겪더니 급기야 헌법재판소
가 '이명박 특검법'에 대한 일부

[2008. 1. 11. 남한산성 입구
거여동에 걸린 플래카드]

조항을 위헌으로 결정하면서 '당선자'라는 용어를 써달라고 요청해 눈
길을 끌고 있다.

지금 신문은 조선일보만 대통령당선자라는 호칭을 쓰고 있고, 대
부분의 언론은 대통령당선인이라는 호칭을 쓰고 있다.

지금까지는 대통령당선자라는 호칭을 써왔고 이명박 후보가 대통령
당선이 확정되었을 때 내건 플래카드에도 '대통령당선자'라고 표기하
다가 왜 인수위에서 대통령당선인이라는 호칭을 쓰도록 하고 있는가?
아마 대통령당선자의 자(者)는 '놈' 자이고 당선인의 인(人)은 '사람'이
므로 당선자를 놈이 아닌 사람으로 높여 부르기 위한 遠慮인가?

논란이 불거지자 인수위는 대통령직인수에 관한 법률은 제2조에서
'대통령당선인'이라는 용어를 쓰고 있기 때문이라고 하고 있다. 그러
나 상위법이며 국가의 최고규범인 헌법에는 분명 '대통령당선자'라는

용어를 쓰고 있다. 국회에서 대통령직인수에 관한 법률을 제정하면서 헌법상의 용어를 고려하지 않고 제멋대로 대통령당선인이라는 용어를 쓰면서 문제가 생긴 것이다.

헌법 제67조는 대통령은 국민의 보통·평등·직접·비밀선거에 의하여 선출하며(제1항), 제1항의 선거에 있어서 최고득표자가 2인 이상인 때에는 국회의 재적의원 과반수가 출석한 공개회의에서 다수표를 얻은 자를 '당선자'로 한다(제2항)고 규정하고 있다. 또 제68조 제2항에서는 대통령이 궐위된 때 또는 '대통령당선자'가 사망하거나 판결 기타의 사유로 그 자격을 상실한 때에는 60일 이내에 후임자를 선거한다고 규정하여 '당선자' 또는 '대통령당선자'라는 용어를 사용하고 있다.

상위법과 하위법의 용어가 충돌하는 경우에는 당연히 상위법을 따르는 게 원칙임은 누구나 아는 상식이다. 그럼에도 불구하고 인수위가 하위법을 근거로 지금까지 관행적으로 써온 용어를 놔두고 다른 용어를 쓰도록 하는 것은 지금까지의 대통령당선자와 차별을 부각시키려고 하는 저의 외에 다른 의도를 읽을 수 없다. 그러나 대통령당선자를 대통령당선인으로 부른다고 '놈'이 '사람'이 되는 것으로 달라질 것은 없다. 지금까지의 대통령은 전부 놈들이고 자기만 사람이 되는 것도 아니다.

당선자라는 용어는 관용화된 것으로 '자'라는 말을 썼다고 '놈'이 되는 것은 아니다. 그렇다면 學者는 배우는 놈이고 公職者는 공직을 담당하는 놈인가? 채권자, 채무자라고 하지 채권인, 채무인이라고 하지 않는다. 형사소송법에서는 수사기관에 의하여 범죄혐의를 받고 기소 전 단계에서 수사의 대상으로 되어 있는 자를 '피의자'라고 하고, 기소가 되면 수사의 대상인 피의자는 '피고인'의 신분이 되는데 그렇다고 놈이 사람이 되는 것은 아니다. 모두 관용화된 용어일 뿐이다.

　인수위에서 요청한다고 언론들이 지금까지 써오던 당선자라는 호칭을 당선인으로 아무 생각 없이 바꿔 쓰는 것도 언론의 정도가 아니다. 언론이 비판기능을 잃으면 언론의 생명은 없다. 조선일보가 마음에 들지 않는 부분이 많지만 인수위의 요청에도 불구하고 계속 대통령당선자라는 말을 쓰고 있는 것은 마음에 든다.

　당선자는 놈이고 당선인은 사람이라는 식으로 따진다면 정치인을 정치를 하는 사람이 아닌 정치를 하는 놈으로, 정치인이나 정치가로 불러야 할 것이 아니라 정치자로 불러야 맞을 것이다.

　인수위는 이런 쓸데없는 일에 정력을 소비할 것이 아니라 진정으로 국가를 위해 무엇을 할 것인지에 대한 지혜를 모아야 할 것이다. 대통령임기 5년이 긴 것이 아니다. 제발 한반도대운하와 같은 무모한 짓거리는 재고해야 할 것이다. 역대정권에서 계속 보아온 폴리페서들의 曲學阿世를 보는 것 같아 씁쓰레해진다.

[2008. 1. 11]

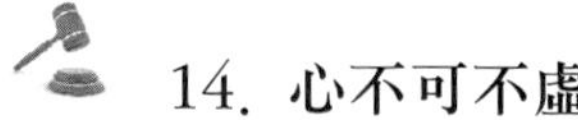

14. 心不可不虛

心不可不虛　虛則義理來居
心不可不實　實則物慾不入

－探根譚

마음은 비워두지 않으면 안 되나니
그래야만 의리가 와서 살고
마음은 채워두지 않으면 안 되나니
그래야만 물욕이 들어오지 못하느니라

　내가 20여 년 전 서소문에서 변호사 개업을 할 당시 서울고등검찰청 검사장이시던 김양균(金亮均) 검사장님(후에 헌법재판관을 지냄)으로부터 개업축하기념으로 金毅石 화백이 그린 동양화 1점을 선물로 받았는데 그 동양화의 좌측면은 다음과 같이 되어 있다.

위 그림에는 花鳥 그림과 함께 아리송한 한 구절이 적혀 있는데 당시는 그 구절이 채근담의 구절인지도 모르고 무슨 뜻인지 확 와 닿지가 않았다. 김 검사장님은 직접 나의 사무실을 방문하여 위 구절의 뜻을 적은 봉투를 전해주셨는데 다음은 김 검사장님이 직접 채근담의 위 구절을 우리말로 풀이한 것이다.

洪自誠이라는 사람이 엮은 것으로 알려진 採根譚(채근담)은 수양과 처세를 위한 격언이 담긴 책으로 욕심을 버리고 깨끗하게 살라는 교훈을 담고 있다. 책의 이름은 "人常咬得菜根 則百事可人做(사람이 항상 나물뿌리를 씹어 먹으면 모든 일을 할 수 있다)"라고 한 송나라 유학자 王革의 말에서 따온 것이라고 한다. 채근담은 전집 225장, 후집 134장 총 359장의 청담으로 이루어져 있다. 위 구절은 전집 제75장의 글이다.

나는 그동안 위 그림을 표구하여 사무실 귀퉁이에 걸어두었다가 법원청사의 서초동 이전과 함께 사무실을 서초동으로 이전하면서 위 그림을 집으로 가져와 걸어두고 있는데 김 검사장님이 직접 전해주신 봉투는 어디에 둔지도 모르고 까맣게 잊고 있었다. 그러다가 내가 작년 현업에서 학교로 일터를 옮기면서 사무실을 정리하다 보니 책장 한구석에 위 봉투가 박혀 있었다.

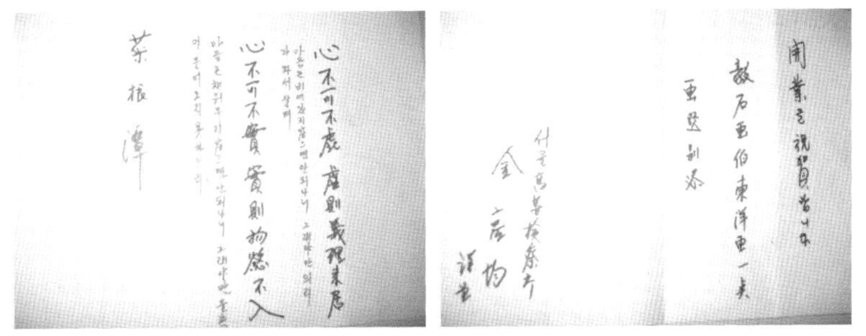

김 검사장님은 후에 헌법재판관을 지내고 지금은 광주에서 후학들을 지도하면서 변호사를 하시고 계신다. 이분의 아들과 며느리는 둘 다 법관으로 있다. 고등검사장으로 있으면서 까마득한 법조후배의 개업기념으로 그림과 함께 의미 있는 구절도 보내주신 대범한 마음 씀씀이에 아직도 놀라고 있다. 별 볼일 없는 나는 요새 어린 후배들만 찾아와도 귀찮기만 한 것을 보니 수양이 덜 돼도 한창 덜 됐다는 생각을 지울 수 없다. 역시 사람은 그릇 차이가 있는가 보다.

그러면 마음을 비워야 의리가 들어와 살고, 마음을 채워야 물욕이 들어오지 못한다니 대체 마음을 비워야 하는 것인가, 채워야 하는 것인가? 비우고 채워야 하는 것이 상호 모순되는 것인가? 나 나름대로 채근담의 위 구절을 생각해본다.

위 글에서 虛는 편견이나 독선, 아집에서 벗어나고 외부의 유혹에서 자유로운 상태를 말한다. 義理는 조폭들이 쓰는 그런 의리가 아니라 정의와 진리를 뜻하는 인간존재의 참모습을 뜻하는 것으로 새긴다. 따라서 사람의 마음은 비워두어야 정의와 진리가 들어와 산다는 의미, 즉 독선과 아집, 편견에서 벗어나야만 참존재가 될 수 있다는 말이다.

위 글에서 實은 사람이 전심전력을 다하여 삶을 충실하게 만든 상태를 의미한다. 세파의 유혹에서 벗어나 자신을 충실하게 가꾼 사람에게는 물욕이 들어오지 못한다는 뜻이다. 물욕이란 단순한 재물에 대한 욕심만을 뜻하는 것이 아니라 온갖 虛名을 다 포함한다. 허명에 들뜨지 않고 확고한 삶에의 자세를 가진 자에게 무슨 다른 욕심이 있을 수 있겠는가?

위에서 보는 바와 같이 허와 실은 서로 배격하는 개념이 아니다. 편견이나 독선에서 벗어나 마음을 비운 상태와 확고한 삶의 정신으로 무장된 상태는 동전의 앞뒷면과 같은 것이다. 자유라는 것도 마음을 채웠을 때 얻어지는 것이다. 채근담의 구절을 읽을 때에는 행간의 의미를 잘 포착하지 않으면 아리송해진다.

　내가 좋아하는 말 중의 하나인 **'텅 빈 충만함'**도 마찬가지다. 텅 비어 있음으로 인해 내면의 충만함을 느낄 수 있다. 고적한 산길이나 산사에서 느끼는 텅 빈 마음에서 오히려 내면의 꽉 찬 충만함과 희열을 느낄 수 있다.

[2008. 1. 4]

15. 割半之痛

　나는 天崩之痛(천붕지통), 割半之痛(할반지통), 叩盆之痛(고분지통)이라는 말을 20여 년 전에 고 柳鉉石 변호사님으로부터 들었다. 내가 처음 변호사 생활을 하던 그때 광화문에 있는 변호사회관에서 판례연구회를 마치고 회원들과 함께 저녁식사를 함께하게 되었는데 마침 그날이 유 변호사님 부인의 제삿날이었다.

　유 변호사님은 젊은 변호사들에게 하늘이 무너지는 고통, '天崩之痛'이 부모 잃은 고통이고, 절반이 쪼개지는 고통, '割半之痛'이 형제 잃은 고통이며, 왜 나를 두고 갔냐고 요강단지를 두드리는 고통, '叩盆之痛'이 바로 마누라 잃은 고통이라고 설파하면서 장자의 고사를 꺼냈던 것이다.

　내가 지금까지 만나본 법조인 중에 유 변호사님만큼 기억력이 비상한 분은 보지 못했다. 유 변호사님은 수십 년 전에 처리한 사건들도 정확한 진행사항과 처리결과를 기억해내시는 비상한 기억력의 소유자이셨다. 오죽하면 재판 중에 증인이 옛날 일을 모두 아는 듯이 증언을 하면 재판장이 증인에게 "당신이 어떻게 그 옛날 일을 그렇게 잘 아시오, 저기 앉아 있는 유 변호사님이면 몰라도"라고 호통을 칠 정도였다.

　나는 유 변호사님으로부터 우리 법률의 연혁이나 종중, 가족제도 등에 관해 많이 배웠는데 이런 일화도 생각난다. 6·25전쟁 발발 후 국군은 많은 사단을 창설했고 사단마다 부대이름을 지었는데(3사단은 '백골부대', 8사단은 '오뚜기부대' 식으로), 27사단을 창설하면서 부대이름을 어떻게 지을까 고민하다가 부대창설 사단장 부인의 이름인 '이기자'를 따서 '이기자부대'로 명명했다는 이야기도 들었던 기억이 있다. 지금도 27사단은 이기자부대이다.

유 변호사님은 안타깝게도 몇 년 전 횟집에서 회를 잘못 드시고 돌아가셨다. 유 변호사님의 아들(유원규 님)은 지금 서울 모 지방법원의 원장으로 재직 중이다. 유 변호사님의 명복을 빌며 죽음이나 슬픔을 표현하는 구절 몇 개를 알아보기로 하자.

▲ **부모의 죽음**에는 天崩之痛 이외에도 罔極之痛(망극지통)이라는 말도 쓴다. 하늘이 무너지는 아픔 내지는 그지없는 슬픔이라는 뜻이다. 옛날에는 임금을 잃은 슬픔을 뜻할 때에도 이런 말을 썼다고 하나, 현대국가에서 부모의 죽음에 버금갈 임금의 고통이란 있을 수 없다. '終天之痛(종천지통)'이라는 말을 쓰기도 한다. "樹欲靜而風不止 子欲養而親不待"에서 유래한 '風樹之歎(풍수지탄)'은 父母에게 효도를 다하려고 할 때에는 이미 돌아가셔서 그 뜻을 이룰 수 없음을 한탄하는 말이다.

▲ **형제의 죽음**은 割半之痛이다. 절반이 쪼개지는 고통 즉 몸의 절반을 베어내는 아픔이란 뜻이다. 나는 작년 가을 동생 하나를 잃는 割半之痛의 슬픔이 있었다. 지난주에 동생의 100일 脫喪을 끝으로 동생은 완전히 이승에서 저승으로 돌아갔다.

▲ **배우자의 죽음** 중 마누라의 죽음에는 叩盆之痛을, 남편의 죽음에는 城崩之痛을 쓴다. 城崩之痛(성붕지통)이야 글자 그대로 성이 무너지는 고통이라는 뜻이 쉽게 와 닿는데 叩盆之痛 또는 鼓盆之痛은 무슨 뜻인가?

여기서 두드릴 叩 내지 북 鼓의 뜻은 명백하다. 盆은 동이 분 내지는 요강단지 분이다. 盆栽(분재), 花盆(화분), 覆水不歸盆(엎지른 물은 되 담을 수 없다) 등에서 쓰인다. 복분자(覆盆子)는 바로 요강단지를 뒤엎는 물건이라는 뜻이다. 얼마나 오줌발이 세기에 요강단지까지 뒤엎는다는 것인지 대단한 과장이다.

叩盆之痛은 아내가 죽었을 때 동이를 두드리며 슬퍼한 장자의 고사(故事)에서 나온 말로 상처(喪妻)한 슬픔을 나타내는 말이다.

≪장자≫의 지락편(至樂篇)에 의하면 장자의 친구 혜자(惠子)가 장자의 부인이 죽었다는 소식을 듣고 조문을 갔는데, 장자는 동이를 두드리며 노래를 부르고 있었다[鼓盆而歌]. 혜자는 장자에게 부인이 죽었는데 슬퍼하지 않고 노래를 부르는 건 지나치다고 말하였다.

장자는 "아내의 죽음에 금방은 슬펐지만 인간은 본래 생명이 없었고 형체도 기(氣)도 없었으며 나중에 기가 생기고 기가 유형으로 변하고 형체가 생명을 갖추었다가 죽음으로 바뀌게 되었으니 사계절의 변화와 같은 것이다. 아내가 죽은 뒤 천지 사이에서 편히 쉴 테니 통곡하면 천명에 통하지 못하므로 울음을 그치고 동이를 두드린다" 하였다고 전해진 데서 鼓盆之痛이 마누라를 잃은 슬픔을 뜻하게 되었다.

그런데 그렇게 사랑하던 마누라의 죽음에 슬퍼하던 고통도 잠시 남자들은 바로 옷깃을 여미고 새장가를 가는 경우도 많다. 부모의 죽음, 형제의 죽음, 자식의 죽음에 비해 배우자의 죽음은 어딘가 슬픔의 질이 다른 것 같기도 하다.

▲ **자식의 죽음**은 '慘慽'(참혹할 참, 근심할 척)이다. 자식의 죽음을 창자가 끊어지는 斷腸之哀(단장지애)라 하기도 하고, 달리 붙일 이름이 없을 정도로 세상에서 가장 참혹한 슬픔이라는 뜻으로 慘慽이라고도 하는 것이다. 자하(子夏: BC 508?∼BC 425?)가 서하(西河: 河南省 安陽)에 있을 때 자식을 잃고 너무 슬피 운 나머지 소경이 된 고사에서 온 '西河之痛(서하지통)'이라는 말도 있다(史記). 아들을 잃은 슬픔을 눈이 멀 정도로 슬프다는 뜻으로 '喪明之痛(상명지통)'이라는 말을 쓰기도 한다.

세상에 자식 잃는 슬픔만 한 슬픔이 어디 있는가? 부모가 죽으면 북망산에 묻고 자식이 죽으면 가슴에 묻는다는 옛말이 있을 정도로 자식을 잃는 것보다 더한 삶의 고통은 없을 것이다. 동생이 죽었을 때 그렇게 강건하게 살아오셨고 평생 눈물 한 번 보이지 않으시던 아버님이 상사 진행을 당부하고 몰래 혼자 집에 들어가 슬픔으로 울고 계시는 것을 보았다. 바로 慘慽이었다.

[2009. 2. 10]

16. 性善說과 性惡說

과연 인간의 본성은 선한 것일까? 악한 것일까? 먼저 맹자의 성선설부터 보기로 하자.

無惻隱之心 非人也
無羞惡之心 非人也
無辭讓之心 非人也
無是非之心 非人也.
惻隱之心 仁之端也
羞惡之心 義之端也
辭讓之心 禮之端也
是非之心 智之端也

— 孟子(맹자), 公孫丑篇(공손추편)

불쌍히 여기는 마음이 없는 것은 사람이 아니고
부끄러운 마음이 없으면 사람이 아니며,
사양하는 마음이 없으면 사람이 아니며,
옳고 그름을 아는 마음이 없으면 사람이 아니다.
'불쌍히 여기는 마음'은 어짊의 극치이고
부끄러움을 아는 마음은 옳음의 극치이며,
사양하는 마음은 예절의 극치이고
옳고 그름을 아는 마음은 지혜의 극치이다.

惻隱之心(측은지심)은 남을 불쌍하게 여기는 타고난 착한 마음을 이르는 말이다. 이 말에 맹자의 인성론인 '四端說' 또는 '성선설(性善說)'이 화체(化體)되어 있다. 성선설이란 사람의 본성은 '선(善)'하다고 보는 학설로 순자의 性惡說(성악설)과 대비된다.

인간의 본성이 선한 것인지 악한 것인지는 성선설과 성악설 등 고래로부터 논란이 되어 왔다. 인간의 본성이 타고나는 것인지, 환경의 지배를 받는 것인지에 관한 결정론과 비결정론의 대립도 있다. 근래에는 인간은 선한 것도 악한 것도 아닌 어중간한 존재라는 설까지 인간의 본성을 둘러싼 다양한 논의는 인간이라는 존재의 不可解性을 여실히 보여주는 것이다.

맹자에 따르면 사람의 본성은 의지적인 확충작용에 의해 덕성으로 높일 수 있는 단서를 천부적으로 가지고 있다. 측은(惻隱), 수오(羞惡), 사양(辭讓), 시비(是非)의 마음이 4단(四端)이며, 그것은 각각 인(仁), 의(義), 예(禮), 지(智)의 근원을 이룬다.

맹자의 정치사상의 핵심은 왕도정치인데, 이 왕도정치가 가능한 것은 사람의 본성이 선하기 때문에 가능하다는 것이다. 즉 사람의 본성은 착하기 때문에 그 마음을 확대하여 나가면 '인의예지' 네 가지 덕을 완성하여, 다시 이 덕행으로 천하의 백성들을 교화시킴으로써 왕도정치가 실현된다고 보았다.

맹자의 성선설은 다음과 같은 말에 집약되어 있다.

"사람들은 다 사람에게 차마 못 하는 마음이 있다고 하는 까닭은 이러하다. 이제 사람들이 어린아이가 막 우물에 빠지는 것을 보면, 다 놀라고 불쌍한 마음을 가진다. 이는 그 어린아이의 부모와 사귀려 함도 아니며, 마을 사람들과 벗들에게 칭찬을 받기 위하여 그러는 까닭도 아니며, 그 원성을 듣기 싫어서 그렇게 하는 것도 아니다."

최근 빈발하고 있는 패륜 흉악범죄들을 보노라면 인간의 본성이 악한 것으로 보이기도 하고, 말없이 선행을 하는 천사들을 보노라면 인간의 본성이 선한 것으로 보이기도 한다.

이탈리아 형법학자인 롬브로조의 생래적 범죄인설에 의하면 범죄인이란 범죄인의 두개골 구조가 이미 범죄인으로 정해져 있다고 보고 있으나, 이탈리아의 범죄사회학자인 엔리코 페리에 의하면 인간은 원래 선하게 태어나는데 사회적 환경이 개인으로 하여금 범죄로 이끈다고 주장한다.

그러면 순자의 성악설은 어떠한 주장인가?

人之性惡　其善者僞也
今人之性　生而有好而焉
順是故爭奪生　而辭讓亡焉
生而有迭惡焉　順是故殘賊生　而忠信亡焉
生而有耳目之欲　有好性色焉
順是故淫亂生　而禮儀文理亡焉
然則從人之性　順人之情
必出於爭奪　合於犯文亂理　而歸於暴
故必將有師法之化　禮儀之道
然後出於辭讓　合於文理　而歸於治
用此觀之　然則人之性惡
明矣　其善者僞也

-〈荀者〉

인간의 본성은 악하니, 그것이 선하다는 것은 거짓이다.
오늘날 인간의 성품은 나면서부터 이익을 좋아하니,
이것을 따르기 때문에 싸움이 생기고 양보가 없어진다.
태어나면서부터 질시와 미워함이 있으니,
이를 따르기 때문에 잔인하게 해치는 일이 생기고 충성과 신의가 없어진다.

태어나면서부터 듣는 것과 보는 것에 대한 욕심이 있어서
음악과 여색을 좋아함이 있으니,
이를 따르기 때문에 음란이 생기고 예의와 합당한 질서가 없어진다.
그러니 사람의 본성을 따르고 사람의 감정을 따르면,
반드시 쟁탈에 노출되고, 명분을 범하고 조리를 어지럽히는 데 부합하여,
포악한 데로 돌아갈 것이다.
그러므로 반드시 장차 스승과 법도에 의한 교화와
예의에 의한 교도가 있어야 하니,
그런 다음에야 사양에 드러나고, 합당한 질서에 부합하여,
다스려짐에 돌아갈 것이다.
이로써 보건대, 그렇다면 사람의 본성은 악한 것이 분명하니,
그 선한 것은 거짓이다.

荀子의 性惡說은 이미 잘 알려져 있다. 맹자가 사람들은 모두 타고난 도덕성을 갖추고 있으며 특히 사회의 지도층인 군자가 이를 갈고닦는 것이 이상적 정치 실현의 근간이 된다고 여긴 반면 荀子는 인간은 결코 도덕적으로 선하지 않으며 무한한 욕망을 가진 존재로 본다. 그러기 때문에 순자는 인간의 후천적 노력 즉 僞(위)를 강조하고 僞(위)가 궁극적으로 실현된 것이 바로 성현의 '예'라고 보는 것이다.

순자의 성악설은 인간의 본성을 불신하여 인위적인 법의 철저한 시행을 통해서만 사회통합을 이룰 수 있다고 본 法家(법가)의 사상과 일맥상통한다. 현대의 법치주의라는 것도 맹자의 성선설보다 순자의 성악설을 바탕으로 하고 있음을 알 수 있다.

국가기능을 입법, 사법, 행정으로 분립하는 3권분립 이론도 그 바탕은 순자의 성악설에 바탕을 두고 있다. 인간의 본성이 선한 것이라면 견제와 균형이라는 거창한 구호도 필요 없이 한 기관에 맡겨도 무방할 것이다.

　　법정에서 일어나는 여러 사건들을 관찰하노라면 인간이 선한 존재라는 명제에 동의하기가 쉽지 않다. 온갖 군상의 인간들이 서로 싸우고 지지고 볶고 하는 모습에서 인간의 이타적인 모습은 찾아보기 어렵다. 철저히 이기적인 존재가 인간들이다. 그러나 한편 인간의 이기성과 경쟁심이 사회를 발전시키는 견인차가 되는 것도 부인할 수 없다. 법 중에 경쟁을 최고의 가치로 치는 경쟁법까지 있는 실정이다. 법은 성선설과 친하지 않은 것이다.

[2008. 4. 22]

17. 七去, 三不去, 五不取

女有五不取　逆家子不取　亂家子不取　世有刑人不取　世有惡疾不取　喪
父長子不取°
婦有七去　不順父母去　無子去　淫去　妬去　有惡疾去　多言去　竊盜去°
有三不去　有所取　無所歸不去　與更三年喪不去　前貧賤後富貴不去°

－大載禮本命篇

여자가 남편으로 취하지 않을 다섯 가지가 있다.
패역(悖逆)한 집안의 아들을 취하지 않으며,
인륜을 어지럽힌 집안의 아들을 취하지 않으며,
대체로 형벌을 받은 사람이 있으면 취하지 않으며,
대대로 나쁜 병이 있으면 취하지 않으며
아버지를 여읜 맏아들을 취하지 않는다.

부인이 버림받을 일곱 가지 조건이 있다.
부모에게 순종치 않으면 내보내며,
아들이 없으면 내보내며,
너무 밝히면 내보내며,
질투하면 내보내며,
나쁜 병이 있으면 내보내며,
말이 많으면 내보내며,
남의 물건을 훔치면 내보낸다.

비록 내보낼 이유가 있어도 버리지 못할 세 가지 조건이 있다.
친정이나 가까운 친척이 없어서 돌아갈 곳이 없으면 내보내지 못하고,

구닥다리 같은 이야기이지만 七去之惡이나 三不去는 가족법 책
에도 나오고 잘 아는 이야기일 것이지만 女有五不取는 가족법 책에
는 나오지 않는 말이다. 아무리 옛날이야기라고는 하지만 오늘날에
도 통용될 만한 부분이 있다. 딸을 가진 사람들로서는 딸의 배우자
(사위)감에 대하여 五不取 정도는 이야기해주어도 좋을 것 같다.

조선시대 七去之惡하면 남자 마음대로 여자를 내쫓은 것으로 아
는 사람이 있지만 사실은 그렇지 않다.

조선시대에 칠거지악으로 부인이 쫓겨난 경우는 거의 없었다. 칠
거지악의 악조건들을 三不去나 다른 방식으로 해결했기 때문이다.
칠거지악의 핵심으로 여겨지는 아들을 낳지 못했을 경우 조선사회는
양자제도라는 대안을 활용했으므로 아들을 낳지 못한다는 이유로 이
혼하는 예는 흔치 않았다. 요새 같으면 난리가 날 터이지만 본처와
아들을 낳아준 첩 사이가 그리 나쁘지도 않았다. 서로 형님, 동생 하
면서 존중해주었다.

혼인이 대개 양가부모 집안의 의사에 따라 결정된 것도 역설적으
로 조선의 부부를 심한 갈등 관계에 빠지지 않게 만들었다. 환경과
조건이 비슷한 사람들 사이에서 혼인하다 보니 그만큼 부부는 문화
적 배경이 유사했고, 오늘날처럼 부부가 개인적인 감정 대립으로 집
을 뛰쳐나가는 경우는 많지 않았다.

부부가 한 지붕 아래에서 살면서도 안방과 사랑방, 공간의 구별이
있었고, 부부의 역할 분담이 명확하여 서로의 영역을 침범하지 아니
한 것도 조선의 부부관계를 파탄으로 몰고 가지 않은 한 이유였다.

요새 남자가 부엌에 들락거리고, 여자가 쓸데없이 남편 직장에 들락거리며 서로의 영역을 침범하다 보니 마찰과 갈등이 무시로 생기게 되는 것이 아닐까?

참고로 우리나라에서 매년 30여만 쌍이 혼인하고 12만 5,000쌍 정도가 이혼하고 있다. 이혼율만 따지고 보면 한국도 선진국이다. 지구상의 유일무이한 이혼불허국은 필리핀뿐이다.

[2011. 8. 6]

18. 문화세계

　　학교를 떠난 지 오랜 세월이 흘렀지만 내가 다니던 대학의 교시는 '문화세계의 창조'였다. 아마 지금도 그럴 것이다. 등룡문을 지나 법대가 있는 본관으로 가는 길 중간에 교시탑이 세워져 있었는데 큰 목련나무 사이로 '文化世界의 創造'라는 하얀 탑이 세워져 있었다.

　　옛날에 학교를 다닐 때 이 탑을 무시로 보면서도 도대체 '문화'가 무엇이고, 어떠한 세계가 '문화세계'인지 종잡지 못하고 헤매기만 했던 일이 떠오른다. 세상은 문화가 들어가지 않은 말이 없을 정도로 별별 문화가 흘러 넘쳐나고 있지만 문화의 의미를 정확하게 아는 사람이 과연 몇이나 될까? 이 탑은 탑을 보는 나에게 과연 '문화'란 무엇이고 '문화세계'는 어떠한 창조하는 것일까를 음미하고 고민하도록 만들었다.

　　문화란 말은 원래 '땅을 경작한다'는 의미의 라틴어 'cultura'에서 유래한 말이다. 일본사람들이 명치유신 후 서양의 문물을 수입하면서 서양의 용어들을 번역하기 시작하였는데 영어의 culture를 번역하면서 적당한 말을 찾지 못하여 이를 文化로 번역하여 쓰게 된 것이다. 이 文化가 이제는 한자의 고향인 중국에서까지 역수입되어 일반화된 용어로 쓰이고 있다. 대표적인 것이 모택동의 '문화혁명'이었다.

　　그러나 동양문화권에서 문화는 西漢시대부터 유가의 이상이었던 文治敎化의 준말로 왕이 文德으로 백성을 다스리면서 계도하는 것을 뜻했다. 문화는 단순히 일본사람들이 번역한 것처럼 단순한 서구의 문물이 아니라 가르치고 계몽하는 것에 방점이 있는 말이다. 문화는 ‘經世濟民’의 ‘經濟’ 마찬가지로 원래는 정치용어였다. 여기서의 ‘文’이란 삶의 결과 무늬를 뜻하며, 또한 하늘의 뜻[天命]과 성현의 말씀을 의미하기도 하였다. 동양문화권에서 문화세계의 이상은 그러한 ‘文’으로 백성을 다스리고 가르쳐, 삶의 결과 무늬를 완성하는 과정으로 이해할 수 있다.

우리나라에서는 文은 武와 대립되는 말로 도덕우월주의의 징표이기도 했다. 힘이나 무력에 의한 정치를 혐오하는 이념이기도 했다. YS는 자신의 정부를 文民政府라고 불렀을 정도였다.

내가 사법시험을 볼 때만 하더라도 1차 시험에 ‘세계문화사’라는 과목이 있었다. 국사는 2차 시험 과목에 들어 있었다. 후에 5공 초기 李奎浩가 문교부장관이 되면서 국사 대신 ‘국민윤리’가 2차 시험 과목이 되었고 전국의 대학에 국민윤리학과와 독일어과가 우후죽순 격으로 생겨났다. 당시 시험과목을 떠나서 재미있게 서양사와 동양사를 공부했던 기억이 있다. 내가 고등학교 다닐 때까지만 해도 세계사라고 하던 것이 대학에 들어오니 세계문화사, 서양문화사, 동양문화사로 되어 있었다. 그냥 역사와 문화사를 동일시했을 정도로 인류역사는 文治敎化, 文明改化의 역사였다는 이야기가 된다.

결국 문화세계는 사람들이 자신의 삶의 결과 무늬를 완성해가는 과정의 세세이고, 이 세계는 고정적이거나 정체된 세계가 아니라 항상 진보 발전하는 동적인 세계이다. 일시적으로 반농의 세계가 있더라도 길게 보면 문명 진보의 과정이다. 고대의 문화나 중세의 문화가 근세의 문화나 현대의 문화와 다를 수밖에 없는 이유도 이것에 있다.

인간은 그러한 문화의 조건에 의해 삶을 가꾸어가는 존재이면서 더 나은 삶의 방식을 창조해가는 이중적 존재이다. 지식사회학에서 이야기하는 것처럼 인간은 문화의 조건에 의해 수동적으로 문화를 받아들이지만 자신의 이상과 꿈에 의해 새로운 문화를 창조하는 존재이기도 하다.

그러기 때문에 인간은 현실에 안주하지 않고 더 높은 이상을 향해 나아갈 수 있는 것이다. 어제와는 다른 오늘, 오늘과는 다른 내일이 있기 때문에 인간은 현실의 팍팍함을 극복하면서 내일의 행복을 추구할 수 있고, 자신만의 삶을 완성해갈 수 있는 것이다.

이 탑을 세운 분이 조영식 총장이었다. 조 총장은 평북 운산 출신으로 해방 후 월남하여 서울법대를 졸업하고 서울고등학교에서 체육 선생을 하다가 약관 20대 후반의 나이에 신흥초급대학을 인수하여 오늘의 경희대학교를 만들었다. 경희대학교라는 이름은 자신이 재직하던 서울고등학교 자리인 慶熙宮에서 따왔다. 당시 조 총장과 함께 서울고등학교 교사였던 황순원, 조병화 등이 경희대학교로 자리를 옮겼다. 50년대는 대학교수나 고등학교 교사나 비슷비슷한 시대였다.

조 총장은 당시 꿈과 이상에 불타는 집념의 청년이었다. 회기동 천장산 자락에 학교의 터를 잡고 캠퍼스 마스터플랜을 마련한 후 본관 석조전 공사를 시작하였다. 처음에는 중간의 몸통만 만들었다가 후에 좌우 날개까지 이어 붙여 완벽한 균형미의 석조전을 만들었다. 50년대 30대 나이에 '문화세계의 창조'를 교시로 삼았다. 나는 그 나이에 문화가 무엇인지도 모를 때이다.

고황산 자락의 평화의 전당은 중정(안기부)과 기싸움을 하면서 20년 이상을 걸려 만든 작품이다. 평화의 전당은 4,500명의 관중이 들어갈 수 있는 국내 최대의 대강당이다. 천장산은 조선조 경종의 능인 의릉이 있는 산인데 이 산의 이름을 고황산으로 바꾼다. 高凰은 봉황의 높은 기개를 뜻하는 말로 학교와 관련된 이름에 고황이라는 이름이 들어갔다. 경희의료원 공사를 하면서 그곳에 있던 회묘는 서삼릉으로 옮겨졌다. 연산군의 어머니인 폐비 윤 씨의 묘인 회묘는 연산군이 왕이었을 때는 왕릉인 회릉이었다.

조 총장은 지금으로 보면 젊은 나이인 40대에 세계대학총장회의를 주도하고 잘살기운동, 밝은사회운동, 세계평화운동을 제창하였다. 매년 9월 셋째 주 화요일을 유엔세계평화의 날을 제정하도록 한 것도 조 총장이었다. 국내에서는 조영식이라는 이름이 그리 널리 알려져 있지 않지만 세계적으로는 꽤 유명인사였다.

조영식 총장이 투병 중 숙환으로 91세를 일기로 돌아가셨다는 보도를 보았다.

삼가 고인의 명복을 빈다.

[2012. 2. 19]

19. 법과 유머

우리나라의 경우 엄숙한 법과 유머가 친하기 어려운 듯이 보이지만 외국 특히 미국에는 변호사 또는 법률가들을 상대로 한 유머가 많다. 유머는 일상의 윤활유이다. 법정에서도 유머와 위트가 넘치는 재판장이 재판을 진행하는 경우 법정의 분위기가 한결 부드럽다.

이곳저곳에서 모아두었던 법률 내지 법률가 관련 유머를 몇 개 들추어본다.

▶ 로스쿨생들의 대화

로스쿨생들…

일반적으로 1학년부터 형법을 배우기 시작한다.

그리고 1학년 2학기에는 형법각론에 들어간다.

그러면 시작되는 고통…

학생 1: 야~~ 너 살인했냐?

(그대는 형법 250조의 살인죄에 대한 공부를 하였느냐?)

학생 2: 아니… 아직….

지나가던 넘: 헉~~

학생 1: 자식… 아직 그것두 안 하구 모했냐?

학생 2: 넌 했냐?

학생 1: 난 존속살해까지 끝내구 이제 낙태하러 가잖냐….

아까 그 지나가던 넘: 으~~~~ 112… 112… 112…

*** 여기는 강의실…**

교수님: 자… 절도는 다 하고 왔겠지?

학생들: 묵묵… ─＿─；；

교수님: 어허… 이녀석들아… 절도죄는 완벽하게 마스터해야 다른 범죄가
　　　　쉬워진단 말이야!!!

학생들: (생각… 우씨… 큰일이다… 아직 강간도 못 했는데….)

교수님: 다음 시간까지는 빠진 사람 없이 절도를 끝내고, 가능하다면 강도까
　　　　지 한 번씩 해보고 올 것!

*** 도서관 휴게실…**

학생 1: 야… 너 강간했냐?

학생 2: 응… 강간은 쉽던데?

옆에 여학생: 허거덕….

학생 1: 하긴 강간은 그래도 간통보다는 쉽지….

학생 2: 어〜 너 간통도 했냐? 빠르다….

(저자 주: 강간은 개인의 법익에 대한 범죄, 간통은 사회적 법익에 대한 범
로 분류되므로 ─ 형법전상의 분류에 따르면… 일반적으로 강간을 먼저 배우
고 그 후에 간통을 배우게 된다.)

학생 1: 강간은 쉬워서 그런지… 1시간 했더니… 강간치상이랑 강간치사까…
　　　　한큐에 끝냈어….

학생 2: 〜〜〜 장난 아닌데….

옆의 여학생: (생각만… 이런〜〜 자리 잘못 잡았다….)

학생 1: 아, 너 낙태는 끝났지?

학생 2: 당근이지….

학생 1: 나 낙태하는 법 좀 가르쳐줘… 어려워 죽겠어….

학생 2: 그건… 나보다 XXX가 잘해… 10번도 더 했을걸….

학생 1: 잘됐다… 그놈 어딧냐?

여학생: (울어 버린다.)

▶ 직업별 싫어하는 사람

의사가 제일 싫어하는 사람: ‘앓느니 죽겠다’는 사람

치과의사가 제일 싫어하는 사람: '이 없으면 잇몸으로 산다'는 사람
산부인과 의사가 제일 싫어하는 사람: '무자식 상팔자'라는 사람
한의사가 제일 싫어하는 사람: '밥이 보약'이라고 하는 사람
변호사가 제일 싫어하는 사람: '법 없이도 살' 사람

▶ 무죄와 유죄

한 피고인이 무죄로 석방된 후 검사가 판사에게 한마디 했다.
"모든 피고인들을 믿으려고 들 것 같으면 죄인은 결코 없을 거요."
판사가 대답했다.
"모든 검사들을 믿으려고 들 것 같으면 무죄는 결코 없을 거요."

▶ 법관의 성적 흥분

마광수 교수의 소설 『즐거운 사라』가 음란물이라고 해서 기소된 사건에서
나는 이렇게 변론했다. "단상의 재판관 여러분께서 이 소설을 읽고 성적으로
흥분하실 분은 한 분도 안 계시리라고 믿습니다. 무죄판결을 바랍니다."
그러나 1심 판결은 유죄였다. 역시 젊은 판사들이라서 흥분했던 모양.
항소심도 역시 유죄.
대법원은 보수성이 더 강하니 상고는 그만두자고 했더니, 누군가가
"대법관들은 나이도 좀 들고 했으니 쉽게 흥분하지 않을 것"이라며 상고를
하자고 주장하기에 그대로 따랐다.
결과는 '혹시나'에서 '역시나'로 끝났다.
대법관들도 아직 노인은 아니어서…. (A 씨의 코멘트)

– 한승헌 변호사의 유머산책 「산민객담」에서 –

▶ 어떤 재판

어떤 유부남이 처녀를 성폭행해 임신하게 했다. 곧 사건의 전모가 발각돼 남
자는 법정에 끌려갔고, 판사는 얼굴이 시뻘게져서 꾸짖었다.

“당신 같은 인간이야말로 침대를 더럽히는 인간입니다. 도저히 용서할 수가 없습니다.”

그 말에 남자가 항변했다.

“전 결코 침대를 더럽히지 않았습니다.”

“아니 뭐요? 아직도 잘못을 뉘우치지 않고 있다니!”

“판사님은 이 사건 내용을 자세히 읽어 보시지도 않고 재판을 진행하시는 모양인데요. 이 사건은 ‘야산’에서 벌어진 일입니다.”

▶ 뒤바뀐 소유권

이혼 법정에서 판사가 판결문을 읽었다.

“집은 부인에게 주고 아이는 남편이 양육한다.” 그러자 남편이 하소연했다.

“판사님, 내 것이 분명한 집은 마누라에게 주고, 내 앤지 불분명한 아이는 저한테 주시면 어떡합니까?”

▶ 법정에서

판사: 당신이 총 쏘는 것을 직접 보았는가?

증인: 총소리를 들었을 뿐입니다.

판사: 그럼, 그것은 증거로 받아들일 수가 없다.

(증언대를 떠나면서 판사에게서 등을 돌린 증인은 큰 소리로 웃었다.)

증인: 판사님은 제가 웃는 것을 보았습니까?

판사: 웃는 소리만 들었지.

증인: 그럼, 그것도 증거로 받아들일 수 없겠네요?

▶ 아, 판사님!

고위 공직자의 비리와 관련된 재판에서 담당변호사가 증인을 다그쳤다.

“당신이 이번 재판의 대가로 5,000만 원을 받았습니까?”

증인은 마치 아무 말도 못 들은 듯이 창밖만 바라보고 있었다.

기다리다 못한 판사가 증인을 향해 물었다.

“증인, 질문에 답변을 해주시겠습니까?”

그러자 증인이 대답했다.

"아, 판사님! 저는 변호사가 판사님에게 하는 말인 줄 알았습니다."

▶ 피고인과 판사

한 피고인을 무려 일곱 번이나 재판하게 된 판사가 있었다.

"쯧쯧, 자네를 또 만났군. 피고인은 날 보는 게 부끄럽지도 않나? 내가 지방법원 판사로 있으면서 오늘까지 피고인을 만난 게 벌써 일곱 번째라고. 너무한다고 생각하지 않나?" 그러자 피고인이 대답했다.

"판사님도 참 이상한 분이네요. 판사님이 승진 못 한 게 왜 제 탓입니까?"

▶ 착각

철수 친구 중에 제법 돈을 많이 번 영수가 있었다.

그는 정의롭지 못하고 욕심으로 가득 찬 상인이다.

어느 날 영수는 거래상의 문제로 재판을 받게 되었다

영수는 유능한 변호사를 고용하였고 재판 결과를 기다리고 있었다.

한편, 유능한 변호사는 법원으로부터 영수의 승소 소식을 듣고 기쁜 마음으로 영수에게 멋진 문자 메시지를 보냈다.

"승리는 역시 정의의 편이었습니다. 유능한 변호사 드림"

그 문자 메시지를 받아본 영수는 깜짝 놀라 즉각 다음과 같이 변호사에게 문자를 날렸다.

"당장 항소하시오."

▶ 변호사 친구의 깊은 우정…

친한 친구인 변호사 제임스와 폴이 꿩 사냥을 갔습니다.

그런데 산속에서 잡채만 한 곰이 두 사람을 노려보며 뛰어오는 것이 보였습니다.

둘은 혼비백산을 해서 어쩔 줄을 몰라 했습니다.

그런데 제임스가 배낭 속에서 운동화를 꺼내 황급히 신기 시작했습니다.

폴이 말했습니다.

"야, 제임스, 운동화 신는다고 저 곰을 피할 수 있겠어…."
그러자 제임스가 말했습니다.
"나도 알아, … 그런데 너보다는 빨리 뛸 수 있잖아…."

▶ 변호사와 창녀의 다른 점

Q) 변호사와 흡혈박쥐(Vampire)와 다른 점은 무엇입니까?
A) 흡혈박쥐는 오로지 밤에만 피를 뻽니다.

Q) 변호사와 창녀(Hooker)와 다른 점은 무엇입니까?
A) 창녀는 죽은 사람을 상대로는 돈 벌 궁리를 하지 않습니다.

Q) 상어는 왜 변호사는 공격을 하지 않습니까?
A) 남의 살점을 뜯어먹는 존경스런 선배에게 예의를 갖추기 위해서….

Q) 왜 변호사들은 해변을 가지 않습니까?
A) 고양이 떼가 변호사들 묻을 모래를 계속 파고 있기 때문에….

Q) 변호사의 이상적인 몸무게는 얼마입니까?
A) 유골단지를 포함해서 3파운드(1.2kg).

Q) 변호사의 신조는 무엇입니까?
A) 고객이 완전히 빈털터리가 되기 전까지만 무죄라고 주장한다.

▶ 이혼사유

90세 넘은 노부부가 이혼 상담을 하기 위해 변호사 사무실에 찾아왔다.
남편은 96세이고, 아내는 93세였다. 변호사는 의아해서 물었다.
"할머니, 할아버지 왜 이런 늦은 나이에 이혼을 하세요?"
그러자 서로 질세라 목청 높여 말했다.
"성격 차이죠."

"그럼, 어떻게 지금까지 참고 견디셨어요?"
그러자 노부부는 자녀들 때문에 참고 살았노라고 말했다.
그래서 변호사가 되물었다.
"그럼 이제 자녀들 걱정은 안 하세요?"
그러자 노부부는 말했다.
"모두 죽었거든."

▶ 공평한 변호사 다람쥐?

다람쥐 두 마리가 숲 속에 놀러갔다.
도중에 첫 번째 다람쥐가 땅콩을 발견하고 말했다.
"어, 땅콩이닷."
그 소리를 듣고 두 번째 다람쥐가 먼저 달려가 땅콩을 주워버렸다.
그러자 두 다람쥐가 서로 땅콩이 자기 것이라고 싸웠다.
그때 변호사 다람쥐가 나타났다.
"내가 문제를 해결해줄게."
그러더니 변호사 다람쥐는 땅콩을 반으로 쪼갰다.
그리고 땅콩 껍질을 절반씩 각각의 다람쥐에게 나눠주면서 말했다.
"자, 공평하지? 그리고 이 알맹이는 수임료로 내가 가질게."

▶ 차명(借名)

탈세의 달인으로 소문난 정치인이 엄청난 재산을 모은 후 갑자기 죽었다. 1개월 뒤 외국여행에서 돌아온 두 친구가 묘지를 찾아갔으나, 비석을 찾을 수가 없었다.
한참 동안 헛수고를 한 끝에 친구 한 사람이 생각났다는 듯이 말했다.
"야, 찾는 거 그만둬야겠다!"
"아니, 왜?"
"아무래도 녀석은 세금문제 때문에 자기 묘비도 다른 사람의 명의로 세웠을 거야."

▶ 뒤집힌 강간죄

어느 바람둥이가 강간죄로 고소당해 구속됐다.
감방에 갇힌 바람둥이가 고참 수감자들에게 입실 신고식을 치렀다.
감방장: 인마 너는 왜 들어왔어?
바람둥이: 어느 과부와 연애를 했는데 아, 글시 그년이 살림 차리자고 매달
리지 않겠수? 그래서 그년을 다시는 안 만나줬더니 강간했다고 이렇게 고소
를 했지 뭐유.
얼마 후 바람둥이의 결심공판 하루 전날 밤. 감옥도사 감방장이 바람둥이를
불러 귀띔을 해 주었다.
"내일 판사가 네게 징역 1년을 선고할 것이다. 그때 너는 이렇게 말해라."
마침내 바람둥이의 결심공판 날. 감방장의 예상대로 판사가 징역 1년을 때렸다.
바람둥이: 판사님 딱 한 번 하고 1년씩이나 콩밥을 먹는다는 것은 정말 억
울합니다.
그러자 법정에 나와 있던 고소인 과부
"판사님 한 번이 아니에요. 스무 번도 더 당했어요."
과부는 여러 번 강간을 당했다면 그만큼 죄가 무거워질 것이라고 생각해서
한 항변이었다.
그러자 판사가 엄숙한 목소리로 말했다.
"본 사건 조금 전 선고를 취소하고 무죄를 선고한다."
판결 이유는 이렇다.
'강간이란 한 번은 있을 수 있으나 20여 번이나 했다면 그건 합의에 의한
것이지 강간이 될 수 없다.'

▶ 과실치사

한 유부녀가 골프장에서 다른 남성과 골프를 하면서 주위의 시선도 아랑곳하
지 않고 그린 위에서 애정행각을 벌였다.
뒤 팀에서는 "도대체 저것들은 무슨 사이야? 저렇게 좋으면 호텔 가지 골프
장엔 뭐 하러 왔어?"라고 눈총을 줬다.
그런데 그늘집에서 뒤 팀을 만났는데 하필이면 그 여자의 남편이었다.

친구들과 함께 나왔던 남편은 이성을 잃고 아이언을 휘두른다는 게 그만 살
인을 하고 말았다.
구속돼서 나온 판결 내용은 살인이 아니고 과실치사였다.
판사 왈: "몇 번 아이언으로 머리를 치셨죠?"
"네, 3번 아이언이었습니다."
"그래요? 그렇다면 과실치사가 맞습니다. 당신은 죽일 의사가 없었네요.
죽일 의사가 있었다면 잘 맞는 7번이나 8번으로 쳤어야지. 3번 아이언은 잘
안 맞거든요."

▶누가 가장 중요한가

법과 사회질서를 유지하는 데 누가 가장 중요한가를 두고 경찰과 검찰 그리
고 판사가 논쟁을 벌였다.
경찰: 우리 경찰이 없으면 아예 범인도 못 잡아.
검찰: 범인을 열심히 잡아봤자 재판에 회부도 못 하면 무슨 소용이지?
판사: 재판에 데려와도 내가 다 무죄라고 하면 어떻게 될까?
이때 네 번째 사람이 불쑥 끼어들면서 말했다.
"흥! 내가 다 풀어주면 당신들 모두 헛수고야."
처음 세 사람이 일제히 물었다.
"당신 누구야?"
"나 교도관이야."

▶ 좋은 변호사와 훌륭한 변호사

Q: What's the difference between a good lawyer and a great
lawyer?
좋은 변호사와 훌륭한 변호사의 차이점이 뭔가?
A: A good lawyer knows the law. A great lawyer knows the judge.
좋은 변호사는 법을 안다. 훌륭한 변호사는 판사를 안다.

▶ 변호사와 미녀

한 미녀가 변호사와 나란히 비행기에 탔다.

그녀에게 반한 변호사가 그녀에게 재미있는 게임을 하자고 제안했다. 미녀는
피곤한 나머지 공손히 거절했으나, 변호사는 정말 재미있고 쉬운 게임이라고
거듭 강조하며 그녀를 괴롭혔다.

"이 게임 정말 쉽고 재미있습니다. 그냥 질문을 해서 대답을 못 하면 벌칙으
로 5달러를 주는 거죠. 재미있을 것 같지 않아요?"

그녀는 다시 공손히 거절하고 고개를 돌려 잠을 청했다.

변호사가 다시 말했다. "좋아요, 좋아. 당신이 대답을 못 하면 5달러를 나한
테 주고, 내가 대답을 못 하면 500달러를 주죠. 어때요?"

이 남자의 끈질김에 귀찮음을 느낀 미녀는 500달러라는 말에 찬성하고 말았
다. 변호사가 첫 질문을 던졌다.

"달에서 지구까지 거리가 얼마죠?"

그녀는 아무 말 없이 바로 지갑에서 5달러을 꺼내 주었다. 그리곤 물었다.

"언덕을 오를 때는 다리가 세 개고, 언덕을 내려올 때는 다리가 네 개인 게
뭐죠?"

의외로 어려운 질문에 당황한 변호사는 노트북을 꺼내 컴퓨터 안에 있는 데
이터를 다 뒤졌다. 그러나 답을 찾을 수 없었다. 잠시 후, 그는 가능한 모든
동료에게 전화를 했고, E메일을 동료들에게 마구 보내기 시작했다. 그러나
결국 답을 찾지 못했다.

한 시간쯤 뒤 결국 그는 잠들어 있던 미녀를 깨웠다. 그러고는 그녀에게 조
용히 500달러를 꺼내 주었다. 그러자, 그녀는 고맙다는 한마디를 하고 다시
잠을 청했다. 잠시 후 변호사가 그녀를 깨워 물었다.

"근데 답이 뭐죠?"

그러자, 그녀는 아무 말 없이 5달러를 꺼내 변호사에게 주었다.

그리곤, 다시 잠을 청했다.

▶ 음주에 관한 법률

[시행 2011.10.26.] [법률 제10925호, 2011.7.25. 제정]

국회에서 의결된 음주에 관한 법률을 이에 공포한다.

    대통령   ○ ○ ○ (인)

    2011년 7월 25일

    국무총리   ○ ○ ○

    국무위원 법무부 장관   ○ ○ ○

◉ 법률 제10925호 음주에 관한 법률

음주에 관한 법률을 다음과 같이 제정한다.

제1조 (첫잔 음용)

① 첫잔을 받을 시에는 지위고하, 남녀노소의 구분 없이 두 손으로 공손히 받도록 한다.

② 첫잔을 받은 후 45도로 손목을 꺾은 후 한 번에 털어 넣도록 한다(이하 '원샷'이라 한다).

③ '카~' 하는 용트림과 함께 상대에게 행복한 미소를 지은 후 술잔을 탁자에 놓고 상대의 원샷 여부를 판단하도록 한다. 상대가 원샷을 시행했을 때 '역배'를 실시하여 상대에게 호감을 표시한다.

④ 첫잔을 원샷하지 않을 때는 인권보호법에 의거, 상대를 무시한 것으로 단정하고, 냉면그릇에 술을 부어 강제로 음용토록 한다.

제2조 (술 따르기)

① 잔은 모자라거나 넘치지 않도록 따라야 하며 특히 잔이 넘쳐 피 같은 술이 흘렀을 경우 취기가 오른 것으로 판단하고 귀가를 명할 수 있다.

② 통상 잔은 소주잔을 기준으로 5분의 4, 즉 두꺼비가 잠수할 정도의 적당량을 부어 원샷을 용이하게 하여 손맛을 느낄 수 있도록 하여야 한다.

제3조 (안주빨 처리)

① 안주빨은 금쪽같은 음주 자금을 소진하여 향후 2차 혹은 3차 시 막대한 악영향을 미치므로 안주빨을 세우는 자에겐 즉시 귀가조치를 명한다.

② 다만 미모의 여성의 경우 술자리에서의 중요성을 감안하여 저렴하고 영양 많은 음식(뻥튀기, 새우깡 등)을 먹여 포만감을 통해 안주빨을 원천봉쇄할 수 있다.

제4조 (경제적 음주법)

① 불황기의 경제적 부담을 고려하여 최소비용으로 최대효과를 내는 경제적
인 음주방법을 숙지하여야 한다.

② 경제적인 음주방법에 관하여 필요한 사항은 대통령령으로 정한다.

※ 음주에 관한 법률 시행령

음주에 관한 법률 제4조 제2항에 따른 경제적 음주법은 다음과 같다.

 1. 공복 시 독주를 신속히 음용함으로써 장의 적응을 방해한다.

 2. 음주 전 각종 숙취해소 음료 또는 우유 등의 섭취를 엄금하고 이의 적발
시 소주 한 병을 빨대로 마시게 하여 타의 모범을 보인다.

 3. 적은 양의 알코올로 만취상태에 이르기 위해서는 줄담배를 태워 일산화
탄소 흡입을 통한 뇌의 산소 공급을 차단하고 알코올과의 시너지효과를
도모하여 조기에 취기가 돌도록 하여야 한다.

 4. 음주 직전 땀을 흠뻑 흘릴 만큼의 과도한 유산소 운동을 하여 적당한 노
곤함과 장운동의 활성화를 통해 알코올 흡수를 배가하여야 한다.

 5. 안주는 되도록 섭취하지 않으며 특히 기름기나 단백질이 많은 영양식품
은 피하도록 한다.

 6. 가급적 상호 간의 대화를 금하고 음주에만 몰두하여 단시간에 필름이 끊
기도록 노력한다.

 7. 적은 양이라도 알코올을 매일 식전 30분 전에 꾸준히 장복하여 간의 회
복을 막아 알코올 분해효소가 강화되는 것을 방지하여야 한다.

 8. 가끔은 탄산음료나 이온음료를 알코올과 혼용하여 장의 흡수를 돕는다.

 9. 음주한 다음 날 아침은 되도록 국물이 있는 것을 피하고 식사를 거르거
나 냉면, 쫄면, 떡볶이 등 자극성이 강한 식품이나 인공감미료가 듬뿍
담긴 컵라면 비빔라면 등으로 해장하도록 한다.

10. 음주 후 오바이트가 쏠린다고 느낄 때 과감히 손으로 입을 막아 인내하
여 술기운이 대뇌 피질 깊숙이 전이되도록 한다.

제5조 (무전취식)

다음 각 호에 해당하는 자를 '빈대'라 하고 가택연금 10일을 명한다.

1. 계산 시 신발끈을 매는 경우

심한 경우 묶었던 신발끈을 푸는 경우도 있으며 심지어 워커를 신고 오는 뻔
뻔스러운 자도 있다. 술을 마실 경우에는 미리 회비를 받아두어야 한다.

2. 계산 시 화장실에 가는 경우

생리현상이 계산 시 집중되는 일이 연 3회 이상 반복될 경우 화장실을 다녀올 때까지 계산을 미루거나 술집 사장님에게 화장실 다녀온 사람이 계산할 거라는 귀띔을 하고 나간다.

3. 술 마시는 도중에 참여한 경우

술 마시는 도중에 참여하였다는 이유로 연 5회 이상 회비 납부를 거부하며 안주빨을 세우는 자에게는 2차 계산을 명할 수 있다.

4. 무일푼이 고가의 술을 원하는 경우

지갑에 1,000원짜리 몇 장 들고 나이트 가자며 분위기를 띄우는 경우에는 지갑 확인 후 '쿠사리'를 주어 행위의 반복을 금하게 하거나 신용카드를 압류하여 계산에 이용한다.

▶ 미국의 웃기는 법률

▷ 알래스카: 곰을 총으로 쏘는 것은 합법이지만 사진을 찍을 목적으로 잠자는 곰을 깨우는 것은 위법.

▷ 애리조나: 선인장을 자르면 25년형.

▷ 알칸사스: 남자는 아내를 합법적으로 때릴 수 있으나 한 달에 한 번 이상 때리는 것은 위법.

▷ 캘리포니아: 학교나 술집, 예배장소로부터 1,500피트 이내의 거리에서 동물을 교미시키면 위법.

▷ 콜로라도: 술에 취한 상태로 말을 타는 것은 위법.

▷ 플로리다: 수영복 차림으로 대중 앞에서 노래하면 위법.

▷ 일리노이: 몸에 최소한 1달러를 소지하지 않으면 방랑자로 규정돼 구금될 수 있다.

▷ 아이오와: 5분 이상 키스는 위법.

▷ 캔자스: 맨손으로 물고기를 잡는 것은 위법.

▷ 매사추세츠: 침실 창을 닫지 않고 코를 고는 것은 위법.

▷ 미시간: 여자가 남편의 허락 없이 머리를 자르면 위법.

▷ 미네소타: 나체로 잠을 자는 것은 위법.

▷ 뉴저지: 경찰에게 얼굴을 찌푸리는 것은 위법.

▷ 뉴욕: 장난으로 공을 사람의 머리를 향해 던지는 것은 위법.

▷ 노스캐롤라이나: 음정에 맞지 않는 노래를 하는 것은 위법.

▷ 노스다코타: 신발을 신고 눕거나 잠을 자는 것은 위법.

▷ 오하이오: 다섯 이상의 여자가 한집에 사는 것은 위법.

▷ 오리건: 아이스크림을 일요일에 먹으면 위법.

▷ 펜실베이니아: 욕조에서 노래를 부르면 위법.

▷ 텍사스: 5달러 허가증을 받지 않은 채 맨발로 시내를 걸으면 위법.

▷ 워싱턴: 부모가 부자인 것처럼 허풍을 떠는 것은 위법.

▷ 웨스트버지니아: 아동이 양파냄새를 풍기면서 학교에 가는 것은 위법.

▷ 위스콘신: 기차 안에서 키스를 하면 위법.

▷ 와이오밍: 6월에 토끼 사진을 찍는 것은 위법.

오창수

경희대학교 법과대학 및 동 대학원 졸업(법학석사)
경희대학교 대학원 박사과정 수료

제25회 사법시험 합격
제16기 사법연수원 수료
서울지방변호사회 소속 변호사(동아합동법률사무소)
대한변호사협회 법제위원
서울지방경찰청 행정심판위원
경희대학교 법과대학 강사
숙명여자대학교 강사
한국소비자원 소비자분쟁조정위원회 전문위원
제주지방검찰청 수사심의위원
제주특별자치도 인재개발원 강사
한국금융연수원 강사
변호사시험 출제위원
현) 제주대학교 법학전문대학원 교수
　　제주특별자치도 행정심판위원
　　제주도 선거관리위원회 선거방송토론위원회 위원
　　제주일보 논설위원
　　『법조』 편집위원

『민사실무의 주요 쟁점』
『로스쿨 민사소송법-사례와 판례-』
『로스쿨 민사집행법-이론과 실무-』
『금융거래와 법』
『각종사고와 손해배상』
『민사거래와 법』
『가족생활과 법』
『시민생활의 법률지식』
『민사분쟁해결의 법률지식』
『소비자피해구제의 법률지식』
외 논문 다수

개인홈페이지: http://cafe.naver.com/homoviator

법의 그물망¹

以法爲人 : 사람을 위한 법

초판인쇄 ㅣ 2012년 8월 27일
초판발행 ㅣ 2012년 8월 27일

지 은 이 ㅣ 오창수
펴 낸 이 ㅣ 채종준
펴 낸 곳 ㅣ 한국학술정보㈜
주   소 ㅣ 경기도 파주시 문발동 파주출판문화정보산업단지 513-5
전   화 ㅣ 031) 908-3181(대표)
팩   스 ㅣ 031) 908-3189
홈페이지 ㅣ http://ebook.kstudy.com
E-mail ㅣ 출판사업부 publish@kstudy.com
등   록 ㅣ 제일산-115호(2000. 6. 19)

ISBN   978-89-268-3731-3 04360 (Paper Book)
         978-89-268-3732-0 05360 (e-Book)
         978-89-268-3729-0 04360 (Paper Book Set)
         978-89-268-3730-6 05360 (e-Book Set)